U0491749

上海浦山新金融发展基金会

弘扬浦山先生为代表的经济学家克己奉公的高尚品质，推动金融理论创新，支持上海国际金融中心建设

浦山书系
PU SHAN BOOK SERIES

直面中美贸易冲突

FACING THE
CHINA-US TRADE
CONFLICTS

东艳　徐奇渊　等著

中国社会科学出版社

图书在版编目(CIP)数据

直面中美贸易冲突/东艳等著.—北京：中国社会科学出版社，2021.3 (2021.5 重印)

ISBN 978 - 7 - 5203 - 7795 - 9

Ⅰ.①直… Ⅱ.①东… Ⅲ.①中美关系—双边贸易—贸易战—研究 Ⅳ.①F752.771.2

中国版本图书馆 CIP 数据核字（2021）第 011791 号

出 版 人	赵剑英
责任编辑	王 茵 白天舒
责任校对	周 佳
责任印制	王 超

出　　版	中国社会科学出版社
社　　址	北京鼓楼西大街甲 158 号
邮　　编	100720
网　　址	http://www.csspw.cn
发 行 部	010 - 84083685
门 市 部	010 - 84029450
经　　销	新华书店及其他书店

印　　刷	北京明恒达印务有限公司
装　　订	廊坊市广阳区广增装订厂
版　　次	2021 年 3 月第 1 版
印　　次	2021 年 5 月第 2 次印刷

开　　本	710×1000 1/16
印　　张	18.25
字　　数	246 千字
定　　价	79.00 元

凡购买中国社会科学出版社图书，如有质量问题请与本社营销中心联系调换
电话：010 - 84083683
版权所有　侵权必究

浦山书系
PU SHAN BOOK SERIES

"浦山书系"由上海浦山新金融发展基金会（简称浦山基金会，PU SHAN FOUNDATION）创设。

浦山基金会由中国金融四十人论坛（CF40）旗下上海新金融研究院（SFI）发起，于2016年7月成立。基金会以弘扬浦山先生为代表的经济学家克己奉公的高尚品质，推动金融理论创新，支持上海国际金融中心建设为宗旨，主要业务为奖励在国际经济领域做出贡献的经济学家，并资助国际金融和新金融领域的课题研究与研讨。

浦山世界经济学优秀论文奖（简称浦山奖）由浦山基金会主办，主要奖励世界经济、开放宏观经济学、国际金融、国际贸易、经济发展与增长，以及中国对外经济关系方面具有原创性的优秀学术研究和政策研究。

"浦山书系"专注于国际经济等相关领域，基于研究和研讨成果出版系列图书，力图打造兼具理论、实践、政策价值的权威书系品牌。

2009年以来，"中国金融四十人论坛书系"及旗下"新金融书系""浦山书系"已出版100余本专著。凭借深入、严谨、前沿的研究成果，该书系在金融业内积累了良好口碑，并形成了广泛的影响力。

序　言

中美是否可以避免修昔底德陷阱？

为什么美国政府对中国发起贸易战？源于意识形态的分歧？政治制度的不同？两种文明的冲突？中美冲突将止步于贸易战、经济战，抑或将进一步发展为全面对抗？

在克林顿时期，中国被美国政府定位为"战略合作伙伴"；在小布什时期，是"负责任的利益攸关方"；奥巴马时期中美发表联合声明，要"共同努力建设相互尊重、互利共赢的合作伙伴关系"。2017年12月由特朗普签署发布的美国《国家安全战略报告》则把中国定位为"头号竞争对手"。报告认为，美国"将应对其正在面临的世界范围内日益增长的政治、经济及军事方面的竞争。中国和俄罗斯……，是对美国的实力、影响和利益的挑战。"

中美贸易争端应足以使我们认识到，中国已经进入了一个充满严峻挑战的新时期。当年积极提倡中美合作，创造了"中美国"（Chimerica）一词的哈佛大学教授尼尔·弗格森公开表示，中国和美国已经进入了"新冷战"时期。另一位哈佛大学教授格雷厄姆·艾利森在2017年出版的畅销书《注定一战：美国和中国能否逃脱修昔底德陷阱？》（Destined for War: Can America and China Escape Thucydides's Trap?）中提出：中美是否能够最终避免一战，取决于美中是否能够逃脱修昔底德陷阱。在中美两国的对峙过程中，擦枪走火的危险性是极高的。如果中美进入"斗鸡博弈"状态，局势就可能失控。还有一个危险是，某个第三方把中美拖入直接对抗。

中美冲突问题的实质

中美关系是否真的已经走到了这一步？不是"夫妻关系"吗？怎么会走到可能兵戎相见的地步？其实，艾利森教授在美国学者中还是鸽派，因为他并不否认美中两国逃脱修昔底德陷阱的可能性。而特朗普总统的前白宫首席战略师史蒂夫·班农在2017年则公然宣称，在今后5年到10年之内美中之间必有一战。在班农和其他鹰派人物看来，问题不在于中国上升、美国衰落，也根本不存在修昔底德陷阱。问题在于中国有一个谋求在世界建立以中国为霸主（supremacy）的朝贡体系的大战略（grand strategy）。根据是什么呢？他们的"证据"主要来自中国的三项政策："中国制造2025""一带一路"倡议、南海政策。他们认为"中国制造2025"制定了中国最终"在技术领域，特别是先进技术领域取得领先地位以取代美国，统治全球市场"的具体步骤。

美国人对5G尤其关注。前共和党参议员领袖金里奇声称："我们阻止了华为进入美国。但华为已经进入了60—70个国家。如果世界上几乎所有国家都有了中国因特网系统，以后我们如何在世界行动？"① 关于"一带一路"和南海政策，班农声称中国是世界历史上企图同时实践马汉"海权论"、麦金德"心脏地带说"和斯皮克曼"边缘地带论"三大地缘政治理论的唯一大国。他主张美国政府同中国进行正面对抗（confront）的强硬政策；他声称，"中国只不过是纸

---

① Newt Gingrich at "Committee on the Present Danger: China" Event, https://www.centerforsecuritypolicy.org/wp-content/uploads/2019/04/Newt_ Gingrich-PDF.pdf.

老虎（paper tiger），我要给美国总统唐纳德·特朗普的建议（recommendation）是：限令中国在72小时内把南海人工岛礁上的全部军事设施拆除，否则美国海军将替中国拆除"。特朗普政府中的主要成员，如彭斯和蓬佩奥对中国的态度与班农并无二致。

中美关系的恶化不仅同中国的崛起（Rise of China）有关，而且同美国国内政治有关。在过去数十年中，美国的蓝领阶层并未充分分享全球化带来的收益，收入停滞不前，甚至恶化，贫富差距越来越大，民众对传统精英阶层的不满情绪空前高涨。身为房地产开发商的特朗普正是利用了民众的这种反建制情绪登上了总统大位。从班农之流的言论中不难看出，美国的对华鹰派同时是美国的民粹主义者。他们既反华也反对美国传统精英阶层，特别是华尔街金融集团。他们对中国的攻击，也是为了打压自己的政治对手，加强自己在国内政治中的地位。而传统精英集团也需要同中国划清界限，以摆脱在国内政治斗争中的被动地位。

中美冲突的实质是试图在国际舞台上取得同其实力相当地位的新兴大国（Rising Power）和力图维持其霸权地位（Hegemony）的霸权国家（Hegemon）之间的矛盾。这种冲突不外乎四种结果。其一，霸权国家取胜，新兴大国挑战失败。这种例子不胜枚举。其二，新兴大国实现其"复兴梦"，旧霸权国家接受新兴大国的新地位。典型的例子是第二次世界大战后，大英帝国接受美国取代其霸权地位。其三，两者联合，所谓"中美国"就是一例。其四，两败俱伤，被第三者取代。当年的斯巴达虽然战胜了挑战者雅典，但两者最终都只好臣服于化外之邦马其顿。在这一力量消长过程中，意识形态和政治制度是两国各自力量的重要来源（"软实力"），但对新兴大国和守成大国之间矛盾的性质不会有根本的影响。苏联解体后，俄罗斯同美国在意识形态和社会制度上已无重大差别（俄罗斯同沙特阿拉伯相比，何者同美国更为接近，不言自明），但两国之间的对峙同冷战时期无根本改变。

在美国潜在敌人的光荣榜上，俄罗斯依然高中榜眼。俄罗斯的 GDP 仅仅相当于中国广东省。如果它的经济体量再大一些，中国恐怕就要屈居第二了。

中国无意改变美国主导的国际秩序，更不存在一个实现争霸的大战略。从中国的角度看，中美冲突是认知问题。但对于美国来说，重要的不是意图而是能力。美国人会问自己，即便中国现在无意挑战美国的霸权，谁能保证在十年、二十年之后，当中国变得足够强大之后，中国不会对美国发起最后的挑战？《国家安全战略报告》充分反映了美国精英阶层的这种担心。在这种情况下，可以预料，美国的对华政策就是要让美国在经济上和军事上对中国保持足够大的优势；例如，在高科技领域至少领先中国二十年。如果美国自己发展得不够快，那就让中国失去增长势头。如果说中国并没有挑战美国霸权地位的"大战略"，美国却有阻挠中国崛起的"大战略"和实施方案，在美国的"攻势"面前，中国应该如何应对？还应看到，在中美关系问题上，美国统治阶层中存在不同观点。鸽派认为，中美可以跳出修昔底德陷阱；鹰派则认为，中美之间的最后摊牌只是时间问题。在特朗普政府中，似乎鹰派占上风。特朗普本人是鹰派，但在鹰派中持相对温和的态度。不能排除随形势变化美国统治集团的对华政策有所调整的可能性。

如何避免中美重蹈修昔底德陷阱的覆辙？

目前来看，可能有以下三条道路可以选择：第一种路径是"搂抱"战略。英国历史学家尼尔·弗格森（Nail Ferguson）曾经创造了"中美国模式"（Chimerica model）的概念，形容中国和美国在国际收支上的互相依赖。但这种平衡关系实际上恰恰依赖于严重的失衡，我将其称为"基于失衡的一种平衡"（balance of imbalance），这最终是难以持续的,并且实际上这种失衡导致的矛盾已经通过中美贸易冲突爆发出来。而课题组的研究则认为,中美之间的互相依赖不限于国际收支,可以将这种互相依赖扩展到以全球价值链为纽带的实体经济当中,使得中美经济实现更高程度的融合,从而真正互相依赖、难以割舍。这当然是一种理想的状态,是充满善意的。但是至少目前来看,在美国鹰派力主"脱钩"的论调之下,"搂抱"战略的难度较大,暂时遇到了很大的困难。将来是否还有机会,尚需要观察。在本书中,课题组也沿着这一思路,尝试做了一些有益的探讨。

第二种路径则是与邻为敌,要搞垮对方。当前,美国的政客当中并不缺乏这类冷战思维的人,甚至不惜以负和博弈的方式来削弱中国,并限制中国追赶美国的发展空间。一旦陷入这样的出发点,则中美之间的问题将陷入无解,修昔底德陷阱也将成为现实风险。我们应该认识到,只要坚定不移地做好自己的事情、走好自己的发展道路,任何外力也无法阻挡中国在21世纪的崛起。同时,美国的精英阶层也应该认识到,尽管斯巴达是伯罗奔尼撒战争的赢家,但希腊城邦国家由盛转衰,最终的受益者是长期处于希腊世界边缘地位的马其顿王国。总体上,第二种路径是最糟糕的情况,中美两国应共同努力,将避免这种风险作为最低限度的一种默契。

第三种路径则是团结协作、共同抗敌的模式。中美之间一直存在各种分歧,但是当两国共同面对更为紧要的敌人或挑战时,这种分歧可能会下降成为次要矛盾。在中美关系的历史进程中,也不乏这种共同应对第三方挑战的先例。20、21世纪之交,两国在"9·11事件"后并肩抗击恐怖主义;全球金融危机爆发后,2009年中美领衔合作、共同拯救全球经济于危难之中;2014年,双方还签署了联合声明,共同应对全球气候变化,并最终推动了《巴黎协定》的签署。

当前，新冠肺炎疫情成为世界各国的共同敌人。大流行病的传播，不分国界、不分国籍、不分种族。没有国家可以置身事外，也没有任何国家可以独自打赢这场战争。在疫情面前，中美的共同利益已经超越了分歧。共同应对疫情及其带来的各种挑战，这可能是避免修昔底德陷阱的最好路径。

事实上，中美不但要共同面对大流行病的疫情挑战，还要共同应对全球经济衰退、全球金融风险、全球气候变化等挑战。由此应当强调更加密切的合作，而不是对抗，这符合两国的核心利益。毋庸置疑，在可预见的未来，中美两国将会面临更多的共同挑战。另外，频频闪现于美国好莱坞大片中的外星人攻打地球、小行星撞击地球，这些灾难场景也反复教育我们地球人：无论我们有何利益冲突，不要忘记，我们会始终不断地面对将会毁灭地球人和地球村的共同敌人。

拜登政府即将上台，在此背景下，中美之间要达成可持续的贸易协定，前提必须是中美应为竞争对手，而非敌人。中美可以在以下三个方面找到合作共识与共同利益：

第一，两国应在世界卫生组织的主持下或与世界卫生组织合作，共同制定遏制新冠肺炎疫情的综合计划。提供疫苗就是可合作的领域之一。

第二，应当实现中美贸易关系正常化，并在一定时间内取消双方的所有附加关税。很明显，由于疫情的影响，2020年中国从美国进口的商品数量未达标。双方应该根据不可抗力条款，重新就协议展开谈判。要么延长完成采购2000亿美元额外美国商品的期限，要么降低采购价值。

第三，美国新总统拜登已将应对气候变化列为政府优先事项，这也是中国政府的政策重点。两国在这一领域也具有巨大的合作空间。

本书是回答中美贸易冲突的重要尝试

浦山基金会"推动建立长期稳定的中美双边经贸关系"课题组的研究成果《直面中美贸易冲突》就是回答中国应该如何应对中美经济冲突的重要尝试。本书包括三部分：第一部分，回顾中美关系的演变并梳理美国对华政策的转向。第二部分，对关税冲突、投资冲突、技术冲突、金融冲突进行分析，并对中美在各领域的冲突应对和管控提出建议。第三部分，从全球多边机制（WTO）改革，到区域合作机制（CPTPP），再到双边合作（中欧经贸合作），以及中国自身的改革，进行具体的分析并提出政策建议。

课题组认为：中国需要将不同性质的中美经济冲突做适度分割。对于无解的冲突，他强任他强。对于有解的冲突，则要谨慎对待，努力推动达成共识，在保证中国核心利益不受侵害的前提下有所取舍，积极推动国内相关领域的实质性改革。同时，在应对中美贸易冲突的过程中，中国的政策也需要聚焦核心利益，并以此为出发点形成逻辑一致的政策框架。我以为，研究解决中美经济冲突办法的这种指导思想是完全正确的。本书提出的建议包括：（1）以建设性立场，面对WTO发展中国家地位的调整压力。（2）应尽快启动加入CPTPP的谈判进程。（3）分四步推动中欧在经贸合作方面取得进展。（4）中美应合作推动形成国际技术转让的多边规则。（5）尽快推动国有企业的竞争中性改革。（6）不应封杀美国企业，相反应对美国企业在内的外资企业进一步全面扩大开放。（7）稳妥处理好扩大开放与防范风险的关系。这些政策建议都值得认真考虑。

当然，课题组的不少观点和政策建议可以进一步讨论，一些政策建议还可以进一步具体化。但无论如何，本书是迄今为止我所看到的有关中美经济冲突研究中最为系统、全面和具体的成果之一。我相信本书的出版将为推动中美经济冲突研究发挥有益作用。

课题组成员基本都是来自中国社会科学院世界经济与政治研究所的中青年研究骨干。他们在过去一年多的时间里以高度敬业的精神，以"不唯书，不唯上，只唯实"的思想为指导，尽最大努力，几经易稿才完成了写作。我愿借此机会对课题组表示敬意和祝贺。

余永定

上海浦山新金融发展基金会会长、

中国社会科学院学部委员

初稿写于 2020 年 4 月 15 日

2021 年 1 月 20 日更新

目 录

总　论　直面中美贸易冲突　坚持深化改革开放 …………………（1）
　一　中美关系的演变和美国对华政策转向 …………………（5）
　二　不断升级的中美贸易冲突：如何应对和管控？ …………（9）
　三　以制度协调和制度型开放应对中美摩擦 ………………（22）

第一篇　中美贸易冲突的背景：
国际秩序的互动和美国对华政策的转变

**第一章　压舱石与周期性的终结：国际秩序互动视角下的
　　　　中美关系** ……………………………………………（33）
　一　中美关系发展的线性解释 …………………………（34）
　二　从国际秩序距离理解中美关系 ……………………（39）
　三　中美国际政治和安全秩序互动 ……………………（43）
　四　中美国际经济秩序互动 ……………………………（51）
　五　从秩序距离看"压舱石"错觉 ………………………（61）

第二章　《301调查报告》对中国的指控及其实质 ……………（64）
　一　《301调查报告》对中国的指责 ……………………（64）
　二　中国是否强制外资进行技术转让？ ………………（66）

三　海外投资是中国政府获取高技术的手段吗？………………（69）
　　四　中国是否通过网络入侵窃取美国企业核心技术？………（70）

第三章　中美经贸冲突中的国防技术与供应链安全因素………（73）
　　一　白宫贸易与制造业政策办公室和13806号总统令………（73）
　　二　2008年经济危机后美国国防工业的危机………………（75）
　　三　美国国防部《工业能力》年度报告中不断上升的
　　　　中国威胁………………………………………………（77）
　　四　美国国防部《中国技术转移战略》报告背景…………（81）
　　五　系列报告背后美国对华政策的转变……………………（84）

第二篇　直面中美贸易冲突：
从关税战、投资战，到技术战、金融战，如何应对？

第一章　贸易摩擦的福利冲击
　　　　——基于量化贸易模型的测算……………………………（89）
　　一　加征关税清单概况和已有研究对福利影响的测算………（89）
　　二　中美互相加征关税的福利影响……………………………（94）
　　三　中美全面封闭的福利影响…………………………………（97）

第二章　美国加征关税的商品排除机制：是缓冲还是隐忧？……（103）
　　一　美国对华加征关税排除程序背景介绍……………………（104）
　　二　美国对华加征关税排除申请数据分析……………………（106）
　　三　典型商品案例分析…………………………………………（109）
　　四　加征关税排除机制对中美经济的影响……………………（119）

第三章 中国企业的对美投资是否受到了歧视？
——基于 CFIUS 审查交易的分析 ……………………（122）
- 一 中国对美直接投资为何出现大幅收缩？ ……………………（122）
- 二 趋势性与异质性 ……………………………………………（125）
- 三 研究样本 ……………………………………………………（127）
- 四 CFIUS 审查通过率的异质性分析 …………………………（129）
- 五 CFIUS 审查典型案例的纵向与横向对比分析 ……………（131）
- 六 CFIUS 审查对未来并购交易的国别威慑效应分析 ………（136）

第四章 美国外国投资委员会的 2017 年改革及中国的应对 ……（142）
- 一 历史上 CFIUS 历次改革的内在逻辑 ………………………（142）
- 二 CFIUS 审查行为的特征事实 ………………………………（144）
- 三 CFIUS 2017 年改革的内容与内涵 …………………………（145）
- 四 政策建议 ……………………………………………………（148）

第五章 中美应合作推动形成国际技术转让的多边规则 ………（150）
- 一 当前国际技术转让多边规则严重缺失 ……………………（151）
- 二 技术转让履行要求是发展中国家对抗跨国公司限制性商业惯例的次优选择 ……………………………（153）
- 三 对禁止强制技术转让的承诺，中国已超出了 TRIMs 的要求 ………………………………………………（155）
- 四 中美应合作推进国际技术转让规则形成 …………………（157）

第六章 中国如何应对美国金融制裁？ ……………………………（159）
- 一 美国金融制裁的三大强力抓手 ……………………………（160）
- 二 美国金融制裁的威慑力尚难以动摇 ………………………（161）
- 三 应对金融制裁：中期的现实主义、长期的理想主义 ……（163）

第七章 中美贸易冲突：中国经济的核心利益是什么？ ……（166）
  一 为什么要明确经济的核心利益？ ……………………（166）
  二 核心利益的界定及三方面延伸 ……………………（167）
  三 从维护核心利益来看，中国应该怎么做？ ………（169）

第三篇 坚持深化改革开放：
从多边到区域，从双边到自身改革

第一章 制度协调和制度型开放：基于中美、日美贸易摩擦的比较 …………………………………………（175）
  一 越紧密的双边关系、越频发的制度摩擦 …………（175）
  二 以制度协调应对制度摩擦 …………………………（184）
  三 通过结构性谈判构建制度协调：历史经验及其借鉴 ……（190）
  四 中国的制度型开放与重塑中美多轨协调制度 ……（193）

第二章 WTO "发展中国家地位"的调整压力及中国对策 …………………………………………………（195）
  一 WTO对发展中国家"特殊和差别待遇"的主要规定 ………………………………………………（195）
  二 当前WTO成员身份界定存在的问题及调整实践 ……（199）
  三 中国应对WTO "发展中国家地位"调整压力的政策建议 …………………………………………（201）

第三章 中国应尽快启动加入CPTPP谈判的进程 …………（205）
  一 国际国内形势的变化 ………………………………（206）
  二 中国加入CPTPP的必要性分析 ……………………（211）
  三 中国加入CPTPP的可行性分析 ……………………（218）

四　中国加入CPTPP面临的困难及应对方法 ………………（225）
　　五　是否加入CPTPP？中国应做出决定并做好准备 ………（231）

第四章　中欧合作的共识、障碍和推进步骤 ………………（233）
　　一　中美贸易冲突背景下，中欧合作基础有望得到强化……（233）
　　二　欧洲对中国的抱怨和担忧，可能成为影响中欧合作的
　　　　障碍 …………………………………………………………（235）
　　三　分四步强化中欧经贸合作、最终实现中欧自贸区
　　　　协定 …………………………………………………………（237）

第五章　如何推动国有企业的竞争中性改革？ ………………（239）
　　一　与竞争中性相关的国际经贸规则动向 …………………（240）
　　二　中国政策的对接与缺口 …………………………………（243）
　　三　中国企业的对接与缺口 …………………………………（248）
　　四　推动改革的政策建议 ……………………………………（257）

参考文献 ………………………………………………………（260）

后　记 …………………………………………………………（270）

致　谢 …………………………………………………………（273）

总论　直面中美贸易冲突 坚持深化改革开放

中美贸易摩擦已历时两年，传统贸易冲突领域对应的关税战暂时出现了缓和迹象，在产业政策、国有企业等问题上的共识仍然有待磨合，但在军民两用技术领域的技术冲突，甚至仍在持续发酵之中。在此背景下，中国应明确自身核心利益，直面冲突、坚持深化改革开放。本书提出建议：第一，以建设性立场，面对 WTO 发展中国家地位的调整压力。第二，应尽快启动加入 CPTPP 谈判的进程。第三，分四步推动中欧在经贸合作方面取得进展。第四，中美应合作推动形成国际技术转让的多边规则。第五，尽快推动国有企业的竞争中性改革。第六，不应封杀美国企业，相反应对包括美国企业在内的外资企业进一步全面扩大开放，避免将处于中间地带的美国企业推向对立面。第七，稳妥处理好扩大开放与防范风险的关系。

2020 年 1 月 15 日，中美达成了第一阶段协议并恢复全面经济对话，这标志着历时近两年的中美贸易冲突暂时缓解。中美之间从传统的关税冲突，向投资冲突、科技冲突延伸，并影响非传统领域的国家安全。

这其中的关税由升转降，是否意味着其他领域的冲突也会自然消解？本书认为，中美贸易冲突在经济领域的扩展趋势，对应于全球化的三个阶段。我们将会看到，在关税领域冲突缓解的背景下，其他领域的冲突发展，可能仍有其相对独立的逻辑。

全球化分为三个阶段：第一阶段是传统的贸易一体化。此时，全球化的主要表现是跨境消费、跨境销售，相关的双边冲突主要表现为传统贸易领域的关税冲突。第二阶段是生产一体化和全球价值链的扩展。此时全球化的主要表现是跨境投资、跨境生产，对应冲突主要在直接投资领域，一般涉及市场准入、产业政策等问题。20世纪80年代末日美贸易冲突所涉及的问题，基本限于上述领域。

而在21世纪的今天，跨境信息流动、军民两用技术融合，共同推动全球化进入了第三阶段。在此背景下，信息、数字科技快速发展，5G、人工智能、大数据、云计算等军民两用技术的界限日益模糊，国家安全的边界被重新定义，国家间冲突也随之扩展到了该领域。

中美贸易冲突之扩展，对应于全球化的三个阶段：

其一，2018年年初以来，中美冲突首先表现为关税争端不断升级，这对应于传统贸易一体化阶段的问题。过去关税问题的主要解决机制是WTO多边机制，但是目前这一机制濒临失效。

其二，中美贸易冲突向投资冲突和结构性议题扩展，这对应于全球生产体系的一体化。中美在投资领域的摩擦，反映在诸多结构性议题方面，包括一般的市场准入、产业政策。不过，由于中国经济的一些特殊背景，中美投资冲突还扩展到了政府补贴、国有企业、技术转移等领域。在过去，对应的协商机制是奥巴马时代的中美战略与经济对话（SED）和特朗普政府初期的中美全面经济对话（CED），但这些机制都处于停摆状态。

在投资领域，美国不但指责中国的政策，而且还对应加大了对中资企业赴美投资的限制。特朗普政府上台之后，中国对美直接投资的规模出现快速下降趋势。在特朗普上台之前的2016年，中国对美直接投资460亿美元，2017—2018年，中国对美投资金额同比增速连续下滑，降幅分别达到37%、84%。到2018年，全年中国对美直接投资仅为48亿美元。2019年上半年，中国对美直接投资19.6亿美元，同比再降约20%。

其三，贸易冲突向科技冲突和非传统安全领域扩展，对应于跨境信息流动的全球化。一方面，全球化早已跨越了日美贸易冲突时期的传统贸易一体化、生产一体化阶段，走向了跨境信息流动的一体化，并使得军民两用技术界限日益模糊。这本身对参与全球化国家之间的互信提出了更高要求。但是另一方面，中美战略互信持续削弱，而且中国在军民两用技术领域不断取得重大进展。在此背景下，美国在技术管制、投资审查、人才政策等方面对中国发难。

美国政府阻碍双边留学生、技术人员的正常交流，对中国企业进行技术封锁和禁运。截至2019年6月，被美国纳入"实体清单"的中国企业及其海外子公司总计261家，占美国实体清单总数21.9%。同时，中美双边技术合作受到冲击，中美科技合作明显降温。根据本课题组董维佳、姚曦和徐奇渊的计算，在中国与各国合作申请的国际专利中，中美合作数量占比在2014年达到了48.8%的峰值，对应的数量达到了1258项。而在2018年，该比例下滑至34.2%，对应数量也降至了907项。

目前中美贸易冲突有所降温，但科技冲突和非传统安全冲突仍将持续。中美贸易冲突向投资领域、结构性议题的扩展，以及进一步向科技领域、安全领域的延伸，正好对应了全球化的三个阶段。当前，中美双方的第一阶段协议签署，意味着贸易冲突有所缓和，这对两国的经济下行压力均有一定的缓解作用。

但是，第二阶段结构性议题谈判的困难将明显上升。尤其是第三阶段，在涉及国家安全的军民两用技术领域，美国对中国的担忧和限制，将会随着中国在相关领域可预见和不可预见的重大进展而进一步升级。

可见，科技领域的冲突将具有长期性，虽然不会像关税冲突那样对经济增长直接产生较大影响，但是会对中国在全球分工网络中的地位、中长期发展空间产生不利影响。同时，科技领域冲突及其向国家安全领域的扩展，可能进一步诱发中美冲突向政治领域的扩展。因此，贸易领域虽然取得暂时缓和，但科技领域的冲突仍然需要我们认真对待。

如果中美之间的问题要得到解决，而且存在一个从易到难的路径，那么这个路径的方向将会沿着全球化三个方面（阶段）内容展开。第一方面（阶段）：在传统贸易一体化的摩擦领域，就关税战达成缓和方案。第二方面（阶段），重启中美战略与经济对话或类似的

表 1　　　　全球化的三个阶段与中美贸易谈判的路径

	全球化的三个阶段		
	传统贸易一体化	生产一体化和全球价值链扩展	军民两用技术界限模糊，安全边界全球化
全球化形式	跨境销售、消费	跨境投资、生产	跨境信息流动
主要矛盾	贸易摩擦	制度摩擦	安全摩擦：互信下降、国家安全边界拓展
表现形式	关税冲突	产业政策、国有企业、市场准入等问题	技术冲突、投资审查、出口管制
解决机制	WTO	中美战略与经济对话	尚未建立
冲突触发点	《特别301报告》美国贸易代表办公室（USTR）2018年5月发布		美国国防部于2018年1月公开《中国技术转让战略》报告
协商路线图	易　→	较难　→	难

资料来源：课题组徐奇渊、东艳、赵海绘制。

机制，就产业政策、补贴政策、国有企业、市场准入等问题进行磋商。第三方面（阶段），逐步加强安全互信（如果可能的话），就技术冲突、投资审查、出口管制等问题寻求解决方案。尽管双方可能就第一方面达成协议，并在关税冲突领域有所缓和，但在其他两个方面的摩擦仍有可能加剧。

为了展开分析，本书分为以下三篇：第一篇，回顾中美关系的演变并梳理美国对华政策的转向。第二篇，对关税冲突、投资冲突、技术冲突、金融冲突进行分析，并对中美在各领域的冲突应对和管控提出建议。第三篇，从多边贸易体制（WTO）改革，到区域合作机制（CPTPP），再到双边合作（中欧经贸合作），以及中国自身的改革，进行具体的分析并提出政策建议。

一 中美关系的演变和美国对华政策转向

理解中美关系：从周期论、权力转移论，再到国际秩序论

2018年以来，中美关系越过"临界点"的说法逐渐从不确定的预言变为严峻现实。在种种反思当中，认为中美关系"时好时坏"的周期理论陷入了解释困境，而基于守成大国、崛起大国力量比较的权力转移理论成了最为流行的视角。尽管后者可以为中美关系的发展提供一个整体的连续解释，但是却不能准确地反映现实。例如，以国家能力综合指数（national material capability）来度量，在20世纪90年代后的20年间，中国和美国的力量对比一直处于最危险的80%—120%的区间，但是从现实来看，中美关系绝对称不上危险。[①] 因此，相对于单纯的力量对比，"改良版"的权力转移理

[①] 王玮：《权力变迁、责任协调与中美关系的未来》，《世界经济与政治》2015年第5期，第74页。

论——国际秩序论——转而强调崛起大国力量的结构、性质更为关键，即：决定大国关系的不仅仅是双方力量规模的对比，还涉及到各自力量的构成及其性质，尤其是后者，将决定另一方对威胁的感知。

国际秩序差异程度能够更好地揭示国家力量的性质。美式国际秩序是美国对自身安全、经济和政治利益的归纳和制度化。从秩序差异程度看中美关系不仅更能把握实质，而且分析也更加简明一致。国际秩序是一种对国家行为模式的安排，由共同观念、约束性规则和规则保障机制组成，其实质是对国家在国际社会中行为的约束。不同国家对于同一国际秩序的认识存在差异。在这里，我们以美国主张的国际秩序作为比较的基点。当前美国主导的自由霸权秩序是一种增强了现实主义色彩的"2.0版"的自由国际主义。基于中美之间在三大国际秩序（国际政治秩序、国际安全秩序、国际经济秩序）方面的分歧、距离变化，可以更好地解释中美关系长期以来的变化。

国际秩序领域的消极互动，"压舱石"和周期论的终结

在过去，中美经贸关系之所以会给人一种"压舱石"的错觉，只是因为在国际经济秩序距离方面，中美两国的贴近持续时间更长。而反观国际安全秩序，中美在该领域的贴近大致在冷战结束前就已停止。在国际政治秩序方面，中美的贴近在20世纪80年代末就已中断，而国际经济秩序领域的贴近则至少维持到了2001年。因此，美国在经济领域对中国的期待也在加强，从而也愿意从乐观角度来考虑中国的未来走向。直到奥巴马的第一任期，美国政府的主流观点还是希望"说服"中国更进一步地融入美式秩序、加快改造自身的经济体制。

但是期待总有一定的时限。中美经贸联系的迅速发展既是成功，也是一种挑战,它在客观上要求遵循不同规则的中美经济进一步地相互调适,以解决全球化所带来的失衡问题。简单地说,即使中美在经济秩序方面的差异和分歧保持不变,中美经贸联系规模的单纯扩大,也将会导致两者在经济秩序方面的冲突迅速上升。更何况,中美经济的竞争性关系还在有力挑战着互补性关系,这意味着中美的经济秩序冲突可能加速凸显。可以认为,如果不能缩短中美两国在国际经济秩序上的距离,中美经贸关系的竞争性还将继续增强,其"压舱石"的性质还将加速质变。事实上,早在奥巴马的第二任期开始,美国对华政策已经悄然转向。

可见,中美关系正常化以来尤其是1989年以来的中美关系,在本质上并不存在周期性,两者在各秩序领域的消极互动始终在不断累加,最终越过了"非敌非友"的临界点。由于经贸依赖这一"压舱石"本身已经质变,中国不再可能通过既有途径来恢复双边关系中的总体均衡。要想重新恢复平衡,不仅需要缓解两国在国际经济秩序上的分歧,或许还需要跳出国际经济秩序的一维视角,从多维的视野来建设性地思考这一问题。

美国军方报告和《301调查报告》,美对华政策转向的重要标志

2017年12月,特朗普政府公布了其任内首份《国家安全战略报告》,该报告将中国定位为美国的头号竞争对手(competitor/rival),并指出"中国和俄罗斯企图侵蚀美国的安全和繁荣,是对美国的实力、影响和利益的挑战。"

2018年3月,美国贸易代表办公室(USTR)公布《基于1974年贸易法301条款对中国关于技术转移、知识产权和创新的相关法律、政策和实践的调查结果》(以下简称《301调查报告》),其主要"发现"是:中国正在推行"政府主导的产业政策";其产业政策目标是

"在技术领域,特别是先进技术领域取得领先地位以取代美国,统治全球市场";其实现产业政策目标的手段包括四大类:"第一,'不公正'的技术转让制度;第二,歧视性的许可限制;第三,瞄准高技术产业的海外投资;第四,'入侵'美国商业计算器系统,通过网络盗窃美国知识产权"。

但是课题组的分析表明,《301调查报告》是建立在道听途说、主观臆测和不实之词基础之上的。这进一步说明,美国在启动"301调查"之前就已经决定发动对中国的贸易战,"301调查"发现的所谓"事实",只不过是要为美国政府发动针对中国的贸易冲突制造借口。

同一时期,从2018年1月至9月,美国国防部先后发布了一系列报告,尤其是2018年1月的《2018美国国防战略报告》和《中国技术转移战略》报告特别具有信号意义。前者将中国定位为"战略竞争对手",并称"中国利用掠夺性的经济战术对周边国家构成威胁,并对南海进行军事化"。后者更是提出,"美国应采取措施挫败(thwart)中国的技术转移战略",具体包括三条建议措施:其一,利用美国外国投资委员会(CFIUS),防止敏感技术转移到对手手中。其二,对敏感的技术和产品,进行出口管制,防止对手获得。其三,加强对中国留学生的签证管理,尤其是考虑到对关键技术的保护。上述三条建议,后来完全被特朗普政府采纳,甚至更加变本加厉地实施了。

美军方系列报告出台的背景是,2008年金融危机后,美国财政困难令军费预算面临压缩,并对国防工业造成了危机式的冲击。特朗普上台后,在白宫贸易与制造业政策顾问纳瓦罗的推动下,特朗普在2017年中即发布总统行政令,要求国防部从全政府层面重新评估美国制造业和国防工业基础的风险。在此背景下,美国军方报告与《301调查报告》相互借鉴、平行推进,并于2018年年初先后发布。报告中的对华强硬政策建议被特朗普政府采纳，直接导致美国过去一年多以来对中美贸易、投资、科技、人员交流等诸多领域的限制。

从特朗普上台本身来看，美国军方报告、此后的《301调查报告》，以及美国对中国的政策转向具有一定的偶然性。但是，奥巴马政府第二任期开始的对华政策变化、对国际经贸格局的重塑，以及特朗普政府的对华政策在美国国内获得支持，这都表明，美国对华政策的转变有其深刻的历史原因及其必然性。这种必然性用中美关系的周期性理论来解释，在部分程度上可以用中美权力转移理论来解释，但更大程度上仍然需要从前文提到的国际秩序距离的角度来进行理解。

二 不断升级的中美贸易冲突：如何应对和管控？

在贸易冲突中，美国在谈判中的一些要求已经和中国的核心利益发生了冲突。这种冲突发生在两个层面。第一个层面是无解的冲突。美国一类代表性观点认为，中国和美国的冲突是根本性的，中国的力量上升就是对美国地位的削弱甚至毁灭。这些观点认为中美冲突已经超出经济层面，因此必然导致双边较强烈度的冲突，甚至可能扩展到经济领域以外的各个方面。反过来，类似的观点在中国也存在。如果仅仅局限于这个层面，则中美贸易冲突必将无解，我们只能看到双方关系紧张程度的不断升级甚至失控。

第二个层面是有解的冲突。美国对中国经济发展模式的质疑主要包括：中国如何实现在全球供应链中地位的攀升？中国经济地位上升的方式、手段是否合理，是否可以接受？中国是否存在非市场导向的政策和做法？事实上，欧盟和日本等国家也有类似的困惑和疑虑。在此基础上，美国方面所关注的中国强制技术转移、市场准入、不合理的补贴等问题，部分可能是存在误解，同时也可能是中国政策确实存在改进空间。总体上，在这些问题上达成和解、共识的可能性仍然是存在的。

基于两类焦点问题的划分来看，中国需要将两类冲突适度分割，不宜过度关注中美贸易冲突无解的一面。否则，中美贸易冲突的悲观预期将自我实现，真正地演变为一场国际经济体系的灾难。中国应该做的是将两个层面的冲突来源划分清楚：对于无解的冲突，他强任他强。对于有解的冲突，则要谨慎对待、努力推动达成共识，在保证中国核心利益不受侵害的前提下有所取舍，积极推动国内相关领域的实质性改革。

同时，在应对中美贸易冲突的过程中，中国的政策也需要聚焦核心利益，并以此为出发点形成逻辑一致的政策框架。当然，中美贸易冲突当中，中国的核心经济利益是什么，也是需要讨论和界定的问题。2018年3月以来，中美贸易冲突不断升级。从关税冲突到投资冲突，再到技术冲突，甚至还有发生金融冲突的潜在可能。本书将对这四个方面的冲突进行全面分析。

关税冲突：对中国的最重要冲击，是对开放预期的冲击

中美贸易摩擦以来，一方面，诸多文献就加征关税对于中美国家福利的影响进行了测算，其结果都比较小，加征关税对于国家真实收入的影响大都低于1%。但是另一方面，金融市场的情绪对中美贸易冲突反应强烈。如何解释这种矛盾，关税冲突对中国冲击到底有多大？

课题组基于量化贸易模型进行分析，测算了关税冲突对两国福利（以真实收入衡量）的影响，以及中国走向全面封闭的福利效应。结果显示：（1）已有测算倾向于低估贸易摩擦对一国福利的影响，而我们在贸易模型中考虑了中间品贸易、垄断竞争（相对于完全竞争）以及企业异质性，这些将极大地增加福利效应的影响。(2) 即便如此，我们的研究也发现，如果中美只是相互加征关税，这对两国福利的负面影响较小；而在中国走向全面封闭的情形下，中国的福利最大将下降约55%。这足见坚持改革开放之重要，中国一定不能被中美贸易冲突打乱了对外开放的步伐。

上述结果也表明，市场明显的悲观情绪，可能主要来自于中美贸易冲突引发的对于中国对外开放进程出现倒退的预期。只要中国坚定地落实扩大对外开放政策，中美贸易摩擦对于中国经济的影响将较为有限，市场也必将重拾信心。不过，如果关税冲突不断升级、长期化，这可能对企业的长期经营行为、重大决策产生实质性影响，这对于包括中国在内的现行全球分工格局将产生深刻冲击。

关税冲突：美国加征关税排除机制带来的缓冲和隐忧

美国针对加征关税的排除机制，在中美贸易摩擦的分析中不容忽视。短期来看，其缓冲作用明显，体现了两国经济的密切依存关系，但长期来看仍然存在隐忧。课题组对 USTR 加征关税排除申请数据以及典型案例深入分析后，得到了以下结论：

第一，加征关税的排除商品，所涉及规模、比例都相当可观，为关税冲突提供了缓冲。截至 2019 年 9 月底，340 亿美元清单的排除申请裁决率已经达到 96.1%，排除商品金额占比约为 25.12%；160 亿美元清单的排除申请裁决率目前仅为 79.3%，而排除商品金额占比已达到约 25.70%，最终占比预计将显著高于 340 亿美元清单。而 2000 亿美元和 3000 亿美元清单对美国自身的负面影响更大，其排除比例很可能会更高。可见，排除机制缓解了中国企业面临的短期压力。不过，中方企业也应该关注美国官方公布的排除信息，积极与美方商业伙伴沟通排除后的关税分担机制。

表2　美国对华加征关税排除机制概况（截至2019年9月底）

（单位：亿美元,%）

加税清单	涉及金额	排除批次	公布时间	裁决率	排除加征关税商品进口额（估算）	排除加征关税商品进口额占比
1	340	8	2018.12.28、2019.03.25 2019.04.18、2019.05.14 2019.06.04、2019.07.09 2019.09.20、2019.09.27	96.1	约84.9	约25.12
2	160	3	2019.07.31、2019.09.20 2019.09.27	79.3	约36.3	约25.70
3	2000	2	2019.08.07、2019.09.20	—	—	—
4	3000	0	—	—	—	—

注：1. 排除加征关税商品进口额，使用2017年美国HS10进口数据估算，数据来源美国国际贸易委员会（USITC）。

2. 排除加征关税商品进口额的估算方法：由于数据限制，无法得知每种排除商品的进口金额。本报告使用每个HS10税号下排除申请批准数占排除申请已裁决总数的比重作为权重，与HS10进口金额相乘，估算排除加征关税商品进口额。

3. 如果直接使用"排除HS10税号进口额"来替代"排除商品进口额"，将大大高估排除商品进口额：340亿美元清单的排除加征关税商品进口额会达到207.0亿美元，占比60.9%；160亿美元清单的排除商品进口额会达到73.3亿美元，占比45.8%。从而得出错误结论。

资料来源：USTR和课题组成员赵海、姚曦的计算。

第二，排除获批和被拒绝的理由明确。从执行结果来看，获批的各类排除加征关税商品，基本符合美国官方公布的三个标准：（1）寻求中国以外的商品替代来源面临困难；（2）加征关税对申请主体造成严重经济损害；（3）加征关税商品与《中国制造2025》不相关。在这方面，我们重点分析了滚珠轴承。而没有获批的排除加征关税商品，如客车四缸发动机、某些特殊轴承，则有以下几个特点：（1）属于重点打击的产业，或者产业升级方向；（2）可替代性相对较强；（3）对消费者影响较小。

第三，关税排除机制对于美国来说相当理性。一方面，避免美国企业短期承压过大，发生不可逆的损失；另一方面，通过增加不确定性，迫使产业链与中国"脱钩"、压制中国战略性产业发展。从中长期来看，中国需警惕产业链转移风险和产业升级受阻风险。中国需要对关税未被排除的产业进行评估，并提供一定的政策支持，但是这种支持应基于竞争中性原则。比如，以相关受损行业为切入点，大力改善相关行业的营商环境、进一步扩大开放等。

第四，中美应停止关税冲突、取消已经加征的关税，或至少不应继续升级关税冲突。中美双方互相加征关税，只会造成扭曲加剧、福利损失上升，最后导致双输。这是两国经济学家的共识。而双方当中，任何一方的加征关税，也会带来双输的结果。由于双方贸易量的不平衡，在美国政府咄咄逼人的态势下，在规模上中国无法对等反制，在经济意义上中国也没有必要进行对等反制。在条件允许的情况下，两国应通过排除机制这一缓冲机制，进行良性互动。

投资冲突：中国赴美投资遭国别歧视

特朗普政府上台后的2017年和2018年，中国对美直接投资的规模出现快速下降趋势。具体地，从2016年的460亿美元下降到2017年的290亿美元，降幅达37%。2018年更是进一步降至48亿美元，同比剧减83%。基于历史和最新数据的经验研究发现，美国外国投资委员会（CFIUS）的审查中存在针对中国的国别歧视，并且已有的审查结果将会带来显著的威慑效应，这正是近年来中国对美直接投资出现大幅下滑的主要原因。①

CFIUS 是美国政府负责审查外资对美并购交易的最重要部门。CFIUS 相关法规的变革，则体现了美国政府对待外国直接投资的基本态度。2018 年 8 月 13 日，特朗普签署通过《外国投资风险审查现代化法》（以下简称 FIRRMA）。② 此后 CFIUS 权限显著扩大，对中国投资产生了重要影响，特别是：（1）新增了对新兴技术的审查，而且要求新兴技术出口需要持有许可证，并满足出口管制要求。（2）强调对国有企业及"外国政府控制的交易"的审查。（3）扩大与盟国的信息共享，联手封锁中国的技术类投资。目前美欧日已经正式开始投资安全合作，合作内容是交换交易信息，协调审查标准。

中国赴美投资遭到国别歧视，需要引起中方高度关注。中国企业不应低估交易受到 CFIUS 审查的可能性。中国企业应主动审视自身的资本结构，以确定自己是否属于 CFIUS 定义的"受政府控制"企业。当确实是国企时，中国企业应强调并购的商业动机，明确非优惠性质的融资来源，重申对知识产权的保护。

此外从审查程序来看，中国企业要重视在非正式申报阶段与 CFIUS 的沟通，了解各委员的态度和担心。对确实存在敏感技术或资产的交易，中国企业应遵守 FIRRMA 的要求，将敏感因素从并购目标中分离出来，满足 CFIUS 在交易所有权和治理方面提出的条件，并对安全相关的各项要求进行承诺。③

---

① Chen Sichong, Li Wenxue and Wang Qi, "Are Chinese Acquirers Discriminated against in Cross-border Mergers and Acquisitions? An Analysis Based on Covered Transactions Filed with CFIUS", *China & World Economy*, Vol. 28, No. 2, 2020, pp. 37–58.

② FIRRMA 是《2019 财年国防授权法》的一部分，《2019 财年国防授权法》还包括《2018 年出口管制改革法》（ECRA）。

③ 参见潘圆圆、张明《中国对美投资快速增长背景下的美国外国投资委员会改革》，《国际经济评论》2018 年第 5 期，第 32—48 页。

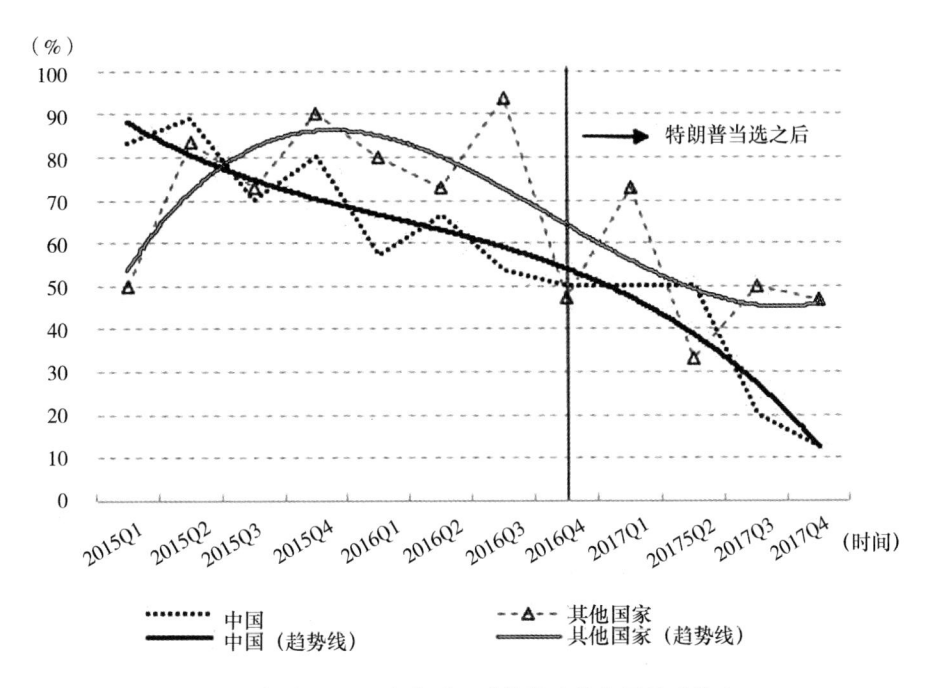

图 1 提交 CFIUS 审查后，对美并购的交易达成比率

注：本图显示的跨国并购，发生在中国和非中国企业作为收购方、美国企业作为被收购方之间。图1显示了2015—2017年三年间，受到CFIUS审查之后、并购交易完成率的变化。其中，点虚线是中国作为收购方的交易完成率，三角形标记的虚线是其他国家作为收购方的交易完成率，粗灰色线、黑色线为趋势线。交易完成是指ThomsonOne数据库中的状态（Status）显示为完成（Completed）。

资料来源：ThomsonOne并购数据库以及相关新闻与公告；由课题组成员陈思翀、李文学、汪琪绘制。

投资冲突压力下，中国不应封杀美企，相反应进一步扩大开放

作为回应，中国不宜封杀美资企业，而是应该对美资在内的外资企业进一步扩大开放。中美贸易冲突当中，特朗普团队中的鹰派成员明确表示应该与中国"脱钩"（decoupling）。这不符合中国利益，中国应当保持与美国的经济联系，维护中国在全球供应链当中的地位，

这才是中国经济的核心利益。在应对中美贸易冲突的过程中，中国需要从核心利益出发，避免政策失误。从保持对外开放、维持中国在全球供应链当中的地位来看，中国不但不应该制裁美国在华投资企业，相反，应该进一步改善营商环境、一视同仁地对美国企业实行更为开放的市场准入政策。

国际经济体系纷繁复杂，如果把国际经济体系的冲突，看成是一场拳击比赛，那么从拳击术语的角度来看：除了积极进取、消极防守之外，还有第三种战术，就是"搂抱"。处于弱势的蓝方，在扭转局势之前，可以搂抱住红方，这样红方就无法再进攻。蓝方抱得越紧，则红方越是无计可施。全球供应链也是这样，中国和美国抱得越紧，美国就越难以对中国进行攻击，也越有利于中国融入到全球供应链当中、并且进一步提升中国在其中的地位。从此意义而言，在中美贸易冲突当中，中国要强化与美国经济贸易的联系，而不是与之脱钩。这一点在2019年3月15日通过的《中华人民共和国外商投资法》中有所体现，中国重申了保持开放吸引外资的决心。

但是，根据2019年6月我们与美中贸易全国委员会（USCBC）的谈话调研发现，在中美贸易冲突的背景下，美企感受到了经营环境的明显恶化。例如，某家上海的美国企业，在近一年经历了170多次执法检查，实际上只有2次查出了问题。2019年6月，中国也出台了不可靠实体清单机制，虽然没有确定具体企业名单，但这一不确定性极大地引发了美资企业的恐慌，显著提高了在华美资企业的合规成本。在此背景下，中国给出明确的政策信号，鼓励和支持与美国高科技企业进行合作，增加相关政策的透明度和可预期性，将是更好的选择。

技术冲突：中美技术有"脱钩"迹象，中国应理性应对

中美贸易冲突以来，美国政府阻碍双边留学生、技术人员的正常

交流，对中国企业进行技术封锁和禁运。截至2019年6月，被美国纳入"实体清单"的中国企业及其海外子公司总计261家，占美国实体清单总数的21.9%，仅次于俄罗斯的317家，中国已经成为实体清单涉及数量的第二大国家。

目前中美双边技术合作已经受到冲击，中美科技合作已经大幅降温。从20世纪90年代中后期的"九五"时期开始到"十二五"时期结束，在中国与所有其他国家合作申请的国际专利中，中美合作数量的占比一直在40%—42%波动，并且呈现波动上升。但是在"十三五"时期的前3年，中美合作占比已跌落至38.5%，2018年更是降至33.9%。数量上来看，中美合作申请的国际专利，从"十二五"时期的年均1265项，降到了"十三五"时期前3年的年均945项，下降幅度达25.3%。

不过有两个事实仍然值得强调。一方面，中国与日本、英国等国科技合作关系正在日益密切，这在相当大程度上填补了中美科技合作下滑带来的空缺。其中，中国与日本、英国合作申请的国际专利，近3年的年均数量较"十二五"时期年均数量分别增长了24%、45%。值得注意的是，中国与日本、英国、德国、法国联合申请的国际专利数量，在2018年都出现了显著上升。另一方面，从联合申请国际专利来看国际技术合作，美国目前仍然是中国的最重要合作伙伴。2018年中美联合申请国际专利990项，其占比仍然达到1/3，甚至大于中德合作数量（426项）、中日合作数量（425项）之和。值得注意的是，中俄合作申请的国际专利在2018年仅为5项。这又表明，中美技术合作仍然占有相当重要的位置，不容忽视。

面对第一科技大国的"脱钩"威胁，中国应理性应对挑战。第一，要清楚地看到，美国政府以企业所有制或危害美国国家安全、违背美国法律为由，对中国的高科技企业进行禁运和技术封锁。第二，从竞争中性、产业政策之间找到交集，找到两者的相容之处，

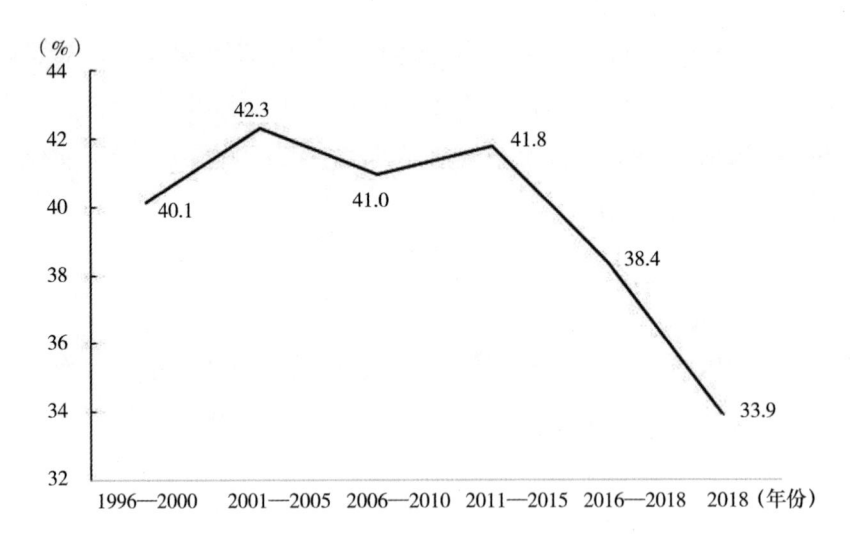

图 2　中美联合申请专利占中国全部国际合作专利的比例

资料来源：专利合作协定数据库（Patent Cooperation Treaty），WIPO，2019，课题组成员董维佳、姚曦、徐奇渊绘制。

对现有政策进行改革。要注意到，中国在产业政策和国有企业等领域确实存在改进的空间，我们需要对此重新审视，这也是继续坚持深化改革开放的努力方向。第三，鼓励中国的高科技企业自主做出选择。企业到底应该怎么做，华为这样的企业具有清晰的判断。第四，中国应尽可能强化在全球价值链的中心位置，同时可以增加中国作为最终需求者的地位，以缩短全球价值链。第五，努力发展不受美国控制的区域价值链，例如，包括中国台湾、日本、韩国、欧洲国家在内的区域价值链。

从问题产生的原因，以及解决问题的角度来看，全球化条件下军民两用科技的高度发展与扩散改变了传统的安全边界与军事优势，只有通过建构新的技术标准和管控机制才能缓解技术和供应链安全担忧，避免中美"脱钩"和逆全球化趋势。在这方面，华为表态将5G技术授权给美国企业，正是具体的解决方式之一。

技术冲突：中美应合作推动形成对等、有效、全面的国际技术转让多边规则

当前，国际技术转让多边规则严重缺失。这体现在以下三方面：第一，只有对知识产权高标准保护的规则，没有促进技术转让的规则。第二，对发达国家的优势知识产权保护标准极高，但对发展中国家的优势领域保护标准极低。第三，只有约束政府的国际经济法规则，但基本没有能够约束跨国公司技术垄断行为的国际竞争规则。

在此背景下，中国对禁止强制技术转让的承诺，不但超过了《与贸易有关的投资措施协议》（TRIMs）的要求，而且也是绝大多数其他世贸组织成员没有做过的承诺。中美双方的分歧在于：中方认为是在使用自己的政策灵活空间，美方认为这影响了自己的商业利益。如果中美能够推动相关国际规则的形成，对于稳定中美经贸关系和世界贸易体系是有好处的。

以下对推动形成国际技术转让规则给出了六点建议。

第一，尽管中国早已经承诺不以技术转让作为外资准入的条件，但这种禁止技术转让履行要求的承诺并没有成为一个多边纪律。中国应该支持将这一规则多边化，并结合下述五点内容，与美国合作共同推动形成对等、有效、全面的国际技术转让多边规则。美国也应看到，这将是推动实现中美双赢之举。

第二，多边技术转让规则，既要限制技术输入国的政策干预，也应限制技术输出国的政策干预。技术转让方与受让方的契约自由，都应该得到保护。对于尖端技术，如果技术转让方认为采取技术保守战略，不进行技术转让对其更有利，那他自己就会加强技术保密，不对外转让技术，这并不需要政府进行干预。如果技术转让方愿意转让技术给其他国家，则说明这种转让行为更符合其商业利益。在此情况之下，出口国采取技术输出限制措施将会对市场产生扭曲作用，不符合技术转让方的商业利益。技术输出国政府基于国

家安全原因进行技术出口限制应该基于"必要"原则，不应滥用国家安全理由进行出口限制和技术输出限制。在这个问题上，有关的国际规则需要完善，应该进一步明确哪些基于国家安全理由进行的技术输出限制是必要的。

第三，应该建立限制技术垄断行为的国际规则。在这方面，《联合国国际技术转让行动守则（草案）》里面有大量内容可以作为进一步磋商的基础。

第四，应该考虑基因资源、传统知识、民间艺术等的知识产权保护问题，避免在技术贸易中使得这些知识产权的所有者和利益相关者的利益受损。

第五，还应考虑建立与数字经济时代相适应的国际技术转让规则。在尊重国家主权、国家安全利益以及个人隐私的前提下，促进以数字形式存在的技术的自由转让。

第六，还应对现有的《与贸易有关的知识产权协定》进行补充完善，使其更加平衡，同时将其发展成为一个全面的技术贸易自由化规则体系，这应该成为世贸组织长远的战略目标。对知识产权保护的最终目的，是为了促进技术的创新和技术的交易。也许未来的TRIPs将扩展成为另一个GATT（General Agreement on Trade in Technology，《技术贸易总协定》），或者GATK（General Agreement on Trade in Knowledge，《知识贸易总协定》）。

金融冲突：美国金融制裁杀伤力强大，中国应对需从长计议

当前，美国对中国实施金融制裁的锋芒已经初露。从现有的丹东银行、昆仑银行，再到2019年6月传闻不配合美国调查的三家商业银行，美国金融制裁的现实或潜在的威胁越来越大。不过，中国经济和金融市场体量巨大、国际关联度高，多家中国商业银行均为全球系

统性重要商业银行，美国难以对中国实施与伊朗、俄罗斯相同量级的金融制裁。对于中资银行可能止步于常规性的金融制裁，例如，对大型中资银行的巨额罚款、对中小型中资银行则可能切断美元业务。对其他企业和个人可能存在更多的常规金融制裁手段。尽管美国难以对中国发动全面的金融制裁，但是中国仍应未雨绸缪，为应对金融制裁做好充分的准备和最坏的打算。

首先，美国金融制裁威力强大。正是基于纽约清算所银行同业支付系统（CHIPS）的美元霸权、长臂管辖的法理依据，以及通过环球同业银行金融电信协会（SWIFT）系统实现"挟天子以令诸侯"，美国的金融制裁具有强大的杀伤力。欧洲国家的金融机构也深受其害，欧洲多家银行都因此遭受巨额罚款。

其次，美国金融制裁的威慑力尚难以动摇。欧洲国家已经做出了两个重要尝试来应对美国的金融制裁，即"阻断法案"和以贸易交换支持工具（INSTEX）为平台的金融创新，但是均难以对抗美国的金融霸权。此外，区块链、数字货币技术，也难以撼动美国的金融霸权地位。一方面，欧洲在该领域的技术水平明显落后于美国和中国。另一方面，中国在这方面暂时具有一定技术优势，但是从长期来看，中国的数字稳定币发展的主要约束条件不是技术，而是资本账户的不完全开放。但目前中国开放资本账户的条件还很不成熟。此外，国际货币基金组织（IMF）虽然提出推动特别提款权（SDR）稳定币，但仍然面临着SDR的固有困境。

再次，应对美国金融制裁，中国应从长计议，应基于现实、理性应对。第一，在中期，从现实主义出发中国应尽量避免将双边冲突升级到金融冲突，避免触发美国实施较大规模的金融制裁。第二，中国金融机构应在美国法律框架内，积极维护自身利益。建立完善的反洗钱框架，增强合规意识。第三，密切关注数字稳定币的发展，通过根本性的改革，为中国的数字稳定币发展创造开放、兼容的金融环境。

中国需要从长远着眼，加快推动产权保护、汇率弹性浮动等一系列根本性的改革，为资本账户开放奠定坚实基础。

最后，美国频繁推出金融制裁，特朗普政府反复失信，在此情况下，中国应顺势推动人民币国际化，同时积极推动国内金融市场的全产业链发展。（1）尤其是美联储即将进入降息周期，要抓住这一有利的时间窗口期，推动人民币汇率形成机制向充分的弹性汇率制转变，同时完善人民币外汇市场的风险对冲工具及其流动性。这是推动人民币国际使用的前提条件之一。（2）在贸易和投资领域，对于中国有谈判能力和定价权的情况，应争取更多使用人民币计价和结算。（3）完善熊猫债的基础设施建设，推动境外和多边金融机构在华发行人民币债券。（4）中国迫切需要打造完整的现代金融服务体系产业链，以缓解金融制裁的影响，例如海运金融服务体系。

三　以制度协调和制度型开放应对中美摩擦

课题组对中美贸易摩擦和历史上的日美贸易摩擦进行了比较。两者呈现出一些共性，即经济全球化使国家之间的交往，从商品和要素的交换，越来越向生产一体化演进。而在更紧密的经济联系中，制度差异使两个国家间的制度矛盾逐步放大。在此过程中，贸易摩擦从微观经济摩擦向全局性摩擦以及制度摩擦扩展。世界市场一体化程度的加深，要求市场运行规则具有一致性，而各国经济制度差异造成了市场运行模式的多样性。这两方面的矛盾逐步加深，由此导致各国制度协调的必要性不断上升，但同时协调的难度也在日益增加。当矛盾累积到一定程度，会以某种激进的冲突形式爆发出来。

作为一个理想的结果，上述矛盾的爆发将促使双方从局部政策协调转向全面的制度协调。在实现这个理想结果的过程中，因为经济全球化由商品和贸易交换向生产一体化演进，协商的重点就会逐步由关税等边界措施，向产业政策、知识产权保护、国有企业等"结构性问题"转变。综合性结构谈判和磋商将逐步成为制度协调的重要内容。中国在2019年年初提出的制度型开放政策，通过自主的开放来与国际经贸规则对接，这对于促进中美制度协调具有积极意义。

多边贸易机制：中国应积极应对"发展中国家地位"压力、推动WTO改革

中国经济发展水平不断提升、竞争力不断上升，这些给守住"发展中国家地位"提出了时间考验。2018年，中国人均GDP接近1万美元。即使按5%的增速计算，"十四五"期末，中国人均GDP将超过1.25万美元。不仅仅是总量指标，越来越多的质量指标也显示，中国的守势面临越来越大的压力——当然，这恰恰也是中国经济发展取得成绩的表现。

在世界贸易组织（WTO）改革中，美欧等发达国家持有所谓的"反搭便车"态度。尤其是近年来，美欧等国家多次强调，中国不适合继续作为发展中国家享受WTO的优惠待遇，希望中国能承担更多的责任。在守住"发展中国家地位"的过程中，中国面临的成本越来越高，不但失去很多朋友，而且很多针对发展中国家的优惠政策，也不见得单纯对中国有利。

发展中国家、发达国家在WTO的待遇差异，主要体现在是否适用"特殊和差别待遇"条款。在这方面，中国面临越来越大的压力。中国应在反对直接对等的前提下，对WTO成员国分类改革主动做出预案，积极回应发达经济体的关切，在全球经贸治理体系中承担更大的责任，促进WTO适应新形势而变革前进。

具体而言，"特殊和差别待遇"条款分布在WTO的各类协定中，涉及155个条款，大体可以分为6类：（1）增加发展中国家成员贸易机会的条款。（2）要求WTO成员，尤其是发达国家保护发展中国家成员利益的条款。（3）允许发展中国家在执行多边贸易规则和纪律时一定灵活性的条款。（4）给予发展中国家成员更长的过渡期条款。（5）技术授助条款。（6）对最不发达国家的"特殊和差别待遇"。所有上述内容可以划分为两大类：一类是需要发达国家采取行动来完成的，一类是允许发展中国家承担不同义务的规定。

需要注意的是，"发展中国家地位"问题在WTO层面更多的是道义上的考量，实质上，中国在《贸易便利化协定》等正在逐步承担接近于发达国家的责任，随着中国经济实力的进一步提升，中国在全球贸易体系中的引领作用将进一步加强，必将承担更多的责任。

借鉴WTO成员身份调整的实践，以及中国自身的实际情况，我们提出以下政策建议：（1）依据自身的经济发展水平和能力承担更多的责任，回应发达国家的关切。在不同的条款中，可以按照一事一议原则，承担不同的责任。（2）中国应该通过多边、区域、双边等层面，加强与新兴经济体、发展中国家、金砖国家和东亚国家的合作，平衡发达国家和发展中国家的利益诉求，推进适合全球贸易发展的新规则体系。（3）继续支持WTO促进发展和能力建设，促进最不发达国家发展。

区域合作机制：中国应尽快启动加入CPTPP的谈判进程

在美国退出TPP与中美贸易冲突的背景下，中国可尽快启动加入"全面进步跨太平洋伙伴关系协定"（CPTPP）的谈判进程：（1）中国加入CPTPP能获得巨大的经济收益，并倒逼国内制度型开放。（2）和2015年相比，中国的经济发展与CPTPP的规则标准的差距在明显缩小。（3）美国退出TPP，中国加入CPTPP难度显著降低。（4）长期来看，美国具有重返CPTPP的可能性，中国应把握住特朗普政府退出TPP的有利窗口期。(5) 中国加入CPTPP, 有利于中国对遵守高标准国际经贸规则给出可信的承诺, 从而增加美国对中国执行双边协定的信任。(6) 中国加入CPTPP, 还有利于中国未来进行其他高标准自贸协定谈判。考虑到CPTPP的一些规则未来也会纳入到世贸组织的多边层面, 因此中国加入CPTPP有利于参与国际经贸规则重构。

表3　中美谈判与CPTPP规则涉及的内容分类比较

	接受难度较小或接受难度中等	接受难度大或难以接受
中美谈判涉及的CPTPP规则	1. 海关管理和贸易便利化; 2. 竞争政策; 3. 卫生与植物卫生措施; 4. 技术性贸易壁垒; 5. 跨境服务贸易; 6. 金融服务; 7. 商务人员临时入境; 8. 电信服务	1. 国有企业和指定垄断; 2. 知识产权; 3. 货物的国民待遇与市场准入; 4. 投资; 5. 电子商务 (数据跨境自由流动)
中美谈判不涉及的CPTPP规则	1. 原产地规则; 2. 纺织服装; 3. 贸易救济; 4. 合作与能力建设; 5. 发展; 6. 管理和机制条款; 7. 争端解决机制; 8. 其他; 9. 政府采购; 10. 中小企业; 11. 透明度与反腐败; 12. 监管的一致性; 13. 环境	劳工 (自由结社和集体谈判)

注: (1) CPTPP文本一共31章, 除去导言, 一共30章, 为了分析的简便, 总论部分将初始条款、例外和一般条款、最终条款、竞争力和商务便利化等四章合并为"其他"章节, 因此该表合计有27个分项。

资料来源: 由课题组成员苏庆义、徐奇渊制表。

在操作层面, 中国可以制定加入时间表、对加入可行性进行详细论证、向CPTPP成员国表达加入意向, 然后在CPTPP启动扩容程序后, 根据程序向CPTPP提出申请。官方和政府层面, 一是中国应尽快完成加入CPTPP的可行性研究报告; 二是利用中日政治关系重回正常轨道的契机, 优先争取到日本这一CPTPP主导成员国对中国加入

CPTPP 的支持；三是同 CPTPP 的 11 个成员国保持接触，争取这些国家的支持。除日本外，起关键作用的成员包括澳大利亚、新加坡、越南、加拿大等国家。中国政府部门应征集产业界对中国加入 CPTPP 的意见，以便评估利弊。

当然，中国加入 CPTPP 确实面临一些困难，也可能被 CPTPP 拒之门外。为化解这些困难，中国一方面自身应切实通过深化改革对接规则，另一方面也应该和 CPTPP 成员国以及美国保持沟通，通过沟通争取到这些国家的支持。总体而言，中国主动做出加入 CPTPP 的决定是更好的选择。即使中国暂时无法加入 CPTPP，对中国最好的选择依然是对标 CPTPP 规则进行改革开放。因为美国重返之后，中国只能通过谈判其他高标准自贸协定来缓解 CPTPP 的压力，如果从现在开始就向高标准规则看齐，未来中国谈判其他高标准自贸协定的难度将大为降低。此外，CPTPP 许多规则会体现在世贸组织改革之中，从而演变为多边规则，中国按照加入 CPTPP 的要求深化改革开放也有利于参与世贸组织改革，并做好接受未来多边规则的准备。

最后，美墨加协定（USMCA）中的"毒丸"条款有可能会阻止中国加入 CPTPP，但是仔细阅读美墨加协定条款，美国也并非完全堵死了墨西哥、加拿大和中国谈判 FTA 的路径。"毒丸"条款主要反映了美国的诉求，希望墨西哥、加拿大和中国谈判签署的贸易协定不会影响到美国的利益。如果墨西哥、加拿大与中国就贸易、投资等问题进行谈判，在谈判过程中，美国希望能够影响相关条款和规则。至于是否确实会阻止中国加入 CPTPP，因为这一条款尚未激活，并不能完全确定。而且从实际情况来看，该条款的执行有一定的灵活度，同时也受到中美贸易谈判本身进程的影响。

双边合作：中欧加强合作，分四步深化中欧经贸合作

基于在欧洲的实地调研，课题组观察到：中美贸易冲突背景下，

中欧合作基础有望得到强化。首先，中美贸易冲突，欧洲经济也受伤。中美关税冲突本身及其不确定性，这两大冲击将导致欧洲经济下滑。近期经济发展与合作组织（OECD）的一份研究报告给出了相关测算结果。其次，贸易冲突对全球价值链的破坏，也对欧洲经济产生了负面冲击。中美贸易冲突的持续、升级，将大幅增加欧洲陷入衰退的风险，这不符合欧洲的经济利益。

值得注意的是，对于中国"非市场导向的政策和做法"，欧美的质疑具有高度共识，但是在解决方式上，欧洲与美国有根本性分歧。对于美国挑起贸易冲突、欲将中国赶出多边贸易体系的做法，欧洲机构表示完全反对。欧洲正在积极推动 WTO 改革，推动形成新的规则，以适应世界经济的新形势。对于美欧贸易冲突，欧洲自身也在寻求多边解决方案。

但是，欧洲对中国的抱怨和担忧，也可能成为影响中欧合作的障碍：（1）对于中国"非市场导向的政策和做法"，欧洲多有抱怨，甚至与美国有较强共识。（2）竞争力的焦虑：在高技术领域，欧洲担忧中国的竞争压力。（3）意识形态和所有制问题的担忧。

中美贸易冲突将是一个长期问题，并且正在向其他领域扩展。在此过程中，中国应克服前述障碍，与欧洲加强经贸合作，欧洲也有这方面强烈需求。具体的，除了推动中欧在"一带一路"倡议的合作之外，中欧经贸合作可以分四步走：第一步，中欧完成双边投资协定（BIT）谈判。第二步，中欧推动形成共识、合力推进 WTO 改革，拯救 WTO 机制的生命力。第三步，中国通过自身改革、与欧洲协商，推动欧盟承认中国的市场经济地位。第四步，中欧签署双边自贸区协定（FTA）。

中国自身：如何推动国有企业的竞争中性改革？

在中美经贸谈判过程中，国有企业的竞争中性问题无疑是争论焦点之一。目前，OECD发布竞争中性报告已经在相关经贸规则的制定中起到了基础性作用，CPTPP和USMCA都加入了基于竞争中性原则制定的国有企业条款。2018年以来，美欧日已经发布了6份联合声明，其中最主要的诉求，就是要在现行WTO多边补贴规则中，纳入国有企业问题。在美欧日2019年5月最新的联合声明中，三方表态将尽快完成产业补贴新规则的制定工作，并吸纳其他WTO主要成员国加入，以发起新一轮产业补贴和国有企业规则的谈判。

美日欧的6份联合声明反映了国际产业补贴规则的最新动向，其中针对国有企业的意图非常明显。其一，美欧日推动补贴规则改革的重要目标，就是重新商定WTO规则下的公共机构认定标准。如果将国有企业、国有商业银行认定为公共机构，则其向下游企业提供货物或服务、向其他企业提供贷款或参股的行为，都将构成补贴。在此基础上，受到补贴的企业（通常是国有企业）将受到制裁。其二，以往WTO规则认定的补贴，主要是财政补贴，而美日欧提出补贴范围的界定，应从财政行为扩大至金融领域：（1）国有银行提供的借贷与公司资信不符，以及可能存在的政府隐性担保问题；（2）政府主导的基金进行非商业考虑的股权投资；（3）非商业考虑的债转股。上述三种情况的资金来源涉及到了国有银行、产业基金。这一趋势与《美墨加协定》中的国有企业条款是一致的。

党的十八届三中全会以来，中国虽然加快了国有企业公平竞争立法，但在监管中性、债务中性和政府财政补贴方面，仍然与国际经贸规则存在差距。中国应在坚持符合自身国情的改革原则基础上，努力推进内部改革、致力于适应国际规则的同时，推动国际规则的变革。

事实上，外资企业将受益于国有企业的竞争中性改革，但是其最大受益者将是中国的民营企业，同时这也有助于增加外企的获得感，提升整体资源配置效率，促进中国经济迈向高质量发展。因此，中国尽早落实并推进国企改革具有其迫切性。另外，中国推动国有企业竞争中性改革，也具有可行性：随着国有企业，尤其是中央国有企业全要素生产率的不断提升，国有企业接受竞争中性的实力不断提升。

针对上述最新变化，我们提出中国应在以下五方面推动国内改革：第一，竞争中性与产业政策并不是互相排斥的，两者可以找到交集，市场主体实施一视同仁的产业政策。第二，中国应尽快在国有企业分类改革的基础上，启动"竞争中性"改革。分类推进国有企业改革，有现成方案可循。党的十八届三中全会提出"准确界定不同国有企业功能"，之后中央于2015年印发的《关于深化国有企业改革的指导意见》完全符合这一改革方向。第三，加快经济干预方式从产业政策向竞争政策转型。第四，在金融市场贯彻"竞争中性"原则，消除隐性补贴。第五，规范产业补贴政策，明确授予标准，提高透明度。

第一篇

中美贸易冲突的背景：国际秩序的互动和美国对华政策的转变

第一章　压舱石与周期性的终结：国际秩序互动视角下的中美关系

2018年，伴随美国国会接连通过涉台法案和特朗普发动的全面"贸易战"，中美关系越过"临界点"的说法已经从不确定的预感转变为严峻的政治现实。这一发展并非是偶然因素叠加突破了中美关系中的"正常周期"，而是两国在国际政治、安全和经济秩序领域的消极互动不断积累的结果。

表面上，经济相互依赖是中美关系的"压舱石"，能稳定地改善因政治、安全摩擦而恶化的中美双边关系。但实质上，并不是任何性质的经贸依赖都会起稳定作用。由于中美在国际经济秩序上接近过程的停滞和距离的拉大，这一相互依赖正随着中国经济体量的增加而由互补转变为竞争，存在不断加速的质变。

由于经贸依赖这一"压舱石"本身已经质变，中国不再可能通过既有途径来恢复双边关系中的总体均衡。要重新恢复平衡，不仅需要缓解两国在国际经济秩序上的根本分歧，还需要统筹考虑国际经济秩序、国际政治秩序、国际安全秩序三者，从综合平衡的角度进行求解。

中美关系的发展是否具有某种规律性一直是学术界关注的重大问题。之所以如此，是因为这一关系本身至关重要，其走向会对整个世界产生重要影响。在中美贸易战爆发之后，这一点表现更加明显。要处理好中美关系，在很大程度上必须充分理解这一关系发展的内在规律性。然而，当前学术界尚未就其中的规律性达成共识，甚至还存在较大分歧。中国国内的传统观点是主张中美关系既有坚实基础、又具有周期性，将会在波动中发展；但是国际学界则更相信力量转移理论和"修昔底德陷阱"的概念，认为中美的前景将日益坎坷。这一争论既是理论问题，也是历史问题。在回顾相关理论、梳理相关史实的基础上，本章尝试针对这一重要问题做出新的解释。下面将回答和阐述三个具体问题：第一，中美关系的现实发展是更适用于周期性解释还是线性解释；第二，如果中美关系的发展更适用于线性解释，那么用何种因素来解释最为全面；第三，根据新因素的观察角度，中美关系的发展经历了怎样的过程，现在又处于何种阶段。在回答了这三个问题的基础上，自然可以得出关于中美关系未来走向这一当前时代的重大命题，得出可供检验的初步结论。

一　中美关系发展的线性解释

2017年下半年起，中美关系出现了"忽好忽坏"的周期性宣告终结的迹象，双边关系开始朝全面"摊牌"、难以"反弹"的方向发展。一方面，美国国会通过了以放松美官员赴台限制、增强美台官方联系为核心内容的《台湾旅行法》，这是美国继特朗普在2017年年初致电蔡英文之后又一次严重削弱中美关系基础的行为。但是与2017年年初不同，这一议案不仅在国会顺利通过、得到了特朗普的迅速签署，而且中国的抗议和游说还被美国国会斥为"越过红线"，后者甚至声称"干预美国立法事务只会适得其反"。① 这一挑战中国核心利益的举动可谓出乎中方预料，展现了美国精英在对台政策上改弦更张的共识。② 此后，含有增强台湾安全、呼吁美台联合军演条款的《2019 财年国防授权法案》亦宣告通过，这也是该法案连续第二年包含重大涉台内容。③ 另一方面，除了开始试探中国的核心利益之外，特朗普政府又发动了措辞强硬、规模庞大的对华贸易战。与一般的贸易摩擦不同，美国将"中国制造 2025"作为核心打击目标，并将以政府为主导，以企业指引和产业支持为内容的中国模式作为竞争和遏制对象，试图抵消中国国有企业享有的"不公平"竞争优势，挑战中国市场的诸多自我保护措施。④ 这迫使中国不得不承认中美关系已经越过质变的"临界点"，双边关系正从以合作为主转向以竞争为主。美国的整体对华政策也从在各议题上"规避风险"、维持整体获利转向主动提升风险、通过在双边议题中制造紧张和不稳定来削弱中国的长期权力增长。正如 2017 年的《国家安全战略报告》所述，美国的对华定位已经从"负责任的利益攸关方"（responsible stakeholder）演变为在国际安全和经济诸领域挑战美国的国际地位和国家利益的最主要战略竞争者（competitor）。⑤

---

① Charlotte Gao, "China's Lobbying Against the Taiwan Travel Act Backfires", October 17, 2017, The Diplomat, https：//thediplomat.com/2017/10/chinas-lobbying-against-the-taiwan-travel-act-backfires/.

② 事前，中方很多声音认为参议院和白宫会顾忌中美关系大局和中国的坚决立场而阻止《台湾旅行法》的通过和生效。代表观点参见贾庆国《台旅法或致中美断交》，2018 年 1 月 19 日，http：//wemedia.ifeng.com/45777848/wemedia.shtml。

③ "Pro-Taiwan 2019 NDAA defense bill ready for Trump's signature", Taiwan News August 2, 2018, https：//www.taiwannews.com.tw/en/news/3497638.

④ Lily Kuo, "Made in China Policy at Center of Tariff War with US", The Guardian, April 4, 2018, https：//www.theguardian.com/world/2018/apr/04/made-in-china-policy-at-centre-of-tariff-war-with-us.

⑤ "National Security Strategy of the United States of America", White House, December 2017, https：//www.whitehouse.gov/wp-content/uploads/2017/12/NSS-Final-12-18-2017-0905.pdf, p.2.

中美关系越过临界点的现实挑战了对于 1989 年之后的中美关系发展的传统看法，即所谓"中美关系好也好不到哪儿，坏也坏不到哪儿"的周期波动论。一般而言，中国和国际学界将中美关系的发展看作是一个"分段函数"，认为不同时间段中美关系的性质和发展动力存在较大差异。其中，虽然 2009 年也在一定程度上构成了分期点，此后"国家关系的形态发生了变化""中美两国的竞争性变得突出起来"，但是大部分观点还是认为"忽好忽坏"的规律仍然大致适用 2009 年后的中美关系。[①] 这一分期如表 1-1-1 所示。

表 1-1-1　　　　　　　　　中美关系的一般分期

时间	关系性质	发展动力
1949—（1969）1972 年	敌人	内在因素和外在因素共同作用
1972—1989 年	准盟友	外在因素为主
1989（1992）—2009 年	非敌非友	内在因素为主 外在因素影响
2009—2017 年	更具竞争性的非敌非友	内在因素为主 外在因素影响

在 1949 年后，由于中美分处冷战中的两大阵营，两国是稳定的敌人关系，这种关系既有国内基础也有国际基础。但是在 1972 年中美关系正常化后，[②] 中美出于苏联威胁上升而接近，进入了中美关系的"蜜月期"。在这一时期，主要是苏联这一外部因素决定了中美关系的形态。在 1989 年后，中美逐渐形成了以中国改革开放换取美国

[①] 参见崔立如《管理战略竞争：中美新关系格局的挑战》，《美国研究》2016 年第 2 期，第 10 页。

[②] 1969—1971 年为中美寻找战略合作基础的探索期，1972 年正式开启了这一合作；1989—1992 年则为冷战后中美形成改革开放—接触政策这一新均衡的调整期。参见王浩《利益、认知、互动：中美关系演进的动因探析》，《世界经济与政治》2014 年第 10 期，第 101 页。

接纳中国融入美式国际秩序的新阶段。此后，中美关系就进入了以内生动力为主导、以经济相互依赖为"压舱石"的稳定时期。"中美关系好也好不到哪里去，坏也坏不到哪里去"描述的正是1992年之后的中美关系。两者相互间的强大经贸依赖会克服内外政治和安全因素带来的消极波动，呈现出忽好忽坏的周期性。

之所以存在表面上的波动性，是因为从1992—2017年，两国在安全和政治上存在冲突性和对抗性，进行的是相对消极的合作；但是在经济和文化上则存在互补性和共同性利益，进行的是积极合作。在这一双重合作的过程中，双方还会相互怀有对方会进一步满足自身利益要求的期待，而期待落空则会带来冲击。[1] 这一"期待—落空"的循环通常是通过美国的国内政治周期来体现。刚上台的美国政府往往会重提对中国的期望，展示较为强硬的态度，之后则会逐渐趋于务实。此外，第三方因素也经常被视为导致中美关系波动的重要甚至是关键因素。在2008年之前，第三方因素对中美关系的影响可谓有利有弊，利大于弊，其中以中东为重心的反恐、朝鲜和伊朗核问题推动了中美关系的迅速升温，塑造了小布什政府任内"史上最好的中美关系"。[2] 而在2008年以后，第三方因素对中美关系的冲击逐渐成为主流，例如朝韩间的天安舰事件、中日和中菲的领土主权争端更是显著恶化了中美关系，以至于"第三方因素是导致中美军事冲突的最大可能"。[3]

不过，美国国内政治周期和第三方因素都不足以决定中美关系存在实质上的周期性。毕竟前者只是对两者分歧的反映，而不是决

---

[1] 阎学通：《对中美关系不稳定性的分析》，《世界经济与政治》2010年第12期，第15、21页。

[2] 倪峰：《观察中美关系发展的三个维度》，《世界经济与政治》2006年第8期，第27页。

[3] 达巍：《构建中美新型大国关系的路径选择》，《世界经济与政治》2013年第7期，第65页。

定分歧的动因，后者则并无规律可循。更重要的是，这一周期分析框架无法充分解释为什么中美关系会以 2009 年奥巴马政府提出"重返亚太"战略为标志，逐步展现出竞争压倒合作的线性特征，乃至越过临界点。对此，美方认为中美关系在这一时期发生了"质变"的解释则更具说服力。波士顿学院罗伯特·罗斯（Robert S. Ross，中文名陆伯彬）教授指出，自 2008 年起，中国进入了意在修正东亚地区秩序的"第三次崛起期"，这导致美国改变对华态度。[①] 约翰斯·霍普金斯大学戴维·兰普顿（David Lampton）教授则更具体地指出美国精英对华态度之所以趋于负面，是因为中国停止了走向开放社会和共同安全的"改革开放"的进程。[②] 不过，这些论断固然集中反映美国对中国国内外政策期望的落空，但是也从另一方面表明中国在很长一段时间内奉行大致稳定的行为模式和国际秩序观。事实上，虽然 2008 年后的中国在具体的外交方针上不再将中美关系作为外交的绝对重心，加强了对中美关系和周边环境的主动塑造，但是中国在此前后的行为并无实质差异。[③] 从中国自身来看，其国际行为具有高度的延续性，并不存在突变。

　　总而言之，对中美关系"分段函数"式观察和周期性波动的框架在解释这一关系当下的发展上陷入了解释力不足的困境。相反，考察中美围绕国际秩序的互动、用"秩序距离"来考察中美关系的"连续函数"的视角能够更好地解释其自 1972 年以来的总体演变，同时还能进一步地简化解释这一对大国关系的理论框架。从后一视角出发，会发现中美关系中的波动是表面现象，双方在克林顿时期就已经

[①] ［美］罗伯特·S. 罗斯：《中国崛起、地区权力转移与东亚安全：从 1949 年到 21 世纪》，《世界经济与政治》2009 年第 11 期，第 36—43 页。

[②] David M. Lampton, "A Tipping Point in U. S. -China Relations is Upon Us", US-China Perception Monitor, May 3, 2015, https://www.uscnpm.org/blog/2015/05/11/a-tipping-point-in-u-s-china-relations-is-upon-us-part-i/.

[③] 吴心伯：《冷战后中美互动模式的演变》，《美国研究》2015 年第 6 期，第 16 页。

到彼此间秩序距离的"近日点",之后两者一直保持或小幅拉开距离。在此期间,中美在国际政治、安全秩序上的互动一直"稳中有退",在经济秩序上的互动同样难有改善。这意味着伴随着中国综合国力和经济体量的上升,中美间的整体竞争性将迅速攀升。以此而言,中美关系越过临界点并非是多因素叠加造成的周期波动幅度过大,而是中美在国际政治、安全和经济秩序上消极互动的累加结果。

二 从国际秩序距离理解中美关系

除了周期论之外,观察中美关系更为流行的框架是权力转移理论,其在一定程度上也是线性理论。"原始版"的权力转移理论最主要的观点就是当守成大国和崛起大国的国力对比越是接近某一比例,双方的关系就会越不稳定,最终会走向武装冲突和战争。根据相关定量研究,这一阈值甚至被更准确地定位在80%—120%。[1] 不过,尽管这一理论也能够为中美关系的发展提供一个整体的连续解释,但是其核心观点却不能准确地解释这一关系的发展现实。例如,如果以国家能力综合指数(national material capability index)来度量,在20世纪90年代后的20年间中国和美国的力量对比一直处于最危险的80%—120%的区间。但是在这一时期特别是2009年前,中美双边关系虽然忽好忽坏,但是绝对称不上危险。[2]

因此,针对中美关系,相对于单纯的国力对比,"改良版"的权力转移理论转而强调崛起大国力量的性质及其与守成大国的关系是更

---

[1] Ronald Tammen, ed., *Power Transition: Strategies for the 21st Century*, New York and London: Chatham House Publishers of Seven Bridges Press, 2000, pp. 21 – 22.

[2] 王玮:《权力变迁、责任协调与中美关系的未来》,《世界经济与政治》2015年第5期,第74页。

为关键的因素。① 新古典现实主义理论就指出，决定大国间关系的不仅是双方力量的简单对比，还涉及力量的组成和性质。后者将直接决定各方对力量的威胁感知。② 基于此，"国际秩序距离"这一变量能够更好地揭示国家力量的性质。

本章试图构建的是一个涉及中美力量的性质对比的分析框架，其着眼点是中国在国际政治、安全和经济领域对美国主导的国际秩序的态度，衡量的是中国的各类国家力量与相应美式秩序的距离。

在国际秩序的研究中，不少观点将"秩序利益"作为一种与安全、经济和价值观利益并列的国家利益，处于美国国家利益的第四位。③ 其依据是奥巴马政府在2010年颁布的《国家安全战略报告》。该报告阐述了美国国家利益的四个方面：第一，保护美国、美国公民以及盟国和伙伴的安全；第二，维护美国经济得以增强、创新、增长和开放的国际经济体系；第三，在美国国内和全球尊重"普世"价值；第四，在现有美国领导的国际秩序下合作应对全球挑战，增进和平、安全与繁荣。④

但是将国际秩序与安全、经济和价值观视为并列关系的理解是不准确的。美国的安全、经济和价值观利益与美式国际安全、经济和政治秩序在根本上不可分割。即使是特朗普政府，其在《国家安全战略报告》中放在首位的仍然是通过联合国、马歇尔计划、北约和其他国际机制支撑的"共享安全、自由与和平"的"战后秩序"，

---

① 关于何种性质的崛起大国容易在权力转移的过程中挑战守成大国参见 David Apter, *The Politics of Modernization*, Chicago: University of Chicago Press, 1965；[美] 杰克·斯奈德：《帝国的迷思：国内政治与对外扩张》，于铁军等译，北京大学出版社2007年版。

② Steve E. Lobell, "Threat Assessment, the State, and Foreign Policy", in Steven E. Lobell, and Norrin M. Ripsman and Jeffrey W. Taliaferro eds., *Neoclassical Realism, the State and Foreign Policy*, p. 45.

③ 宋国友：《利益变化、角色转换和关系均衡：特朗普时期中美关系发展趋势》，《现代国际关系》2017年第8期，第31页。

④ "National Security Strategy", National Security Strategy Archive, May 2010, http://nssarchive.us/NSSR/2010.pdf.

并且更加突出地强调了"公正和互惠的经济秩序"（fair and reciprocal economic order）。① 值得说明的是，特朗普政府表面"忽视"的价值观领域，恰恰是美国政治精英判断中美关系到达"转折点"的依据。他们认为，只有中国接受了美式价值观，才可能接受美式地区和国际秩序。而中国的国内发展模式决定了其不可能在国际事务中接受美国主导的国际秩序。② 更何况，自 2009 年至今，美国政府多次在南海、东海、网络安全、"一带一路"等具体国际议题上批评中国削弱既有国际秩序。

事实上，秩序利益是美国对自身重大安全、经济和政治利益的归纳和制度化，中美围绕美式国际秩序的互动状况是决定双边关系的关键。很多看似与中美无关的第三方因素其实直接涉及美式国际秩序，例如解决领土争端的方式。因此，从秩序距离看中美关系不但更能把握实质，而且解释范围更广、自变量也更简明一致。

在讨论秩序互动和距离之前，国际秩序的概念正如赫德利·布尔（Hedley Bull）所言，是一种对国家行为模式的安排，其由共同观念、约束性规则和规则保障机制组成。③ 其实质是对国家在国际社会中行为的约束。④ 当然，不同国家对于同一国际秩序的认识存在差异。例如中国就认为现有国际秩序的核心是尊重国家主权，美国则强调对国

---

① "National Security Strategy of the United States of America", White House, December 2017, https：//www. whitehouse. gov/wp-content/uploads/2017/12/NSS-Final – 12 – 18 – 2017 – 0905. pdf, p. 2, p. 20.

② John Lee, "Reaching the Limits：China as a Responsible Stakeholder", Project 2049, July 5, 2016, http：//www. project2049. net/documents/160705_ Lee_ Reaching%20the%20Limits_ China_ Responsible%20Stakeholder. pdf, p. 5.

③ Hedley Bull, "Society and anarchy in international relations", in Herbert Butterfield and Martin Wight, eds., *Diplomatic investigations*, London：Allen & Unwin, 1966, pp. 35 – 50.

④ 对国际秩序的一种理解是将秩序理解为一种客观状态，另一种理解则强调秩序的规范性，本章采用的是后一种，因为其能够清晰地比较不同国家在国际行为上的偏好差异。相关分类参见肖河《国际秩序衰落：概念与度量》，《国际关系研究》2017 年第 4 期，第 15—17 页。

家主权的尊重是有条件的。但是这种认知差异并不影响甚至反而有助于对两者间秩序距离分析。由于美国主张的国际秩序更具系统性，因此更适合作为比较分析的基点。根据约翰·伊肯伯里（John Ikenberry）的归纳，当前美国主导的自由霸权秩序是一种增强了现实主义色彩的"2.0 版"的自由国际主义。其实质内容包括：西方导向的安全和经济体系；轻微限制主权的国家间协商机制；以规则和恩从体系（霸权国提供公共物品）为基础的等级制；互惠性的正式政府间制度；由自由贸易、集体安全到经济规制和人权的扩散机制。① 从对国家行为约束的角度可以归纳为表 1-1-2。

表 1-1-2　　　　　　　　自由霸权秩序的规则实质

	原则	手段
国际政治行为规则	不得干涉他国内政 不得侵害国内人权	多边协商
国际经济行为规则	不得封闭市场	开放市场
国际安全行为规则	不得单边使用武力	合作安全

在国际政治领域，自由霸权秩序主张主权和人权并重，亦即原则上"主权不再被认为是一国在境内可以实行种族主义、歧视少数和弱势族群、屠杀百姓做法的挡箭牌"。② 在国际经济领域，其以开放市场为核心，反对构建封闭或者平行市场。在国际安全领域，美国实质上要求其他国家接受美国是国际安全市场的主要合法供给者的现实，放弃使用武力推行国家政策的权力。其他国家的军力建设的合法性仅在于配合、补充美国的安全力量，反对其他国家发展针对美国的

---

① G. John Ikenberry, "Liberal Internationalism 3.0: America and the Dilemmas of Liberal World Order", *Perspectives on Politics*, Vol. 7, No. 1, 2009, pp. 73, 78-80.

② 贾庆国：《全面认识战后国际秩序》，《外交评论》2015 年第 6 期，第 29 页。

"制衡性"的军事力量。① 这一分析框架基本涵盖了中美的国际政治互动,经贸摩擦、中国台湾和西藏问题、人权争议、南海的岛屿争端和航行自由问题以及其他第三方问题都可以被归类到某一规则范畴之内。

下面将利用这一框架分析1972年以来中美的秩序互动及其距离。第三部分将描述中美两国在国际政治和安全领域中的互动,回溯这一历程会发现除了冷战中的一部分时间之外,中国在1972年后始终与美国在国际政治和安全秩序上保持着较大距离,而在1989年后这一距离还在不断扩大。第四部分将描述中美两国在国际经济领域中的秩序互动,在这一部分会发现中国在经历了20世纪90年代接近美式国际经济秩序的顶点后,就一直处于稳定的、保持秩序距离的"选择性融入"状态,这使得中美经济的竞争性和摩擦持续增加。这一发现指明中美的经贸依赖并非是"注定"的压舱石,中美在国际经济领域的消极秩序互动同样会削弱双边关系。现实也表明,当前中美关系的紧张并非是因为政治和安全冲突压倒经济依赖的作用,而是上述三个领域中累加矛盾"共振"的结果。②

三 中美国际政治和安全秩序互动

这一部分将通过定性分析来观察1972年来中美两国在国际政治和安全秩序领域的互动状况,特别是中国对美国主导的国际政治和安全秩序的态度。比较而言,两国在国际政治领域中的秩序距离最远。即使是在"蜜月"时期,中国也从未认可美国主导的国际政治秩序。

---

① 美式秩序中的合作安全(shared security)与传统的集体安全(collective security)存在显著区别。集体安全是国际联盟式的、各国对侵略做出事后集体反应;合作安全则是一种事前安排。参见 G. John Ikenberry, *Liberal Leviathan: The Origins, Crisis, and Transformation of the American World Order*, Princeton and Oxford: Princeton University Press, 2011, p.20。

② 王伟光:《结构性因素与中美关系的变迁》,《美国研究》2013年第4期,第67—68页。

在国际安全领域,中国于1978—1989年一度部分加入了美式安全秩序,但是此后双方迅速疏离,东亚安全秩序问题也重新成为两国关系发展的阻碍。中美两国在政治和安全秩序距离上的拉大决定了双方的认同和互信难以建立,战略互疑持续加深。

(一)围绕国际政治秩序的中美互动

美国主导的国际政治秩序是自由主义与等级制、主权原则与人权保护的混合体,倡导国际社会、尤其是美国及其盟友能够以保护人权为由干涉其他国家的国内事务。总体来看,中美两国在国际政治领域的互动以1989年为界分为两个阶段。在1989年以前,一方面,美国将"反对苏联共产主义"视为维护普遍自由和人权的先决条件,在实际政策中往往"本末倒置"、将反苏置于人权之前。因此,美国长期对第三世界的反苏政权(典型如智利和阿根廷的右翼政府)严重侵犯人权的做法"置之不理",这在尼克松和福特时期达到高峰。直到卡特执政,人权才被具体、明确地纳入到美国的外交政策中,但是此后里根推行的强硬反苏政策又削弱了人权议题的优先级。[1] 另一方面,国际政治秩序并未成为困扰中美关系的议题,甚至在反苏方面还有共同语言。中国是从反对社会帝国主义的角度出发来接近美国主导的国际政治秩序,这与美国以反对苏联共产主义来保护普遍人权的国际政治秩序观存在重大差异。

1989年后,中美两国在国际政治秩序上的分歧严重恶化。美国针对中国的人权问题展开了一系列制裁和施压,这使得人权和不干预内政问题成为中美关系中"长期存在的事关双方重大国家利益或根本价

---

[1] Rosemary Foot, "The Cold War and Human Rights", in Melvyn P. Leffler and Odd Arne Westad, eds., *The Cambridge History of the Cold War*, Volume III, New York: Cambridge University Press, 2010, pp. 449 – 451.

值观的分歧与矛盾",① 直接推动中国不断在国际政治的原则议题巩固和增强自身立场。② 中国一方面做出了部分适应性调整以缓解外部压力,另一方面则积极与美国争夺关于人权和主权的国际话语权。1991年11月,中国发表了第一份官方人权文件《中国的人权状况》白皮书,明确提出了促进人权是中国政府的重要目标。但是,此举体现的是中国对美式国际政治秩序的反击。在白皮书中,中国在人权的主体、内容及其与主权的关系上明确表示"生存权是中国人民长期争取的首要人权""人权问题虽然有其国际性的一面,但主要是一个国家主权范围内的问题"。③ 这些表述奠定了中国人权观的基础,与美式人权观中强调个人权利、政治权利、普遍性人权和"人权无国界"的特征针锋相对。④ 克林顿时期,美国开始部分以接触代替施压来说服中国融入美式国际政治秩序,敦促中国加入《公民权利和政治权利国际公约》和《经济、社会和文化权利国际公约》这两个关键人权公约。⑤ 对此,中国于 2001 年批准并加入了《经济、社会和文化权利国际公约》。中国虽然在 1998 年签署了《公民权利和政治权利国际公约》,但是始终强调"人权的普遍性必须与各国具体情况相结合",⑥ 一直没有加入公约。其中核心问题就在于难以在表达和结社自由这两个议题上达到国内治理和实施公约上的妥善平衡。⑦ 对待两份公约的

---

① 王伟光:《结构性因素与中美关系的变迁》,《美国研究》2013 年第 4 期,第 55 页。
② Andrew Nathan, "China: Getting Human Rights Right", *The Washington Quarterly*, Vol. 20, No. 2, 1997, pp. 132–151.
③ 中华人民共和国国务院新闻办公室:《中国的人权状况》,http://www.gov.cn/zwgk/2005-05/24/content_488.htm.
④ 王瑞领:《中美分歧的深层原因:以政治文化为视角》,《江西社会科学》2015 年第 11 期,第 20—21 页。
⑤ 吴心伯:《冷战后中美互动模式的演变》,《美国研究》2015 年第 6 期,第 16 页。
⑥ 中华人民共和国外交部:《中国政府签署〈公民权利和政治权利国际公约〉》,2000 年 11 月, http://www.fmprc.gov.cn/web/ziliao_674904/wjs_674919/2159_674923/t9004.shtml.
⑦ 赵建文:《〈公民权利和政治权利国际公约〉的保留和解释性声明》,《法学研究》2004 年第 5 期,第 157 页。

不同态度也说明，中国始终强调人权的首要内容是生存权、发展权等社会经济权利，而非特定形式的政治权利。

在双边博弈中，20世纪90年代后，中国与美国就进行了19次人权对话。自2000年的第12轮中美人权对话起，这一磋商就无一例外被中国政府表述为"坦诚的交流"，这表明中美双方存在严重、公开的分歧。① 在多边博弈中，联合国是中国与美国为争夺话语权、塑造国际人权秩序的主要平台。在中美建交后的1979年，中国就成为联合国人权委员会的观察员，1981年正式成为成员并一直连任。在中美的人权矛盾激化后，两国连续每年在人权委员会提出针锋相对的动议和反动议。在发展中国家的支持下，中国连续11次挫败了美国在人权委员会提出的反华提案。在2006年联合国人权理事会成立后，中国就当选其成员并在可能的范围内（单个任期三年，只能连任一次）高票当选并连任。同时，自2009年起中国就开始接受和通过人权理事会国别人权审查。② 中国在多边博弈中不仅没有在人权问题上向美国退让，而且还成功地增强了自身在联合国框架内关于人权秩序的话语权。与此相应，美国对联合国人权理事会也日益不满。美国和部分人权组织在2006年后一直强烈批评联合国人权理事会没有引领国际人权秩序的资格，指责包括中国在内的理事会成员是"严重侵犯人权"的国家。特朗普政府更是明确提出除非联合国人权理事会进行改革，否则美国将退出这一机构。③

此外，中美两国在"保护的责任"和人道主义干预等议题上也存在深刻分歧和消极互动。在"保护的责任"问题上，中国原则上

---

① 袁正清、李志永、主父笑飞：《中国与国际人权规范重塑》，《中国社会科学》2016年第7期，第198页。

② 柳华文：《联合国与人权的国际保护》，《世界经济与政治》2015年第4期，第39—40页。

③ "US Warning over Its UN Human Rights Council Role", BBC, June 6, 2017, http://www.bbc.com/news/world-us-canada-40173472.

支持政府应当保护其公民、在国家不能履行这一职责时国际社会有权干预。同时，中国严格控制该原则的适用范围，将其限制在联合国《2005年世界首脑会议成果文件》确立的一国存在"灭绝种族、战争罪、族裔清洗和危害人类罪"的条件下。并且，中国认为"保护的责任"在国际法上的地位低于《联合国宪章》，利用国内法、增强国家主权是履行"保护的责任"的最主要途径，反对外国的武力干预。[1] 与此相对，以美国为代表的西方国家则更愿意超越主权原则，甚至发展出了一整套关于人道主义干预和履行"保护的责任"的"正义战争理论"。在2011年关于利比亚问题的联合国投票中，中国没有反对美国阵营提出的为进一步干预扫清障碍的决议，这一度被视为中国在人权和干预问题上接近美国的风向标。但是随着利比亚局势的发展，中国迅速改变了做法，在之后的叙利亚问题上明确反对美国的干预动议。[2] 中国明确主张《联合国宪章》没有赋予安理会对成员行使"政权更迭"的权力和职能，不能要求一国政府下台。[3] 除了否决美国及其盟友提出的决议以外，中国在2018年还和俄罗斯共同争取到足够的支持者，挫败了美国提出的就为联合国叙利亚人权调查团拨款进行投票的动议。[4]

总体来看，在度过了1972—1989年的相对稳定期后，美国一直希望通过施压和接触的双重政策来促使中国接受美式国际政治秩序观，但是结果却适得其反。在外部压力下，中国提出以发展和主权为

---

[1] 潘亚玲：《中国与"保护的责任"原则的发展》，《国际观察》2016年第6期，第50—52页。

[2] Sun Yun, "Syria: What China Has Learned from Its Libya Experience", Asia Pacific Bulletin, No. 152, February 27, 2012, https://www.eastwestcenter.org/sites/default/files/private/apb152_1.pdf.

[3] 曲星：《联合国宪章、保护的责任与叙利亚问题》，《国际问题研究》2012年第2期，第7—9页。

[4] "At the U. N., China and Russia Score Win in War on Human Rights: The Balance of Power Shifts Amid a Retreat by Trump and Europe", Foreign Policy, March 26, 2018, http://foreignpolicy.com/2018/03/26/at-the-u-n-china-and-russia-score-win-in-war-on-human-rights/.

核心的国际政治秩序主张。伴随着中国经济的增长，这一秩序观还不断扩散。在围绕国家政治秩序的互动中，中国虽然不时做出姿态调整，但是实质上"在1989年后中美两国从未在人权领域进行过任何合作"。① 在国际政治领域，两国都坚持和推进各自的立场，秩序距离不断扩大，其冲突也逐步从双边蔓延到多边和全球。

（二）围绕国际安全秩序的中美互动

美国主导的安全秩序是一种等级制的合作安全。与传统的军事同盟或者集体安全不同，美国与加入这一安全秩序的国家在地位上存在差异，彼此军事力量的性质和功能也大不相同。第一，只有美国有权决定能否"合法地"在国际事务中行使武力，其他国家只有获得美国许可才可以单独或者联合行使武力；第二，其他国家的军事力量不以美国为假想敌，而应当以配合美国的军事力量和安全政策为原则，实现不同程度的"安全一体化"。② 简而言之，美国的安全伙伴不是第二次世界大战前的传统同盟体系中拥有同等安全权力和独立军事地位的平等盟友，而是在政策和能力上都受到限制（自愿或者被迫）的追随者。美国主导的安全秩序是一个伙伴国在安全功能上存在显著分化的体系。

在1978—1989年，尤其是苏联入侵阿富汗后，中国部分、短暂地加入了美国主导的国际安全秩序，这体现在将苏联视为战略假想敌，而将美国及其盟友作为可以依靠的安全伙伴。同时，在中国台湾

---

① 阎学通：《对中美关系不稳定性的分析》，《世界经济与政治》2010年第12期，第16页。
② 以日美军事关系"一体化"为例，在政策上日美双方要协调对华政策和战略计划，在战略上日本要承担更多的本土防卫职责、同时强化其在本土外配合美国发动攻击的能力，在作战上日本要为美军提供包括后勤、补给、维修、侦查在内的辅助职能。美日安全同盟的上述强化方向参见"Toward a Greater Alliance: A Policy Proposal of the Mt. Fuji Dialogue Special Task Force", Japan Center for Economic Research, April 2017, https://www.jcer.or.jp/eng/pdf/Mt. FUJI_ DIALOGUE 20170405report_ e. pdf.

问题这一关键的安全议题上,中国与美国在联合公报中做出了"中国努力寻求和平统一的基本方针"的表述。① 在这一时期,中国在整体上趋于接近美国主导的国际安全秩序。中国的政策变化使得中美在1980年实现了国防部长的互访,1984年开始互派军事技术工作小组,美国也启动了对华武器技术出口,包括鱼雷、大口径弹药、火炮定位雷达、新式航空电子设备以及 UH-60 黑鹰直升机等装备。② 这种安全合作是该时期的中美关系被称为"蜜月期"或者"准盟友"的关键。

1989年后,美国对中国的全面制裁波及安全领域,中美的既有安全合作完全中断。此后,虽然在海湾战争中两国安全关系有所改善,但是1995年的台海危机、1999年的炸馆事件和2001年的南海撞机事件严重损害了双方的安全互信。在"9·11"事件后,中美的总体和军事关系开始改善,但是双方并没有在安全秩序上接近。一方面,中国并不赞成美国为了反恐而加强与中亚国家的军事联系,担心形成对中国的"包围",反对美国的反恐"扩大化";另一方面,中国在2005年通过《反国家分裂法》后,美国反而转向增强与台湾地区的军事联系,甚至考虑将其纳入导弹防御体系。③ 在后"9·11"时期,中美在阿富汗议题上的互动就生动展现了双方的真实距离。在小布什和奥巴马政府时期,美方认为两国在安全上存在共同利益,因此一直尝试与中国在阿富汗进行安全合作。小布什时期,美国政府曾和中国探讨是否能为美国提供象征性的军事支持,这遭到了中国的拒绝。④

---

① 尹继武:《"单边默契"与中美战略合作的演进》,《美国研究》2017年第2期,第49、45页。

② 徐辉、于瀛:《中美军事关系:利益、挑战及应对》,载王栋等编《战略领域的中美关系》,社会科学文献出版社2016年版,第149—151页。

③ 潘忠岐:《结构性战略互动与冷战后中美安全关系》,《国际政治研究》2007年第1期,第151—152页。

④ 阎学通:《对中美关系不稳定性的分析》,《世界经济与政治》2010年第12期,第19页。

奥巴马时期，美国则再次与中国商讨能否通过中阿边境的瓦罕走廊向北约部队提供补给，中国对此则加以默拒。① 中国的做法说明，虽然小布什执政时期和奥巴马执政前期是中美关系的表面"高点"，但是双方的安全距离却远大于1989年前。

2009年后，中美在国际安全秩序上的距离进一步拉大，由中国台湾问题扩散到东海和南海争端上。在争端中，中国拒绝放弃使用武力维护领土主权的权利，也拒绝接受国际法庭的第三方仲裁。与此相应，美国也更加清晰和公开地将中国设定为在亚太地区的主要假想敌。在2012年爆发的钓鱼岛危机中，奥巴马政府始终强调希望中日两国和平解决争端、避免冲突，美国在领土主权上不持立场。但是与此同时，美国又主张钓鱼岛处于日本的实际管辖，因为《日美安保条约》适用于钓鱼岛。② 这一立场在特朗普执政后也得到了迅速的再保证。美国钓鱼岛政策的核心实质就是反对中国以武力或者其他强制手段改变现状。但是在中方看来，美国"模棱两可"的政策一方面偏袒了日本，另一方面则意在挑起中日矛盾，坐收渔利。作为对日本和美国的回应，中国随后也打破了中日之间的既有默契，公布了钓鱼岛及其附属岛屿的领海基点基线，③ 并于2012年9月开始派遣大规模海警舰船编队赴钓鱼岛海域巡航。中国以"改变现状"回应"改变现状"，意在削弱日本对钓鱼岛的有效控制。④ 围绕钓鱼岛争端，中美两国在安全秩序的分歧推动美日同盟不断强化，中国对该同盟的警惕也在不断上升。在南海问题上，中美关于国际安全秩序的矛盾更加尖锐。

---

① Craig Whitlock, "China Rebuffed U. S. Request to Open Route for Afghanistan War Supplies, Cables Show", *Washington Post*, July 2, 2011.
② "Clinton: Senkakus Subject to Security Pact", *The Japanese Times*, September 25, 2010.
③ Mure Dickie and Kathrin Hille, "Japan Risks China's Wrath over Senkaku", *The Financial Times*, September 10, 2012.
④ 刘江永：《钓鱼岛争议与中日关系面临的挑战》，《日本学刊》2012年第6期，第12页。

虽然中国在 2012 年提出构建中美新型大国关系,但是这并没有缩小双方在国际安全秩序上的距离。尽管新型大国关系包含了"不冲突、不对抗""互相尊重"和"互利共赢"这三个层面的内容,但是其只能维持"不冲突"的底线,没能扭转对抗不断升级的局面。[1] 在 2008 年后,美国认为中国人民解放军的战略计划和军力建设是以迅速增强区域拒止(Anti-Access/Area-Denial,A2/AD)能力为目标,旨在阻止美国军队在中国周边爆发武装冲突的情况下进入中国沿岸地区,其主要打击对象是美国在亚太地区的海空军和军事基地。美军也针锋相对地提出了包括"海空一体战(Air Sea Battle)"在内的多种战略,甚至主张直接打击中国本土(而非单纯进行离岸战争)以削弱中国的区域拒止能力。[2] 从美国的角度来看,其认为即使能够改变中国在安全领域的行为和短期策略,也无法改变中国敌视美国的长期战略,中国在根本上反对美国在亚太地区的军事存在和安全秩序。[3] 从中国的角度来看,"强起来"的中国必然要实现统一和维护主权领土利益,不可能放弃单独行使武力的权利。可以说,1989 年后中美在国际安全秩序上的距离就在日渐扩大。2008 年后中国的国际政策只是加速了这一进程,但是并没有改变双边互动的实质。

四 中美国际经济秩序互动

1972 年关系正常化后,中美两国的经济秩序互动经历了四个阶

---

[1] 达巍:《构建中美新型大国关系的路径选择》,《世界经济与政治》2013 年第 7 期,第 62 页。
[2] 美国海空一体战与离岸控制(offshore control)的战略争论参见 Elbridge Colby, "Don't Sweat Air Sea Battle", *The National Interest*, July 31, 2013; T. X. Hammes, "Sorry, Air Sea Battle Is No Strategy", *The National Interest*, August 7, 2013。
[3] John Lee, "Reaching the Limits: China as a Responsible Stakeholder", Project 2049, July 5, 2016, p. 2, http://www.project2049.net/documents/160705_Lee_Reaching%20the%20Limits_China_Responsible%20Stakeholder.pdf.

段。第一阶段是1972—1978年，中美之间仍然是平行的经济体系，经济秩序距离较大。第二阶段是1978—2001年，中国逐步融入到以美国主导的国际经济秩序。中国先后恢复在世界银行（WB）、国际货币基金组织（IMF）和世界贸易组织（WTO）中的成员地位，并根本性地改变了国内经济体系，例如商品价格、汇率制度和国有企业改革，使国内经济与国际经济体系对接。第三阶段是2001—2008年，中美的贸易和金融失衡不断扩大，逐步成为国际经济秩序中最主要的镜像互补关系。经贸关系起到了稳定双边合作的"压舱石"作用，其积极影响占据主导地位。但是巨大的成功也蕴含着巨大的危机，双方必须要实现调适，进一步缩小在经济秩序上的距离。第四阶段是2009年至今，伴随着中国的更进一步发展，两国在国际经济秩序上的相互调适并不成功，双边分歧迅速激化，中美经贸依赖由互补关系蜕变为竞争关系，并且这种竞争还在不断升级、扩展到经济和金融的更多领域。

1978—2001年，中国逐步融入美国主导的国际经济秩序当中。1978年12月，中国共产党十一届三中全会做出了改革开放的历史性战略决策，把党和国家的重心转移到经济建设。1980年，中国恢复了在世界银行和国际货币基金组织的成员地位，之后中国又经历了漫长的复关和"入世"谈判。其中，"入世"谈判最为艰难，波折不断。1999年11月15日，双方就中国加入世界贸易组织达成协议，正式结束双边谈判。再如，2001年6月14日，双方就中国加入世界贸易组织的遗留问题达成全面共识。在此基础上，中国与其他国家的双边和多边磋商进展迅速。2001年12月11日，中国正式加入世界贸易组织。至此，中国回归了1945年布雷顿森林体系的"三驾马车"。

与此同时，中国的国内经济体制也在向开放市场秩序靠拢，先后创办经济特区，开放沿海港口城市，设立沿海经济开放区，开放沿江及内陆和沿边城市。1994年，人民币汇率实现双轨制并轨改革，1996年12

月中国正式成为国际货币基金组织第八条款成员（即接受了经常项目下人民币完全自由可兑换），达成了一系列双边和多边自由贸易区协定（FTA）。这一过程显著增强了美国资本对中国的青睐，外国直接投资快速增长。其中1986年美国实际对华直接投资为3.3亿美元，到2001年则增至44.3亿美元。[①]

通过加工贸易和外商投资企业出口，中国的生产网络开始融入全球生产体系。1994年前，中国的贸易差额项目在逆差和顺差之间来回波动。1994年后，中国的贸易余额进入长期的盈余状态。在中国融入全球生产体系的过程中，中美双边贸易快速扩张。1985年，日美贸易规模约是中美贸易的11.85倍。2001年，这一倍数下降到1.5倍，中美贸易规模快速趋近日美贸易规模（图1-1-1）。[②]

图1-1-1 中美双边贸易规模与日美双边贸易规模的比较

资料来源：美国商务部普查局，WIND金融终端，2018年。笔者根据月度数据计算制作。

[①] 数据来源：国家统计局，WIND金融终端，2018年。
[②] 数据来源：美国商务部普查局，WIND金融终端，2018年。

1978—2001年，中美关系的历次波折都对中国的改革开放产生了影响，但是主要经贸问题都得到了比较妥善的解决。1989年10月和12月，邓小平两次就中美关系发表专门讲话，之后双方经济关系逐步缓和，回到了发展的正轨。① 之后的"炸馆"事件虽然一度导致中国"入世"谈判中断，但是其影响很快就被消除，一年半之后双方就达成协议。这一阶段，中方主动融入到美国主导的国际经济秩序和全球生产网络。截至2001年，中国的经济体量（按国内生产总值计算）在世界各国当中位列第六，是美国的12.7%。② 双边关系虽然波折不断、经历过低谷，但是中国在不断接近美国的国际经济秩序，中美经贸关系稳健而有韧性。

2001—2008年，中美在贸易和金融两方面的失衡不断扩大，形成了国际经济秩序中最主要的镜像互补关系。前一阶段（1978—2001年），中国趋于接近美国主导的国际经济秩序，同时进行与这一秩序相配套的国内经济改革。这使得中国在全球生产网络中的地位不断上升，配套和供应链的优势逐步增强。其结果是中美间的双边贸易失衡。根据美国商务部数据，2001年美国对华贸易逆差为282亿美元，2008年则达到3599亿美元，七年间增长了11倍（图1-1-2）。③ 在此过程中，中国的总体贸易顺差、美国的总体贸易逆差不断扩大，两国在贸易和经常项目层面形成了第一层镜像关系。

由于经常项目的巨大失衡，中国的外汇储备迅速上升，而这些外汇储备又主要以美元资产的形式持有。2001年，中国的外汇储备规

---

① 《邓小平文选》，人民出版社1993年版，第330—333、350—351页。上述两篇讲话，分别是邓小平会见美国前总统尼克松（1989年10月31日）和美国总统特使考克罗夫特（1989年12月10日）的谈话记录。

② 数据来源：世界银行，世界发展指数（WID）数据库，https://datacatalog.worldbank.org/dataset/world-development-indicator。

③ 数据来源：美国商务部，WIND数据终端，2018年。

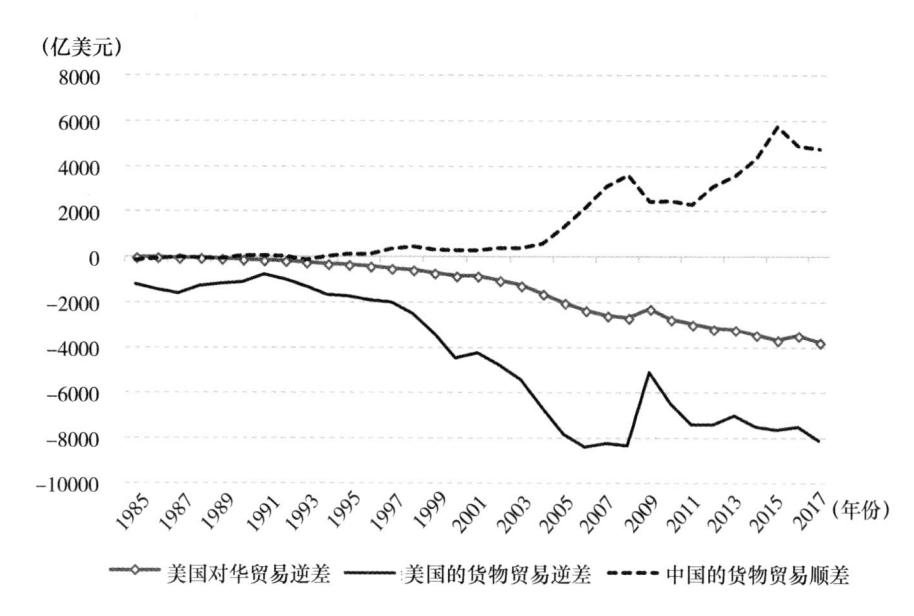

图 1-1-2　中美两国货物贸易总体余额以及双边余额情况（1985—2017 年）

资料来源：美国商务部普查局，WIND 金融终端，2018 年。笔者根据月度数据计算制作。

模为 2122 亿美元，2008 年则接近 2 万亿美元[①]。由于中国的外汇储备增量主要是美元资产，大量的外汇储备通过资本与金融账户重新回流，通过美国国债、机构债、股票等形式为美国金融市场提供融资。这时，中国的国民储蓄为正、资本流出，美国的国民储蓄为负、资本流入，形成了第二层镜像关系。

在这一阶段，中美的贸易和金融关系既是一对失衡关系，又是一对互补关系。因此，虽然时有波动，但是经贸联系大致起到了稳定中美关系的作用。中美关系作为最重要的南北关系，很大程度上反映着世界格局。中国是产业资本第一大国，美国是金融资本第一大国。双边经贸关系的实质是中国对美国的"双重输出"，即向美国输出廉价

---

① 数据来源：国家外汇管理局，WIND 数据终端，2018。

工业品和资本投资，而美国则反过来向中国输出低成本资金和服务。两国经济因处于不同的发展阶段而互补。①

对于这一双重镜像关系，尼尔·弗格森（Niall Ferguson）于2007提出了"中美国"（Chimerica）的概念，指出作为最大消费国的美国和最大储蓄国的中国已经构成了一个利益共同体。它们之间是一种共生关系，一个储蓄一个消费，一个出口一个进口，一个提供产品一个提供服务，一个储备美元一个印制美元。② 同时，美国彼得森国际经济研究所所长弗雷德·伯格斯滕（C. Fred Bergsten）提出了中美"两国集团论"（G2）。③ 此后，对这两个概念的关注越来越多。美国前国务卿基辛格和前国家安全助理布热津斯基也发表了类似观点，主张中美两国应当建立一种"命运共同体"，将双边关系提升到类似跨大西洋关系的高度。④ "中美国"和"两国集团"的提出标志着中美经贸关系的历史高点，这也是中国拉近与美国的经济秩序距离，积极参与国际经济分工的结果。

但是就在当时，对于这种镜像互补关系的稳定性也存在担忧。这具体表现为贸易逆差对美国国内就业的冲击，以及贸易逆差本身的可持续性。对此，美国希望中国在经济秩序上向美国妥协，提出了很多要求。例如，在多轮的"中美战略经济对话"当中，美国多次在贸易顺差、汇率、知识产权、外商投资准入问题、环境保护等方面向中国施压，并敦促中国加快市场化改革。⑤ 在2007年次

---

① 温铁军、高俊、张俊娜：《中国对美"双重输出"格局及其新变化》，《经济理论与经济管理》2015年第7期，第5—15页。
② Niall Ferguson, "Team 'Chimerica'", The Washington Post, Nov. 17, 2008.
③ C. Fred Bergsten, "A Partnership of Equals, How Washington Should Respond to China's Economic Challenge", Foreign Affairs, July/August 2008, pp. 57–69.
④ Henry A. Kissinger, "The Chance for a New World Order", International Herald Tribune, January 12, 2009.
⑤ 丁一凡：《中美战略经济对话的回顾与展望》，《国际经济评论》2007年第6期，第51—52页。

贷危机升级成为 2008 年国际金融危机后，中国更多关切的是美元资产（对美国来说是美元负债）是否安全、能否保值，①甚至提出了改变现有国际规则、要求美国调整自身经济模式的反要求。例如中国提出改革国际货币体系的设想，推动人民币国际化的具体措施，以及在亚洲和金砖国家范围内对国际多边开发性金融体系的重塑。

2009 年至今，由于双方未能成功调适各自在国际经济秩序中的立场，中美经贸依赖由互补关系蜕变为竞争关系，并最终演化为围绕多种具体国际经济规则的争论。2008 年金融危机之后，中美经济出现"相向转型"。中国向金融资本经济升级，美国则向实体产业回调，两者走向互斥竞争。②在制造业领域，中国在全球生产网络中的地位日益上升，产业升级转型快速发展。而与此同时，美国在该领域的产业政策则不断下沉。奥巴马就开始提出"重振制造业"，特朗普则积极推动税改、鼓励美国企业的海外回流。这些都表明美国在向实体经济回调。这一时期，一方面中国的产业不断升级，尤其在电子信息产业、航空航天、轨道交通、卫星及应用、智能装备制造等领域取得长足进步。另一方面，美国在原有产业优势相对削弱的同时，一些传统的实体产业实现回流，制造业结构出现了一定程度的回调和下沉。中美两国的制造业竞争日益激化。

中美两国在制造业的"相向转型"，最终体现为国际贸易领域两国的国际竞争力出现了此消彼涨。2007 年之前，美国对中国的贸易竞争压力指数（CSI）一直大于中国对美国的竞争压力，1993 年前者甚至是后者的 5 倍。而在 2007 年、特别是 2008 年之后，局面发生了

---

① 余永定：《全球国际收支不平衡与中国的对策》，《国际金融研究》2007 年第 1 期，第 21—24 页；《在十一届全国人大三次会议记者会上 温家宝总理答中外记者问》，《人民日报（海外版）》2010 年 3 月 15 日。
② 温铁军、高俊、张俊娜：《中国对美"双重输出"格局及其新变化》，《经济理论与经济管理》2015 年第 7 期，第 5—15 页。

逆转，美国对中国的竞争压力已经被中国对美国的竞争压力超越，到了 2016 年，后者已经是前者的 1.6 倍。

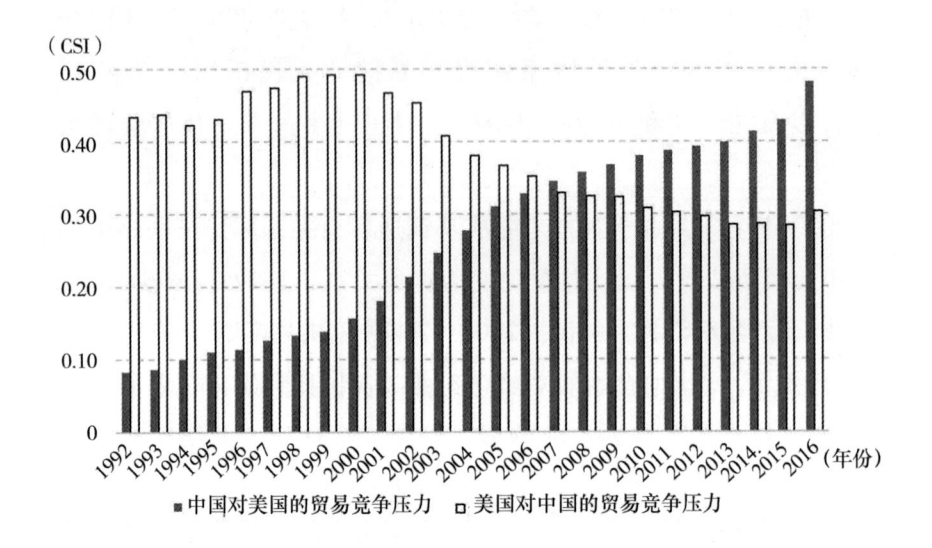

图 1 - 1 - 3　中美双向贸易竞争压力（1992—2016 年）

注：竞争压力指数（CSI）是基于贸易品技术分布提出的一种贸易结构分析方法，表示在全球市场上一国对另一国的贸易竞争压力。[①]

资料来源：笔者根据联合国商品贸易统计数据库（UN Comtrade）制作。

面对中美经贸关系中的竞争压力，美国认为这是由于当前的多边经济框架不能很好地维护美式经济秩序，中国能够借此享有不对等的竞争优势，而美国则无法充分发挥自身的经济实力。对此，特朗普政府的表述最为扼要，他认为中国的政策在过去的数十年间取得了巨大成功，以牺牲美国利益为代价获得了重大的经济利益。[②] 不仅如此，美国还认为中国正在试图强化有利于自身的经济规则，增强经济优

[①] 樊纲、关志雄、姚枝仲：《国际贸易结构分析：贸易品的技术分布》，《经济研究》2006 年第 8 期，第 70—80 页。

[②] "Trump Praises China and Blames US for Trade Deficit", *The Guardian*, November 11, 2015, https：//www.theguardian.com/world/2017/nov/09/donald-trump-china-act-faster-north-korea-threat.

势。因此，奥巴马政府曾明确指出，中国试图重写亚太地区的规则，"美国决不能放任这一局面出现，必须由美国来书写规则"。① 两国围绕国际经济秩序的矛盾集中体现在国家在经济发展中的作用上。美国认为中国系统性地通过政府干预下的市场准入限制、本地产业扶植、侵犯知识产权等歧视性政策来削弱美国企业在世界范围内的竞争力。② 在这种局面下，美国逐渐认为通过接触塑造中国经济秩序观的做法已经失效，转而开始遏制中国经济。2017 年 12 月，美国商务部罕见地主动发布报告，声明中国并不遵守市场经济规则，是国家控制经济的非市场行为体。③ 此举正是美国发动贸易战的先声。

除了和中国的双边博弈之外，美国脱离世界贸易组织等"有利于中国"的多边机制的意图也日益明显。2009 年 11 月 14 日，奥巴马宣布美国参与"跨太平洋伙伴关系协定"（Trans-Pacific Partnership Agreement，TPP）谈判，强调这将促进美国的就业和经济繁荣，为设定 21 世纪贸易协定标准做出重要贡献。2013 年 6 月 17 日，时任欧盟委员会主席的巴罗佐和美国总统奥巴马联合宣布，欧盟与美国正式启动双边自由贸易协定谈判，即"跨大西洋贸易与投资伙伴协定"（Transatlantic Trade and Investment Partnership，TTIP）。上述两个国际贸易、投资的新秩序，均强调比世界贸易组织更高的门槛和准入规则。中国等其他主要发展中国家被排除在外。之后，特朗普政府虽然在 2017 年 3 月宣布退出 TPP，但是并没有改变升级国际经济机制、维

---

① "Remarks by the President in State of the Union Address", White House, January 20, 2015, https：//obamawhitehouse. archives. gov/the-press-office/2015/01/20/remarks-president-state-union-address-january‐20‐2015.

② Office of the United States Trade Representative, "Findings of the Investigation into China's Act, Policies, and Practices Related to Technology Transfer, Intellectual Property, and Innovation under Section 301 of the Trade Act of 1974", March 22, 2018, https：//ustr. gov/sites/default/files/Section%20301%20FINAL. PDF.

③ "Fact Sheet：The People's Republic of China's Request for Review of Non-Market Economy Status", International Trade Administration of United States, December 2017, https：//enforcement. trade. gov/download/prc-nme-status/prc-nme-status-factsheet. pdf.

护美式经济秩序的初衷，不断通过单方面贸易政策、双边贸易谈判来重塑国际贸易秩序，甚至表态希望退出世界贸易组织。与美国相反，中国则强调要维护世界贸易组织等多边机制的权威性，同时按照既有方式推进"区域全面伙伴关系"（Regional Comprehensive Economic Partnership，RCEP）等自由贸易区建设。

除了国际贸易秩序之外，美国对中国在国际开发和投资领域的做法也日益警惕和敌视。一方面，中国在世界银行的话语权逐渐得到增强。这表现为中国官员开始出任世界银行的高级别官员，以及中国在世界银行份额的显著提升。另一方面，中国又发起成立了亚洲基础设施投资银行（AIIB）、金砖国家开发银行，这些新机构和原有的国家开发银行（ADB）、中国进出口银行一起通过"一带一路"倡议等有力地推广了中国倡导的国际开发和投资规则。换而言之，中国虽然是美式国际经济秩序的参与者，但是在2009年后已经逐步建立起"平行结构"。在国际基础设施建设等领域，该平行结构的影响力甚至已经超过美式秩序。[1] 更为重要的是，美国认为中国推崇的国际开发和投资实践挑战和冲击了原有的国际经济秩序。美国在2017年年底逐渐正式表明态度，由公开冷淡转为敌视，开始探讨通过美日印澳四国联盟（QUAD）来建立对冲"一带一路"的、更符合美国秩序偏好的国际基础设施建设合作机制。[2]

从上述三个阶段的演进来看，美国的对华经济政策转向并非是突然发生，早在奥巴马时代就已经可以看到迹象。中美经贸关系在第二阶段曾经一度充分发挥了"压舱石"的作用，但是由于双方未能进一

---

[1] Sebastian Heilmann et al., "China's Shadow Foreign Policy: Parallel Structures Challenge the Established International Order", Mercator Institute for China Studies, January 2018, https://www.merics.org/sites/default/files/2018-01/China_Monitor_18_Shadow_Foreign_Policy_EN.pdf.

[2] Tanvi Madan, "The Rise, Fall, and Rebirth of the 'Quad'", *War on the Rocks*, November 16, 2017, https://warontherocks.com/2017/11/rise-fall-rebirth-quad/.

步缩小在国际经济秩序上的距离,其巅峰也正是"转安为危"的拐点。2009年后,伴随着中国经济体量和国际影响力的更进一步增长,两国在国际贸易规则和国际开发性金融体系的竞争关系不断激化,最终走向了全面的国际经贸冲突。

五 从秩序距离看"压舱石"错觉

回顾了从1972年至今中美在国际政治、安全和经济领域的互动,可以看到并不存在能够显著影响中美关系发展的周期性因素。通过中美两国在国际秩序上的距离这一变量,可以更好地解释中美关系在长期中的改善和恶化。之所以中美经贸关系会给人一种是稳定的"压舱石"的错觉,只是因为中美两国在经济领域的接近持续时间更长。中国和美国在安全秩序领域的接近大致在冷战结束前就已停止,在政治秩序领域的接近在20世纪80年代末就已中断,而在经济领域则至少维持到了2001年。加之相对于安全和政治领域,美国在经济领域对中国的期待也更高,更愿意从比较乐观的角度来考虑中国的未来走向。因此,直到奥巴马开始执政的2008年,美国政府的主流观点还是希望"说服"中国更进一步地融入美式秩序、加快改造自身的经济体制。

但是延后效应总是有时限的。中美经贸联系的迅速发展既是成功,也是挑战,它在客观上要求遵循不同规则运行的中美两国经济进一步的相互调适,以解决全球化所带来的不平衡问题。简单地说,即使中美的经济秩序距离保持不变,中美经贸联系规模的单纯扩大也将会导致两种经济秩序摩擦与冲突的迅速上升。更何况,中美经济的内在竞争性还在迅速压倒互补性,这意味着中美的经济秩序冲突也将以更快的速度加速发展。通过这一视角可以发现,如果不能缩短中美两国在国际经济秩序上的距离,中美经贸关系的竞争性还将继续增强,未来其"压舱石"的定位将更加名不副实。

这一视角和判断具有很现实的政策意义。长期以来，中美经贸联系的稳定作用，能够让中美在安全、政治领域的分歧无法弥合、矛盾日益增长的状况下，仍然能建立起大体良性的总体双边关系。2001年后，在很多互动节点中，中国愿意用经济上的短期"让利"和中长期"预期"来换取美方在政治和安全领域的让步，但是并没有在国际经济秩序上更多地接近美国。换言之，经贸议题是中国平衡总体中美关系的"资源池"，但是这是一个实际上不再扩大的"资源池"。在奥巴马时期，中美两国在汇率机制、知识产权、市场准入、运营环境、国有企业的竞争中立等议题上的矛盾就在不断激化。到特朗普时期，这种长期积累的矛盾最终转化为了来势汹汹的全面经贸冲突，绝不仅限于贸易领域，而是涉及中国经济体制的各个方面。在当前环境下，经贸联系不仅不能像过去那样作为"盈余"平衡在政治和安全问题上的双边关系"赤字"，其本身还成为了新的"赤字"来源。这体现在实践中，就是经济"让利"的外交有效性不断下降，采购订单和改革声明都不能起到缓解冲突的效果。因此，如果以重新恢复中美关系的总体平衡为政策目标，未来必然要改变应对思路。

从逻辑上看，调整有两个可能的方向。第一是在经贸领域内做出改变，不再以短期让利和发布预期为改善双边关系的主要方式，而是切实地在实质性的国际经济秩序和规则上做出调适，降低中美关系中的竞争性，并且让存在的竞争压力更加"合法化"。例如，虽然特朗普高度重视贸易逆差问题，但是美国政治和商业精英更关注的还是中国的国家主导的经济体制和中国企业的不对等竞争优势，对特朗普贸易平衡的诉求并不热心。因此，如果中国能够继续坚持改革开放，长期内有可能在经济领域恢复平衡。第二是重新建构中美互动的整体框架，统筹考虑国际经济秩序、国际政治秩序、国际安全秩序三者，从综合平衡的角度进行求解。要实现这一目标，那么中美间的战略合作就不能仅仅处在信息交流或者冲突管控的层面,而是要在国家行为的规则和规范上实质性地达成更多共识。比较而言,第一种方式的难度相对较低,可行性相对更高,但是第二种方式可能影响更强,更有利于在稳步推进经济改革的同时,增强中国经济力量的合法性,塑造积极正面的预期。

第二章 《301调查报告》对中国的指控及其实质

2017年12月，特朗普政府公布了《国家安全战略报告》，是美国对华政策发生重要转向的开始。在此基础上，2018年3月，美国贸易代表办公室（USTR）公布了《301调查报告》，2018年1月美国国防部发布了《2018年国防战略报告》和《中国技术转移战略：中国投资新兴科技如何使战略竞争者能够获得美国创新的成果》。

美国贸易代表办公室、美国国防部，这两个部门发布的一系列报告，成为最终落实对华政策转向的具体抓手。本章将围绕前者，即USTR的《301调查报告》进行分析，并对其主要问题进行回应。第三章则将围绕后者展开。

一 《301调查报告》对中国的指责

美国对中国开展301调查的主要"发现"是：中国正在推行政府主导的产业政策；其产业政策目标是"在技术领域，特别是先进技术领域取得领先地位以取代美国，统治全球市场"；其实现产业政策目标的手段包括四大类："第一，'不公正'的技术转让制度，第二，歧视性的注册限制，第三，瞄准高技术产业的海外投资，第四，'入侵'美国商业计算器系统，通过网络盗窃美国知识产权。"①

基于上述"发现",美国贸易代表办公室（USTR）在2018年3月22日公布的《301调查报告》中认定,中国政府在技术转让、知识产权和创新相关的行动、政策和实践,是"不合理的或歧视性的",对美国企业形成了"负担或限制"。以此为依据,根据301条款,USTR在2018年4月4日公布：要对从中国进口的1333种类别、总值500亿美元的商品征收25%的关税。2018年7月6日,美国政府正式对上述产品加征关税。

USTR认为,"中国制造2025"集中体现了中国的产业政策。因此,《301调查报告》以"中国制造2025"作为针对目标展开了论述。

对于产业政策,可以有不同定义和理解。一般而言,产业政策（或所谓"选择性"产业政策）应该具有以下五个基本要素：其一,政府选定少数目标产业；其二,这些目标产业被普遍认为具有重要发展潜力,将成为未来经济发展的重要动力；其三,政府对这些产业的发展提供政策支持；其四,对目标产业的支持应该是持续的,但必须有时限；其五,在各个目标产业之间,以及在目标产业和经济中的其他部分之间,各种产业支持政策相互协调,统筹实施。

USTR承认,很难指责一个国家为了实现技术赶超而做出的努力,于是便把攻击的矛头指向中国执行产业政策的手段。《301调查报告》声称："中国政府为实现2025目标所使用的政策工具,大部分是前所未有的（其他WTO成员国并不使用这些政策工具）,包含了旨在主要通过限制、利用、歧视外国企业及其技术、产品和服务或使之处于不利地位来推动中国产业发展而设计的名目繁多的国家干预、扶植。"

---

① Yu Yongding, "A Trade War That is Unwarranted", *China & World Economy*, Vol. 26, No. 5, 2018, pp. 38–61.

原国家发展改革委规划司司长徐林认为，产业政策是针对特定产业实施的可能改变其市场发展轨迹的支持或限制措施。根据徐林的归纳，中国施行产业政策的主要政策手段包括：税收减免、技改贴息、加速折旧、关税减免、研发补贴、特殊收费、行业准入、直接注资、产业基金、价格补贴与特定进出口补贴。但 USTR 并未讨论上述产业政策手段，而是归纳出了前面提到过的政策措施：强迫外资转让技术的技术转让制度和注册限制（《301 调查报告》中两者是分别讨论的）、瞄准高技术产业的海外投资，以及通过网络盗窃美国知识产权，并以此向中国发难。问题是：这些所谓的"产业政策"是否存在？如果存在，更重要的问题是：这些措施是否违反 WTO 规则？

二 中国是否强制外资进行技术转让？

《301 调查报告》花费很长篇幅讨论了中国的"技术转让制度"，并一口咬定中国犯下强迫外国来华企业转让技术的大罪。

首先，中国企业有权对合资企业提出技术转让要求。正如对外经济贸易大学崔凡教授所指出的：中国在加入世贸组织议定书第七条第 3 款中承诺，对外商投资的批准不以一系列履行要求（当地成分要求、进出口平衡要求、进口用汇要求等）为前提。中国政府承诺在对投资进行审批或者备案的时候，不以外资转让技术为前提。但是，对于中国企业在与外国贸易商或者投资商谈判中提出的技术转让要求，中国政府也应予以支持。对中方企业的这种议价谈判权利应该保护。如果外方认为中方企业具有滥用市场支配地位拒绝交易的行为，那么应该通过反垄断申诉和诉讼途径加以解决。事实上，中国并不缺乏资本且资信等级并不低，中国企业之所以希望同外国企业合资，其主要动机一般都是合理获得外国技术，这也符合要素禀赋优势的逻辑。

其次，中国政府对外企施压，要求转让技术的情况到底是否普遍呢？USTR 对这个问题的回答充分暴露了其不专业。USTR 自称对许多美国在华企业进行了问卷调查。但是所有宣称受到过技术转移压力的企业全部是匿名的。除了一些语焉不详的所谓证词，USTR 没有提供任何其他证据。更让人吃惊的是，在对一项调查结果的解释中，USTR 称："在回答问卷的公司中，有 19% 认为曾受到过技术转让压力"。USTR 的草率程度令人吃惊：其一，19% 并不是一个很高的百分比；其二，USTR 根本没有告诉我们它到底发放了多少问卷。这种不严谨的调查结果，难以作为重要政策决策的依据。

作为对这种缺乏严谨性的问卷调查的补充，USTR 举出了两个中国"强迫合资方转让技术"的案例：长安汽车的"长安模式"和商飞的"主制造商—承包商模式"。

长安汽车是如何强迫合资方转让技术的？USTR 没有任何直接证据和证词。唯一的证据是，2006 年关于"长安模式"的仅有一页的网络报道。USTR 煞有介事地说，"长安模式"核心是"控制合资企业的核心技术，在此基础上发展自主创新能力，逐步提升国内品牌"。这种介绍，给读者的印象似乎是："长安模式"是中国车企的共同发展道路。至于长安汽车是如何实现对合资企业核心技术控制的，《301 调查报告》则未置一词。事实上，长安汽车的技术进步是经过 30 多年努力的结果。长安汽车每年投入研发的资金占销售收入的 5%；除国内的研发基地外，长安汽车在境外五个国家有九个研发基地，研发队伍有 12000 人。

商飞的情况也是如此。USTR 在商飞的主制造商—供应商模式上大作文章。外国飞机零部件制造商看好中国的市场前景，争当中国商飞的承包商，确实有 16 个供应商在中国建立了合资企业，但没人强迫它们这样做。合资企业确实能够从这种合资中学到一些东西，但商飞从来没有指望能够从这些供应商中得到核心技术。现代工业体系当中的复杂产品，即便有现成的图纸、样品，也无法仿造出来。

USTR 特别指责中国通过《外商投资产业指导目录》强迫外资转让技术。中国把外商投资产业分为鼓励、允许、限制和禁止这四类。2017 年颁布的《外商投资准入特别管理措施（外商投资准入负面清单）》进一步开放了外商投资产业。实际上，中国在某些产业禁止外资进入或限制外资持股比例，首先是出于经济、军事安全考虑，是合乎 WTO 规则的；其次，即使在限制性行业，外国投资企业仍然有投资或不投资的选择空间。

因而，这又回到了中国企业与外国企业之间的利益交换问题。外商之所以希望同中国企业合资，并接受相应的股权地位，是经过成本—效益分析的。外商企业对从合资中得到的好处是心知肚明的。否则，为什么在 USTR 调查中，竟没有一个外资企业因无法忍受"强制性"技术转让而站出来、公开提出抱怨？多年来，似乎也很少有外商因这方面的原因而退出中国市场。

从北京大学政府管理学院政治经济学系路风和其他学者的研究中可以看到，中国的"市场换技术"政策并不成功。汽车产业就是一个很好的例证。由于汽车的高关税，外资有进入中国市场进行生产和销售的强烈动机，但它们对于提高中国的技术水平并不感兴趣。合资企业的外方对自己的知识产权和技术的保护是非常成功的，中方并不能从合资中学到什么核心技术。现在，中国已经成为世界第一大汽车生产国，但汽车的核心技术仍与国际水平有较大差距。而近些年提出"自主创新"的背景之一，正是因为有了"市场换技术"失败的惨痛教训。

总之，强迫技术转让的指责，无论从法理上还是在事实上都是不能成立的。"市场换技术"是否成功，需要另外讨论，但这本身并不违反 WTO 规则。外国投资者在相当长时间内享受的甚至是超国民待遇，它们在中国获得了巨大利益。否则外资不会源源流入，中国也不可能长期维持世界第二大外资吸引国的地位。

根据世界银行 2006 年的调查，外国公司在中国的投资回报率是 22%。根据美国大型企业联合会 2008 年的调查，美国跨国公司在华投资的回报率是 33%。而同一时期，中国在美国国债的投资回报率不超过 3%。在那个时期，似乎没有听说过外资企业抱怨中国的强制性技术转让。

自 2009 年以来，外资在中国的投资回报率持续下降（实际上中国企业大体也是如此）。根据中国美国商会的报告，2009 年 71% 的在华美国企业实现盈利，46% 的企业在华利润率高于在其他国家的利润率。但是，在 2015 年 80% 的在华企业的利润率低于在世界其他国家或与之持平。这就部分解释了，为什么当前在华美国企业对中国多有不满。2009 年以后在华外企经营状况的恶化，可能是中国经济大环境变化、包括国际环境和某些周期性因素影响的结果。

事实上，2018 年 1 月中国美国商会发表的 2018 年度《中国商务环境调查报告》显示：2018 年在华美国企业的经营状况有显著改善。在接受调查的 411 家会员企业中，64% 的企业表示在华经营收入增长，比 2016 年的 58% 和 2015 年的 55% 有所上升，仅有 7% 的企业表示收入有所下降；73% 的企业实现盈利，是 2015 年以来最高；超过 50% 的企业税前利润率持续增长，73% 的企业税前利润率不低于全球水平。

三 海外投资是中国政府获取高技术的手段吗？

USTR 指责中国"利用政府资本和高度不透明的投资者网络，在海外获取高技术"。USTR 根据想象描述中国的政策：中国企业根据政府计划，利用政府资金，相互配合，收购美国高技术企业。事实真相是什么呢？

根据美国企业研究所的数据，自 2005 年到 2017 年年底，中国在美国的直接投资（绿地和并购）有 234 宗。这些投资主要包括，78

个金融和房地产业项目，35个娱乐和旅游业项目，26个运输业项目，25个石油和天然气项目，仅有17个项目涉及技术行业。在总额约为1700亿美元的投资中，在美科技领域的投资总额仅为200多亿美元，其中最为出名的是联想（Lenovo）用17.5亿美元收购IBM的个人电脑业务和29.1亿美元收购摩托罗拉移动业务；其次是海航集团用60亿美元收购IT分销商英迈。

另据美国房地产经纪人协会的数据，在2009—2015年，中国居民在美国的房地产投资超过1000亿美元；2013—2017年，中国在美国购房投资达到940亿美元。与中国人在美国金融、房地产及娱乐业的投资相比，中国在科技领域的投资相差甚远。

USTR声称"中国政府提供了大量资金鼓励和帮助中国企业在具有战略意义的领域进行对外投资"，但却并没有对此提供任何证据。《301调查报告》想象中国政府制定了经过深思熟虑的战略，指挥着一支资金充裕的企业大军，在美国攻城略地。事实上，由于美国政府的百般阻挠，中国企业即便希望并购美国的高科技企业，也不能不望洋兴叹。

2016年以来，为了遏制以对外投资为掩护的资本外逃，中国政府加强了关于对外投资的管制。而USTR就立即援引一些所谓的"观察人士"称"（中国）政府近期加强对对外投资的管制，是为了促使中国企业的投资行为与政府政策保持一致。"总之，不管中国的对外直接投资政策有何变化，在USTR看来都是别有用心。

四　中国是否通过网络入侵窃取美国企业核心技术？

《301调查报告》和白宫贸易顾问纳瓦罗（Peter Navarro）的声明，都指责中国不仅通过传统手段，更是通过网络窃取商业机密。

其实，美国本身才是真正的网络入侵者。斯诺登揭示的信息显示：美国国家安全局（NSA）使用 MUSCULAR 侦听计划通过水下电缆秘密入侵雅虎和谷歌数据中心，收集了其全球几亿用户的信息。美国国家安全局在 2013 年给私人技术公司支付了 520 亿美元，以便秘密进入它们的通讯网络。美国国家安全局的情报收集活动对象，包括巴西最大石油公司 Petrobras 这样的商业机构、联合国儿童基金这样的慈善机构，以及像欧盟理事、以色列总理和德国总理默克尔这样的政治人物。

为指证中国的网络能力是实现产业政策目标的工具，《301 调查报告》称，在西屋电气同国家核电技术公司（SNPC）谈判引进 AP1000 过程中，中国军方从西屋电气的计算机中盗取了"大致相当 70 万页的邮件信息和附件"。

事实是，2006 年 11 月 2 日，中国决定引进西屋电气 AP1000、建设依托项目 4 台机组、成立国家核电技术公司（SNPC）。2007 年 7 月 24 日，中方与西屋技术许可公司等 6 家国外技术转让方签订了一揽子 5 项三代核电自主化依托项目 AP1000 技术转让合同。据报道，作为这些项目交易的一部分，西屋电气同意向中国转让部分知识产权。2010 年，西屋电气共向其中国客户交付了 7.5 万多份文件。2007 年 7 月 24 日，国家核电与西屋联合签署了 AP1000 自主化依托项目核岛设计及部分主设备采购合同和 AP1000 技术转让合同。西屋电气根据协议提供给中国二十多吨技术图纸和数百个计算机程序。可见，中方明明是花巨资购买技术，却被硬说成是利用情报机构偷窃技术。

《301 调查报告》专辟一节讨论"中国近期对美国商业网络的入侵活动"。《301 调查报告》承认，美国的网络安全公司认为自 2015 年 9 月起中国网络攻击次数减少了。但《301 调查报告》和纳瓦罗在 2018 年 6 月都宣称：表面上这一数字的确下降了，但中国"可能（likely）"是转向了更专业、集中和复杂的由少量人员进行的网络攻击,中国在继续对美国进行网络攻击。在给出这种莫须有的罪名、认定中国肯定还在继续网络攻击的同时,美国方面并没有给出具体的证据。美国在没有证据或没有充分证据的情况下进行"有罪推定"是不负责任的。把几年前已经解决的问题,再来反复炒作十分无聊。

事实上,2015年习近平主席和奥巴马会晤时已达成一致,政府不支持窃密。对于通过网络窃取商业机密问题,中国政府已经做出回应:保护知识产权是经济发展的长远保证。中国政府认为对于非政府行为,不论是什么途径,商业窃密都是犯罪行为,应在现有的双边框架内深入合作。2015年之后,中美两国已经建立了中美执法与网络安全对话联合打击网络犯罪。两国在2017年之前已经达成了多项共识。中国政府已经承诺不进行政府支持的商业窃密,中国应该也必须遵守承诺。正如美国彼得森国际经济研究所的尼古拉斯·拉迪(Nicholas R. Lardy)所说:"最近几年,中国为使用外国技术所支付的专利费和版权费飞速增长,2017年达到约300亿美元,几乎是十年前的四倍。"他指出,为使用外国技术而支付专利费,中国可能仅次于美国位居世界第二。

综上所述,不难看出,USTR的《301调查报告》是建立在道听途说、主观臆测和不实之词基础之上的。难以想象,美国政府居然能够制造出质量如此低劣的所谓"调查报告",更难以想象美国政府居然能够以这种报告作为制定重大国家政策的基础。这进一步说明,美国在启动301调查之前就已经决定发动对中国的贸易战,所谓的301调查只是要为美国政府发动针对中国的贸易战制造借口。

第三章　中美经贸冲突中的国防技术与供应链安全因素

特朗普政府对华发起贸易战，除了《301调查报告》的背景之外，还有美国国防科技和国防工业供应链安全的考虑。本章将围绕这个背景展开分析。具体背景要追溯到2008年经济危机以后，美国面临财政困难，对军费进行了预算封顶，国防工业因此受到重大冲击。2012年以来，国防部设立专门机构管理制造业和国防工业基础并每年提交相关报告，而中国在报告中地位日益突出。特朗普上台不久即发布总统行政令，要求国防部从全政府层面重新评估美国制造业和国防工业基础的风险。美军方在报告中对中国在国防技术创新、制造业基础和供应链方面的威胁发出警告，其政策建议被特朗普政府采纳，导致美国对中美贸易、投资、科技、人员交流等诸多领域的限制。全球化条件下军民两用科技的高度发展与扩散改变了传统的安全边界与军事优势，只有通过建构新的技术标准和管控机制才能缓解技术和供应链安全担忧，避免中美"脱钩"和逆全球化趋势。

一　白宫贸易与制造业政策办公室和13806号总统令

2017年4月29日，特朗普签署总统令13797号，正式建立了白宫贸易与制造业政策办公室（OTMP），纳瓦罗正式出任办公室主任。总统令中写明，该办使命是"向总统提出政策建议以促进经济增长、减少贸易赤字、增强美国制造业和国防工业基础"。这份总统令接力2017年4月18日颁布的13788号总统令（又称"买美国货雇美国人"令），在白宫中创设了一个独特的政策机构，在美国的贸易政策、制造业就业、政府雇佣和购买政策与国防工业政策之间搭建起横向联系，从而开启了特朗普政府与冷战后美国贸易政策决裂的序幕。这时，距离中美首脑海湖庄园会结束仅仅三周，中美刚刚设立四个高级别对话机制并启动了针对贸易不平衡问题的"百日计划"。

"美国制造业和国防工业基础"（MDIB）成为特朗普政府贸易政策的核心概念。2017年7月21日，特朗普颁布13806号总统行政令，名为"评估与强化美国制造业与国防工业基础和供应链韧性"。纳瓦罗及其领导的办公室经过近三个月的工作，通过跨部门的合作，不仅将MDIB概念深化并引入"供应链韧性"（SCR）这一新概念，同时借助MDIB将经济安全与国家安全直接挂钩，使贸易问题脱离了单纯经济纠纷，上升为以现实主义零和思维为基础的大国经济和军事争霸问题。13806号总统令将全球化时代形成的"拉长"的现代产业链视为对美国国家安全的威胁，将美国失去的工厂和制造业岗位视为对美国国防工业能力的打击，并提出从战略层面出发优先支持国内制造业，特别是国防工业及其关键产业链的发展。这时，恰逢中美贸易"百日计划"期满，首轮中美全面经济对话两天前刚在华盛顿举办。

从13788、13797到13806号总统令，特朗普政府以"国家安全"为中心的贸易政策逐步具备了理念、机构和行动基础，而这一贸易政策指向的靶心就是中国。2017年8月14日，特朗普签署备忘录要求美国贸易代表莱特希泽依照《1974年贸易法案》对华展开"301调查"。与此同时，美国国防部遵照13806号总统令开始了对MDIB的调查评估。在美国国家安全、情报和军事部门的推动下，2017年年底到 2018 年年初,《国家安全战略报告》和《国防战略报告》相继出台,将中国列为长期战略竞争对手,还推出了"自由与开放的印太战略"作为与中国进行地缘政治竞争的新构想。不久后,军方的系列报告和《301 调查报告》也陆续出炉,共同构成了 2018 年美国对华发起贸易战、投资限制和科技封锁等重大政策转向的具体决策依据。

可以说,无论从内容、时序还是关联性上看,特朗普政府的贸易政策都是其整体国家安全战略的一个组成部分。在这些报告反映出的新国家安全观中,美国对华贸易不满已被转化为美国国防技术、工业能力和产业链安全问题,而特朗普口头强调的中美贸易逆差和美国就业问题则时常是美国持续贸易战利用的借口。

二 2008 年经济危机后美国国防工业的危机

长期以来,美国先进的国防工业基础是美国对其他竞争对手享有非对称优势的根基。美国不断增长的军费保证了其国防供货商的利润水平和扩张空间。军事凯恩斯主义在美国经济遇到冲击时,还能成为支撑美国制造业生产和就业的保障。2008 财年度,美国实际国防总支出高达 7929 亿美元,联邦赤字达到了 4590 亿美元,其中狭义军费开支就已占当年 GDP 的 3.2%。紧接着美国就发生了严重的金融危机,并逐步发展为笼罩全球的经济危机。

奥巴马政府上台后,虽然对美国经济进行大规模刺激,阻止了美国经济从"大衰退"滑向"大萧条",但也引发了政府债务剧烈增长,在他整个任期内美国联邦债务近乎翻了一番,上升了 9 万亿美元。2010 年中期选举后,大批"茶党"进入美国国会,两党经过反复拉锯,最终通过了以解决美国债务上限为目的的 2011 年《预算控制法》(BCA),并妥协达成了对国内福利和军费支出的预算封顶。这对军费增长趋势造成了很大遏制：2011财年、2012财年年均国防合同总额比2009、2010年下降了5%，而2013—2015财年年均则受封顶影响比2009年大幅下降了23%。

2017年，与美国军方关系密切的智库国际战略研究中心得到美国海军资助，设立了国防工业计划研究小组。到年底，该小组发布研究报告称，在《预算控制法》实施期间，美国国防部主要供应商从78500家减少到61700家，截至2017年减少了20%以上。更严重的是，国防部发现国防工业供应链上占比60%—70%的次级和底层供应商受到的冲击更大，在一些部门如飞机零部件、导弹装药、导弹防御系统部件，只剩一个供应商可供选择，导致供应链"极度脆弱"。分领域看，陆军运输装备、军用设施和工程建设、太空系统和飞机等领域订单减少较大，同时几大国防工业公司的军方研发合同下滑了近一半，因而更加依赖商用领域市场竞争带来的技术进步。

美国军方和军工集团对军费预算控制日益不满，对由此造成的军力、国防工业生产和创新能力损失，以及与中俄等对手的技术代差缩小深感忧虑。美国军方认为技术领先优势两次"抵消"了冷战和后冷战时代对手的数量优势，因此继续对潜在竞争对手实施第三次"抵消战略"是美国维持全球军事霸权的有效战略。但是自"9·11"后20年间，美国集中精力对付恐怖主义威胁和地区挑战，忽略了期间中国在军事能力上的突飞猛进。

随着经济持续高增长，中国的经济总量已达到美国的约2/3，而冷战中的苏联在顶峰时期也不过美国的40%。即使中国军费占GDP比重仍然低于2%，还是成为世界第二军事支出大国。美国认为中国的技术实力与经济实力同步增长，在某些领域已经接近或超过美国，这也是苏联当年未曾企及的。从1991—2015年，中国的科研投入增加了30倍，达到3760亿美元，比日韩德加在一起还多。中国集中精力在技术上赶超美国，使美国的第三次"抵消战略"无法实现，这不能不引起美国的警惕。美国认为中国影响力在全球范围内的扩大意在取代、排除美国势力，因此构成了对美国主导的国际秩序的直接挑战。

三 美国国防部《工业能力》年度报告中不断上升的中国威胁

2011年美国《国防授权法》授权建立了制造业与工业基础政策办公室（MIBP），由美国国防部负责采购、科技和后勤的副部长负责。该办公室职责包括：国防部保持美国国防工业基础的政策设计，工业基础相关预算，预判并消除制造业能力或国防系统中的差距，评估并购和资产剥离的影响，监测、评估外国投资影响等。MIBP建立后积极发起帮扶工业基础的项目，提供资金和联合研发便利，扶植国防相关的美国制造业企业。国防部自2013年起，每财年度要向国会就国防《工业能力》提交年度报告。在已公开的7份报告中，美国认为中国对美国科技和供应链的威胁不断增长，提出向美国政府授予更广泛的权力以应对中国的挑战。

在美国军方给国会的年度《工业能力》报告中，将全球电子产业按制造性质分为四大类：原始设备制造商（OEM，俗称代工），合同制造商（电子制造服务商EMS＋原始设计制造商ODM），印刷电路制造商（PCB），半导体制造商（或集成电路制造商IC）。美国国防部注意到中国台湾地区在电子代工领域（OEM）的压倒优势。2015年，EMS＋ODM全球产值超过4千亿美元，其中70%流向亚洲制造商，而中国台湾地区占据了66%的世界市场，仅鸿海一家就占了34%，苹果、戴尔和惠普都是其用户。美国最大的生产商只占有世界4%的份额。问题是鸿海虽然总部在中国台湾，大部分生产都放在中国大陆。

在印刷电路板领域（PCB），美军认为相比起中国大陆、中国台湾地区和韩国，美国的处理能力和产量都在下滑，美军方希望保持本土技术竞争力、厂商存续，防止技术无意间被转移或失窃。进入 21 世纪，亚洲从美国手中抢走了印刷电路板生产的主导地位。2000—2015 年，全球产值从 300 亿美元增加到 600 亿美元，亚洲的产出占据世界 90%。这其中中国是主要的国际外包生产地，逐步占了亚洲近一半，日本和欧洲的全球市场份额均大幅下降。而美国国内产值从 2000 年的 100 亿美元降到了 30 亿美元，只占世界的 5%。美国的制造商从 20 世纪 80 年代的两千多家降到 2016 年的 312 家，它们生产的印刷电路板中有 27% 是供给军方的，因此美国企业更加依赖军工订单，而美国军方的对外依赖度却在不断增加，比如 99% 的微电路/IC 基板在海外生产，造成供应链担忧。

尽管电子产业流失严重，美国仍然牢牢把控半导体集成电路产业（主要是芯片），美国公司销售占世界的 50%，是继飞机和汽车之外的第三大出口品（2015 年 430 亿美元，创造直接就业 25 万人，间接支持就业上百万人）。从 1996 年到 2016 年，全球半导体集成电路市场增加了 2 倍，从 1320 亿美元增加到 3390 亿美元，而美国的销售增加了 3 倍，从 442 亿美元到 1660 亿美元。亚洲是美国半导体产品的最大买家，占美国销售的 65%，仅中国市场就占美国芯片出口的一半。保持对华出口和在华市场份额成为美国半导体企业最关注的问题。

在这一背景下，国防部认为全球化、中国崛起和商业化是美国本土军工电子生产面临的三大挑战。美军方担心国内生产成本上升、技术流失和市场影响缩小，特别是供应链不可靠的问题。伴随着全球化进展，不仅制造业外包，而且设计也在转出美国，"超过 50% 的个人电脑和 30%—40% 的嵌入式系统将包含中国设计的成分"。美国本土厂商在商业市场上的萎缩导致其研发投入不足，竞争力下降，特别是在印刷电路板的微盲孔板和广电互连领域，将影响军备小型化和运行速度/频率。

更令美国军方担忧的是，中国已经意识到对美国半导体集成电路（IC）的依赖，自 2014 年就开始制定以市场为导向的国家发展计划并建立了国家产业投资基金进行大规模投资。美国认为，中国要想短期内实现产业高速增长计划，肯定会依赖海外并购而非国内发展。2015 年，美国观察到中国海外半导体电子产业并购大幅增加，仅在美国就达到 26 亿美元。从清华紫光试图收购美光科技和西部数据等案例，美国认为中国准备在芯片、存储、包装测试和半导体装备制造等领域出击。中国海外收购一般溢价率超过 60%，这比国际收购平均 18% 的溢价率高很多，这说明中国公司资本充足，美国公司面临很大的竞争压力。

在 2015 财年度的《工业能力》报告（2016 年 6 月发布）中，美国已经触及到"中国制造 2025"和其中中国寻求半导体 2020 年国产化 40%、2025 年 70% 的目标。美军方指出，中国准备未来十年在半导体产业上投资 1040 亿美元，这将严重打击美国相关产业。中国利用市场规模扶植本土冠军企业，已经在发光二极管、显示器和通信装备领域获得成功，因此，美国担心这一经验将被复制到芯片领域。美国国防部据此提出，"美国政府现有权力不足以应对以中国 FDI 为代表的国家安全挑战。科技优势是美国国家力量的关键元素，美国必须在关键领域科技研发上保持领先。但全球化使美国国防工业基础日益依赖全球商业市场，创新的来源和节奏被其改变，因此美国无法继续想当然地认为未来的技术突破会源自美国。有效的全球供应链整合与管理对美国国防部非常重要，其中潜在的威胁包括供应链断裂、伪造部件、技术盗窃等。"

2016 财年度的《工业能力》（2017 年 6 月发布）报告延续了 2015 年开始的对中国投资的关注，对中国在美直接投资（FDI）高度警惕。在报告中，美国首次将中国称为"竞争对手国家"（competitor country，早于 2017 年年底的美国《国家安全战略报告》），并认为以竞争对手方为来源的投资挑战了美国一些科技领域的优势。美国军方指出，美国虽然能够跟踪外国直接投资，但缺乏能力审查并减少投资活动造成的国家安全威胁。2015 年，中国对美直接投资首次超越美国对华投资，自 1990 年起中国在美累计投资达到 640 亿美元，而且这些投资大部分发生在 2010 年后。

2017 财年度的《工业能力》报告（2018 年 3 月发布）对中国着墨不多，主要因为美国国防部同时制作了《评估与增强美国制造业与国防工业基础和供应链韧性》报告（2018 年 9 月发布），大量内容针对中国。贸易战持续一年后发布的 2018 财年度的《工业能力》报告（2019 年 5 月发布）增加了"美国在全球防务市场中的地位"一章。在"竞争对手国家"一节中，美军方认为中国已经是主要的国防制造商并拥有大型防务公司，如三家进入销售前十的公司（南方工业，中航工业，北方工业）和四家进入前二十的公司（航天科工，中船重工，中国电科，中国航天）2016 年收入都超过了 50 亿美元。同时美国继续强调中国推出了"中国制造 2025"战略规划，意图在制造业和科技领域世界领先。在量子计算和 5G 通信技术上，中国是全球最大的玩家，在生物科技和太空研究领域也投入重金。

除此之外，2018 财年度的报告，特别强调了由于美国 STEM[①] 学生短缺导致软件工程领域出现危机。报告强调，中国人口是美国的 4 倍，但 STEM 毕业生是美国的 8 倍，2016 年美国 STEM 总人数 6740 万人，而中国已经有 7800 万人，尤其是美国 STEM 毕业生中有 25% 是中国人。美国制造业和国防工业对 STEM 依赖度越来越高，但人才供给持续短缺，造成了美国国防工业基础的软件工程危机，最终将显

---

① STEM 是科学（Science）、技术（Technology）、工程（Engineering）、数学（Mathematics）四门学科英文首字母的缩写。

著影响关键国防材料、工具、载具等的生产。

在供应链的其他方面，如稀土和材料问题，美国也提出过关注，但比起科技供应链，逐渐降到次要地位。美国承认中国是全球95%的稀土来源地，2011年由于中国对稀土行业环保要求的提高导致价格短期上涨，引发美国担忧，当年美国国防部就向国会提交了有关稀土的特别报告。但美国的评估认为，全球稀土需求因替代材料的出现将会显著下降，而且中国以外的稀土供应因价格作用将会增加，供应链可望多元化，除了极少数稀土原料如高纯度氧化钇外，供应断裂风险并不太大。与此同时，美国已经逐步建立起稀土的战略储备，并加大稀土回收力度。另外，在导弹生产所需的关键材料里，硫化锑作为撞击底火/起爆装药在多达两百种美军军火中使用。但美国和北约盟国不生产这种物质，中国是世界上主要生产商，可以控制市场供应。

从分析过去六年的美国国防部《工业能力》报告可以看出，电子工业对美国国防工业至关重要，但全球化和商业化发展使中国在全球产业链中的重要性不断增加，造成美国对电子产业供给链安全的担忧。中国为摆脱对美国半导体集成电路产业的过度依赖，采取鼓励自主化的产业政策，直接引发了美国方面的两大忧虑：一是中国的高度国产化将降低美国在华市场占有率，使美国丧失关键产业优势；二是中国不是依靠自我创新，而是大规模并购美国企业获取尖端技术，使美国相关制造业基础萎缩。中国一旦主导电子产业链的后果就是美国不得不依赖中国产品，而中国作为原产地在美国军方看来存在巨大的供应链断裂和技术安全风险，必须采取行动加以遏止。

四 美国国防部《中国技术转移战略》报告背景

2017年12月，特朗普政府公布了其任内首份《国家安全战略》

报告，该报告将中国定位为美国的头号竞争对手（competitor），并指出"中国和俄罗斯企图侵蚀美国的安全和繁荣，是对美国的实力、影响和利益的挑战。中俄意图通过削弱经济自由和公平、扩展军队以及控制信息和数据来压制社会和扩大他们的影响力。"2018年3月，美国贸易代表办公室（USTR）公布《301调查报告》，对中国产业政策进行指责，试图为美国政府发动针对中国的贸易战制造借口。

但是在这两个直接涉及中国的重磅报告背后，2018年1月公布出来的五角大楼报告《中国技术转移战略：中国投资新兴科技如何使战略竞争者能够获得美国创新的成果》（简称《中国技术转移战略》）对中美即将展开的贸易对峙具有特别的意义。发布这份报告的机构是美国国防部2015年8月新成立的"国防创新试验单元（Defense Innovation Unit Experimental，DIUx）"，2017年8月，该单位取消"试验"正式变为国防部固定机构"国防创新单元（Defense Innovation Unit，DIU）"。DIU总部设在加州硅谷，是美国军方和硅谷创新技术之间的桥梁，机构雇员也由军人和科技、商界人士构成。现任主管迈克布朗也是报告的作者，曾任网络安全公司赛门铁克的总裁，主张硅谷、商界、大学和国防部合作开发下一代科技。另一名作者帕夫尼特辛格是DIU顾问，曾任职于奥巴马政府国家安全委员会和国家经济委员会，参与推动过"跨太平洋伙伴关系协定"（TPP）和"跨大西洋贸易与投资伙伴协议"（TTIP）。两人在报告形成过程中与白宫、国家安全委员会和国会相关机构进行了讨论。

报告认为，中国在执行长达几十年的技术转移计划以增加中国经济的规模和附加值。向中国的技术转移部分通过中国在美商业并购、特别是风险投资实现。问题在于，中国投资的未来科技具有军民两用性，如人工智能、机器人、自动驾驶、增强现实、金融科技和基因重组。这些也是美国军方争夺的科技制高点，而两用技术的军民分界线越来越模糊了。除此之外，报告还认为中国利用工业间谍、网络盗窃、留学交流、开源信息、在美中国机构招募人才和在华技术转移组织等方式开展合法和非法的技术转移活动。中国的目的是在关键工业领域主导世界，摆脱对外技术依赖，培养本土创新。"十三五规划"和"中国制造2025"这些工业政策已经明确了创新和进口替代的方向。面对这一现实，美国没有一个全面综合的政策和工具应对向中国的大规模技术转移，也没有关于技术转移发生速度、中国在美投资水平和美国需要保护的技术清单信息。外国投资审查委员会是仅有的几个工具之一，但由于授权有限，只能做到部分有效。

综合来看，报告认为美国国防安全受到来自中国的四大挑战：美国军事装备和服务提供商变为中国控制的公司对供应链造成威胁；中国有目的的投资意在消除中美军事差距；中国可以通过工业间谍和网络盗窃拿到美国的国防设计和计划；美国没有各部门一致的科技保护清单导致管理混乱。为此，《中国技术转移战略》报告提出美国要建立跨政府、企业和学界的多维政策框架和"全政府"（Whole of Government）视野，以便对华行动能够在战略上协调、在多机构层面执行。在政策层面，报告建议分防御政策和积极政策两类。前者以遏制技术转移发生为目标，包括加强外国投资审查委员会改革，出口管制改革，留学生移民政策改革和反情报资源。后者以推动经济领域技术发展和创新为目标，包括投资基础科研，鼓励美国学生投身STEM学科和助力增长和生产率提高的经济政策。

为"采取措施挫败（thwart）中国的技术转移战略"，报告提议了三条具体政策措施：其一，支持国会通过2017年提交的《外国投资风险审查现代化法》（FIRRMA），改革美国外商投资委员会（CFIUS），防止敏感技术转移。其二，加强技术出口管制清单（EAR和CCL76）跨部门协调，与盟国形成国际技术转移管控机制。其三，加强对中国留学生的签证管理，审查留学生所学专业是否受保护。上述三条建议，后来完全被特朗普政府采纳，甚至变本加厉地实施了。报告中的对华强硬政策建议被特朗普政府采纳，直接导致美国过去一年多以来对中美贸易、投资、科技、人员交流等诸多领域的限制。

《中国技术转移战略》的报告大概在2017年夏秋完成，它承上启下，将美国国防部"制造业与国防工业基础"相关的《工业能力》报告与《301调查报告》通过科技转移这一核心议题连接起来，可以看到报告中关于中国技术转移的主要指责与《301调查报告》都是重合的，而后者在整合了军方意见的基础上，将这些观点和佐证扩展到对华全面贸易关系上。国防部本身则借助这一报告完成了从"国防工业基础"向"国家安全创新基础"的范式转变，进一步提高了军费要价和军事科技投入。

五　系列报告背后美国对华政策的转变

纳瓦罗认为，对美国而言，"经济安全就是国家安全"。他在解释这一特朗普主义新国家安全观时指出，特朗普政府在军事领域就是要减少美国海外军事存在，同时增加对外常规武器和无人机系统的军事出口，以国防工业就业吸收回归军人。当然，美国的收缩不能被人认为是美国的软弱，因此要"以实力促和平"，也就是增加军费和军备，保持高科技领先优势，威慑竞争对手，而军费增加反过来又保证了国防工业的扩张。特朗普主义安全观是经济民族主义、保护主义、单边主义和孤立主义的混合体。纳瓦罗有意曲解了艾森豪威尔对"军工复合体"的批判，反而用关税、限制和制裁保护下的"军工基础"当作支撑美国全球霸权，解决国内分化问题的法宝。要实现对美国"制造业与国防工业基础"的再造与发展，争取美国政治的普遍支持，就必须制造一个强大的具有侵略性的敌人，这个角色非中国莫属。

2018年6月，纳瓦罗主导的白宫贸易与制造业政策办公室发布了一个简短的报告，名为《中国的"经济侵略"如何威胁美国和全世界的技术与知识产权》。报告开宗明义指出其目的之一是聚焦中国如何"擒获推动未来经济增长的新兴高科技产业以及许多国防工业进步"的。在20页的报告中，纳瓦罗7次引用《中国技术转移战略》报告，用来证明：（1）中国存在"经济间谍"盗窃美国技术和知识产权；（2）中国"最大量利用公开信息源收集科技信息、扫描科技文献、分析专利、逆向研发样品、从会议交谈中获取信息"等；（3）在美中国人作为"非传统信息收集者"利用美国学术开放和自由获得关键军事系统技术信息，"实质违反美国出口管制法"；（4）中国利用绿地投资和风险投资获取尖端美国技术，其中"风险投资过去五年快速增长，占全美风投交易的7%—10%"。在解释莱特希泽发起"301调查"并动用关税手段的原因时，纳瓦罗直言"这就是现在能够保护我们的科技和知识产权不被中国掠夺的办法"。在发动对华贸易战的决策形成过程中，美国军方对科技和供应链的担忧是一个核心因素，而这也是中美仅在贸易层面博弈不能完全解决问题、中美贸易协议无法顺利达成的重要原因。

从特朗普上台后中美关系演进看，美国对华政策大转向与特朗普过去十年来对华偏见和偏执个性密切相关，具有一定历史偶然性。但是从美国军方系列报告、华盛顿众多智库报告以及此后的《301调查报告》连贯起来看，美国国家安全政策精英们对华看法已经形成高度一致。从奥巴马政府第二任期开始的对华政策变化、美国对国际经贸格局重塑的努力，以及特朗普的对华政策在美国国内获得支持都表明，美国对华政策的转变有其深刻的历史原因及其必然性。即便不是特朗普，对华政策变局也只是在时间和方式上有所差别而已。

总之，美军方力图保持军工科技优势和全球军事霸权的要求迎合了特朗普政府"经济安全即国家安全"的新国家安全观,为其以国家安全之名行保护主义之实的贸易政策提供了借口。全球化条件下军民两用科技的高度发展与扩散改变了传统的安全边界与军事优势,美国逆历史潮流而动、试图通过"脱钩"的做法维护自身安全和优势最终是行不通的。只有通过建构新的技术标准和管控机制才能缓解技术和供应链安全担忧,避免中美脱钩和逆全球化趋势。

第 二 篇

直面中美贸易冲突：
从关税战、投资战，到技术战、
金融战，如何应对？

第一章　贸易摩擦的福利冲击
——基于量化贸易模型的测算

本章基于量化贸易模型进行分析，在多个贸易模型下，测算了中美互相加征关税以及中美走向全面封闭的福利效应。结果显示，（1）中美相互加征25%关税的情形，对两国福利的负面影响相对可控，中国的福利损失为-1.6%，美国的福利损失为-0.2%。（2）如果中国回到封闭经济状态，其福利将下降约55%；如果美国回到封闭经济状态，其福利将下降约20%。（3）中间品贸易与规模经济，对于中国的福利效应有较大影响，中间品进口会来带技术进步与生产成本下降，而规模经济的引入则会放大这一效应，这在一定程度上说明中国仍然大幅受益于技术引进带来的经济增长效应。上述结果说明，市场的强烈悲观情绪，主要来自于中美贸易摩擦引发的对于中国对外开放进程出现倒退的预期；只要中国坚定地落实扩大对外开放政策，中美贸易摩擦对于中国经济的影响较为有限，市场也将重拾信心。

一　加征关税清单概况和已有研究对福利影响的测算

2020年1月16日，中美签署第一阶段协议，双方将分阶段取消加征关税，实现加征关税由升到降的转变。但是在新的协议达成之前，美国仍将对中国输美的 2500 亿美元商品保持 25% 的加征关税，以及对 1200 亿美元商品加征 7.5% 的关税；中国也将保持大部分对美国输华商品的加征关税。目前中美之间相互加征关税的详细情况见表 2-1-1 和表 2-1-2。厘清中美贸易摩擦对于两国的福利影响仍然非常必要。

表 2-1-1　　　　　　美国 301 关税清单概况

清单	涉及金额（亿美元）	起征时间与税率调整时间	额外税率（%）	代表性行业
1	340	2018.07.06	25	机械器具；电气设备；光学医疗设备；车辆
2	160	2018.08.23	25	电气设备；塑料制品；机械器具；钢铁制品
3	2000	2018.09.24	(10)	机械器具；电气设备；家具；车辆；钢铁制品；皮革制品
		2019.05.10	25	
4	3000　4A 1200	2019.09.01	(15)	电气设备；机械器具；玩具；服装；鞋靴；家具；塑料制品
		2020.02.14	7.5	
	4B 1800	2019.12.15（暂缓）	0 (15)	

注：带圆括号表示该税早已经失效或尚未实施。

表 2-1-2　　　　　　中国反制关税清单概况

清单	涉及金额（亿美元）	起征时间与税率调整时间	额外税率（%）及所涉及 HS8 税号数目	代表性行业
1	340	2018.07.06	25 (545)	农产品；汽车；水产品
2	160	2018.08.23	25 (333)	能源产品；化工品；汽车

续表

清单	涉及金额（亿美元）	起征时间与税率调整时间	额外税率（%）及所涉及HS8税号数目	代表性行业
3	600	2018.09.24	10（2493）；10（1078）；5（974）；5（662）	农产品；矿产品；化工品；塑料橡胶制品；皮革制品；木制品；纸制品
		2019.06.01	25（2493）；20（1078）；10（974）；5（662）	
4	750　4A	2019.09.01	10（270）；10（646）；5（64）；5（737）	农产品；能源产品；化工品；塑料制品
		2020.02.14	5（270）；5（646）；2.5（64）；2.5（737）	
	4B	2019.12.15（暂缓）	10（749）；10（163）；5（634）；5（1815）	金属制品；机电设备；汽车；光学仪器

注：汽车及零部件于2019年1月1日—2019年12月15日暂停加征关税，涉及211个HS8税目，其中清单一28个，清单二116个，清单三67个。

中美贸易摩擦以来，诸多文献针对加征关税对于中美国家福利的影响进行了测算，其结果都比较小，加征关税对国家真实收入的影响大都低于1%（见表2-1-3）。这很难解释市场情绪对于中美贸易摩擦的强烈反应。本章基于量化贸易模型，在不同贸易模型下，测算了中美互相加征关税的福利效应以及中美全面封闭的福利效应。已有文献中，樊海潮和张丽娜、[1] 郭美新等[2] 使用了量化贸易模型。

贸易福利测算的量化贸易模型方法，通过引入贸易引力方程，实现了贸易微观理论基础与宏观数据的完美统一。与可计算一般

---

[1] 樊海潮、张丽娜：《中间品贸易与中美贸易摩擦的福利效应：基于理论与量化分析的研究》，《中国工业经济》2018年第9期，第43—61页。
[2] 郭美新等：《反制中美贸易摩擦和扩大开放》，《学术月刊》2018年第6期，第32—43页。

均衡（Computational General Equilibrium，CGE）模型相比，基于引力方程的量化贸易模型最大的好处是其简洁性、透明性以及与多个贸易理论模型的兼容性。研究者可以较为容易地识别关键参数，并理解其大小是如何影响福利结果的；可以使用真实数据来估计关键参数，而不是像 CGE 模型中使用现成的弹性；并且量化贸易模型可以兼容广泛的贸易模型，从而使其估计结果具备了微观理论基础。

表 2-1-3　　　　　中美贸易摩擦福利测算文献结论汇总

文章	作者	发表	测算方法	假设情形	主要结论
《中美贸易摩擦应对政策的效果评估》	李春顶、何传添、林创伟	《中国工业经济》，2018 年第 10 期	可计算一般均衡模型 CGE	美国单方面征收 45% 关税	中国真实工资下降 0.147%，美国真实工资上升 0.051%
				中美相互征收 45% 关税	中国真实工资下降 0.368%，美国真实工资下降 0.273%
				人民币实际汇率贬值 10%，中美 45% 关税	中国真实工资上升 2.618%，美国真实工资下降 0.611%
				中国与其他国家之间的贸易成本下降 20%	中国真实工资上升 0.17%，美国真实工资下降 0.21%
《反制中美贸易摩擦和扩大开放》	郭美新、陆琳、盛柳刚、余森杰	《学术月刊》，2018 年第 6 期	量化贸易模型：EK2002 & 中间品贸易	美国对中国实行单边的 45% 贸易关税	中国真实工资下降 0.042%，美国真实工资下降 0.661%
				中国同样对美国征收 45% 的关税	中国真实工资上升 0.080%，美国真实工资下降 0.753%

续表

文章	作者	发表	测算方法	假设情形	主要结论
《中间品贸易与中美贸易摩擦的福利效应：基于理论与量化分析的研究》	樊海潮、张丽娜	《中国工业经济》，2018年第9期	量化贸易模型：MO2008与中间品贸易	美国单方面征收25%关税	中国真实工资下降0.0090%，美国真实工资下降0.0045%
				中美相互征收25%关税	中国真实工资下降0.0161%，美国真实工资下降0.0158%
《全球价值链中的关税成本效应分析——兼论中美贸易摩擦的价格效应和福利效应》	倪红福、龚六堂、陈湘杰	《数量经济技术经济研究》，2018年第8期	可计算局部均衡模型：全球投入产出价格模型	中美相互就500亿美元商品（初步清单）加征25%关税	中国福利损失1.79亿美元（占2018年中国GDP的0.0013%），美国福利损失47.92亿美元（占2018年美国GDP的0.0234%）
《基于中美双方征税清单的贸易摩擦影响效应分析》	吕越、娄承蓉、杜映昕、屠新泉	《财经研究》，2019年第2期	可计算局部均衡模型：WITS-SMART模型	中美相互就500亿美元商品（实施清单）加征25%关税	中国福利损失总计13.5亿美元（占2018年中国GDP的0.0099%），美国福利损失总计4.95亿美元（占2018年美国GDP的0.0024%）

　　该领域的开创性工作来自阿克洛基斯、科恩提诺和罗德里格斯—克莱尔（Arkolakis、Costinot 和 Rodríguez-Clare），[1] 他们的主要贡献在于，证明了一系列重要贸易模型的福利测算，都可以通过推导出引力模型，从而仅需要基于宏观数据和两个关键变量计算：（1）一国在国内产品上的支出份额；（2）进口相对于国内支出对于可变贸易成本的弹性（即贸易弹性）。

---

[1] Arkolakis C., Costinot A., Rodríguez-Clare A., "New Trade Models, Same Old Gains?", *American Economic Review*, Vol. 102, No. 1, 2012, pp. 94–130.

二 中美互相加征关税的福利影响

本章选取了三个有代表性的贸易模型,分别是:单部门阿明顿模型(Armington Model)、多部门模型、多部门—可贸易中间品模型。其中多部门模型和多部门—可贸易中间品模型分别包含完全竞争、垄断竞争两种情形,最终一共测算了5个模型。其中模型2,即多部门完全竞争情形,相当于Eaton-Kortum模型;[1] 模型4,即多部门——可贸易中间品完全竞争情形,与卡利恩多和帕罗(Caliendo和Parro)、[2] 郭美新等[3]使用模型类似。

量化贸易模型的福利效应推导过程是类似的,简单来说可以分为两步:首先,通过贸易模型推导出相应的引力方程;其次,假设贸易成本出现扰动,推导出相应的福利变动。考虑到篇幅和易读性,具体公式推导过程可参考阿克洛基斯(Arkolakis)等[4]和科恩提诺和罗德里格斯—克莱尔(Costinot和Rodríguez-Clare),[5] 不再赘述。

表2-1-4汇报了中美互相加征25%关税时,中国和美国在不同贸易模型下的真实收入变动。该情形是对现实中美互相加征关税情况的简化,当前中美并没有对全部可贸易品加征关税,并且实现了加征关税由升到降的转变。该情形可视作中美互相加征关税福利损失的一个上限。

---

[1] Eaton J., Kortum S., "Technology, Geography, and Trade", *Econometrica*, Vol. 70, No. 5, 2002, pp. 1741 – 1779.

[2] Caliendo L., Parro F., "Estimates of the Trade and Welfare Effects of NAFTA", *The Review of Economic Studies*, Vol. 82, No. 1, 2015, pp. 1 – 44.

[3] 郭美新、陆琳、盛柳刚、余淼杰:《反制中美贸易摩擦和扩大开放》,《学术月刊》2018年第6期,第32—42页。

[4] Arkolakis C., Costinot A., Rodríguez-Clare A., "New Trade Models, Same Old Gains?", *American Economic Review*, Vol. 102, No. 1, 2012, pp. 94 – 130.

[5] Costinot A., Rodríguez-Clare A., "Trade Theory with Numbers: Quantifying the Consequences of Globalization", *Handbook of International Economics*, Elsevier, Vol. 4, 2014, pp. 197 – 261.

从表2-1-4中，可以得出以下结论。

第一，中美互相加征关税将对双方造成净福利损失，进一步证实贸易战没有赢家。但与已有文献的测算结果类似，如果中美贸易摩擦局限于关税领域，即使中美互相对全部可贸易产品加征25%的关税，中国最大的福利损失仅为1.6%，美国的福利损失为0.2%。

表2-1-4　　中美互相加征25%关税的福利效应变动　　（单位：%）

	中美真实收入的变动				
	单部门	多部门，没有中间品		多部门，有中间品	
		完全竞争	垄断竞争	完全竞争	垄断竞争
	1	2	3	4	5
中国	-0.066	-0.048	-0.063	-0.137	-1.614
美国	-0.031	-0.037	-0.041	-0.072	-0.192
太平洋地区	0	0	0.01	0	0.02
印度洋地区	0	0	0	0.01	-0.128
西亚	0	0	0	0.01	0
拉丁美洲	0.01	0.01	0.04	0.03	0.15
加拿大	0.01	0.01	0.13	0.02	0.78
西欧	0	0	0	0.01	0.01
东欧	0	0.01	0	0.01	-0.093
北欧	0	0	-0.003	0	-0.033
南欧	0	0	0	0	-0.001
世界其他地区	-0.001	0	0.01	0.01	0.45

注：基于2014年世界投入产出表测算，数据来自世界投入产出数据库WIOD。2014年世界投入产出表包含44个国家/地区以及56个行业，由于解方程组的计算量过于庞大，本节压缩至12个国家/地区以及16个行业计算，国家/地区的具体压缩方法见附表1。

第二，本章5个模型的测算结果均表明，中国的福利损失要大于美国。已有文献的测算在这一点上有所不同，其中樊海潮和张丽娜、[①] 李春顶等[②]、吕越等[③]的测算结果与本章一致，显示中国的整体福利损失大于美国；而郭美新等[④]和倪红福等[⑤]的测算结果则相反，显示美国的福利损失大于中国。对该结论的解释较为重要的一点是中间品贸易。由于对中间品加征关税的福利损失要远远大于对最终消费品加征关税，而中国从美国进口的商品中，中间品的份额要远远高于美国从中国进口的商品，所以中国的福利损失相对较大是合理的。例如，苏庆义和高凌云的研究[⑥]表明，总体而言，中国对关键原材料和核心零配件的进口依赖仍极为严重。

第三，中间品贸易与规模经济对于福利测算有较大影响。同时引入中间品贸易和规模经济之后，第4、5列相对于第1、2、3列，贸易福利损失大幅上升，而这一效应对于中国尤其明显。中间品进口所代表的是其包含的新技术和投入品成本的下降，而规模经济的引入则会放大这一效应，这在一定程度上说明中国经济仍然大幅受益于技术引进带来的经济增长效应。

第四，中美贸易摩擦对于世界其他地区的影响不同。加拿大、墨西哥以及部分拉丁美洲国家将从中美贸易摩擦中获益。其中获益最大

[①] 樊海潮、张丽娜：《中间品贸易与中美贸易摩擦的福效应：基于理论与量化分析的研究》，《中国工业经济》2018年第9期，第43—61页。

[②] 李春顶、何传添、林创伟：《中美贸易摩擦应对政策的效果评估》，《中国工业经济》2018年第10期，第137—155页。

[③] 吕越、娄承蓉、杜映昕、屠新泉：《基于中美双方征税清单的贸易摩擦影响效应分析》，《财经研究》2019年第2期，第59—72页。

[④] 郭美新、陆林、盛柳刚、余森杰：《反制中美贸易摩擦和扩大开放》，《学术月刊》2018年第6期，第32—43页。

[⑤] 倪红福、龚六堂、陈湘杰：《全球价值链中的关税成本效应分析——兼论中美贸易摩擦的价格效应和福利效应》，《数量经济技术经济研究》2018年第8期，第74—90页。

[⑥] 苏庆义、高凌云：《全球价值链分工位置及其演进规律》，《统计研究》2015年第12期，第38—45页。

的是加拿大，在模型 5 下，其真实收入将上升 0.78%。亚太地区受到中美贸易摩擦的影响相对较小，其中日本、韩国、澳大利亚和中国台湾将小幅获益；而印度和印度尼西亚则有可能受损。欧洲地区受中美贸易摩擦的影响也相对较小，除西欧地区可能小幅获益外，东欧、北欧和南欧都将小幅受损。

三 中美全面封闭的福利影响

上述测算和已有文献都表明，中美贸易摩擦的福利影响相对可控，福利损失在 1% 左右，那为何金融市场情绪对于中美贸易摩擦的反应如此强烈？由于中美贸易摩擦已经不仅仅局限于关税领域，而是向投资、科技、金融、人员交流等多领域扩展开来，加之市场、媒体、学术界对于中美经济脱钩的揣测不绝于耳，正是对于经济前景的悲观预期造成了金融市场的大幅波动。这种悲观预期有着绝大部分的非理性成分，但是其直觉中有一点是合理的，那就是极大地肯定了贸易开放对于中国经济增长的作用。

本节将测算一种极端情形下的贸易福利变化，即中国如果回到封闭经济状态，其真实收入将有多大变动。诚然，封闭经济状态是一种极端的反事实状态，不可能出现在现实世界中，但却有助于理解贸易开放的整体价值。有趣的是，这一价值是如此广泛地根植于广大人民群众的思维中，从而通过预期真实地影响着市场情绪。表 2-1-5 汇报了 2000—2014 年，中国如果回到封闭经济状态，真实收入将变动的百分比。可以看到以 2014 年的数据测算，如果中国回到封闭经济状态，真实收入将下降 55%，相当可观。

表 2-1-5　　中国的贸易福利效应（2000—2014 年）　　（单位：%）

	相对于封闭经济状态，用真实收入变动的百分比表示				
	单一部门	多部门，没有中间品		多部门，有中间品	
		完全竞争	垄断竞争	完全竞争	垄断竞争
年份	1	2	3	4	5
2000	1.4	2.0	1.8	1.0	39.4
2001	1.4	2.3	1.8	1.0	39.9
2002	1.6	2.6	2.0	1.2	41.3
2003	1.9	3.2	2.5	1.5	45.2
2004	2.1	3.4	2.9	1.6	43.9
2005	2.0	3.1	2.8	1.4	44.9
2006	2.0	3.3	3.0	1.4	45.6
2007	1.9	3.0	3.0	1.3	47.7
2008	1.7	2.7	2.9	1.1	47.8
2009	1.4	2.2	2.3	1.0	52.9
2010	1.6	2.6	2.7	1.1	56.4
2011	1.6	2.6	2.7	1.1	55.7
2012	1.4	2.3	2.4	0.9	54.6
2013	1.3	2.1	2.2	0.8	55.6
2014	1.2	2.1	2.0	0.8	54.8

注：本表测算使用的世界投入产出表数据，来自世界投入产出数据库 WIOD。[1]

具体地，第 1 列是在单部门阿明顿模型下测算的贸易福利效应，从 2000 年到 2014 年，如果中国回到封闭经济状态，国民真实收入只会比现实中低 1.2%—2.1%，很难说这是一个很大的变化。这是由于阿明顿模型为了计算简便，采取了严格的假设，所以离现实经济较远，后面的模型逐步放松假设，使得模型更为贴近现实经济。

---

[1] Timmer, M. P., Dietzenbacher, E., Los, B., Stehrer, R. and de Vires, G. J., "An Illustrated User Guide to the World Input-Output Database: The Lase of Global Autornotive Production", *Review of Internatonal Economics*, Vol. 23, 2015, pp. 575–605.

第 2、3 列放松了阿明顿模型中的单一部门假设，而采用多部门模型，这使得我们可以扑捉由贸易引起的生产要素在不同部门之间重新配置所带来的福利效应。在完全竞争情形下，中国的贸易福利效应在 2000—2014 年，平均为 2.63%；而在垄断竞争情形下，平均为 2.47%。可以看到，考虑多部门模型之后，中国的贸易福利效应得到了稍许提升，但并不显著。

表 2-1-6　　美国的贸易福利效应（2000—2014 年）　　（单位：%）

年份	相对于封闭经济状态，用真实收入变动的百分比表示				
	单一部门	多部门，没有中间品		多部门，有中间品	
		完全竞争	垄断竞争	完全竞争	垄断竞争
	1	2	3	4	5
2000	1.4	4.2	2.8	0.6	22.2
2001	1.3	4.0	2.7	0.5	21.6
2002	1.3	4.2	2.7	0.5	21.5
2003	1.3	4.1	2.7	0.5	21.1
2004	1.4	4.1	2.8	0.5	20.9
2005	1.5	4.1	2.8	0.6	20.7
2006	1.6	4.3	3.0	0.6	20.3
2007	1.6	4.2	3.1	0.6	20.0
2008	1.7	4.0	3.1	0.6	18.8
2009	1.4	3.2	2.5	0.4	17.0
2010	1.6	3.9	2.9	0.5	18.3
2011	1.7	4.2	3.1	0.6	19.0
2012	1.6	4.6	3.1	0.6	19.6
2013	1.6	4.6	3.1	0.6	19.8
2014	1.6	4.6	3.1	0.6	20.4

注：本表测算使用的世界投入产出表数据，来自世界投入产出数据库 WIOD。[1]

---

[1] Timmer, M. P., Dietzenbacher, E., Los, B., Stehrer, R. and de Vires, G. J., "An Illu-strated User Guide to the World Input-Output Database: The Lase of Global Autornotive Production", *Review of Internatonal Economics*, Vol. 23, 2015, pp. 575–605.

第4、5列在多部门模型的基础上引入了可贸易中间品,这使得我们得以捕捉由于进口中间品中包含的新技术以及投入品成本下降所带来的福利效应。从2000年到2014年,在完全竞争情形下,中国的贸易福利效应平均为1.15%;在垄断竞争模型下,中国的贸易福利效应平均为48.33%。可以看到同时引入中间品进口和规模经济之后,来自贸易的福利效应大大增加了。中间品进口所代表的是其包含的新技术和投入品成本的下降,而规模经济的引入则会放大这一效应,这在一定程度上说明中国经济仍然大幅受益于技术引进带来的经济增长效应。贸易开放带来的技术进步对于经济增长具有重要意义。

在第5列中,中国的贸易福利效应在2000—2014年平均达到了48.33%。也即是说,如果中国回到封闭经济状态,国民真实收入会比现实中降低将近1/2。由此可见贸易开放对于中国经济的意义确实非常巨大。再来看一下贸易福利效应在时间上的变动。中国在2001年年底加入了世贸组织,之后经历了一个外贸快速增长的时期,可以看出贸易福利效应在2001年之后一路上扬,并在2010年达到了顶峰,这说明中国确实享受到了"入世"的红利。随着2008年国际金融危机的爆发,外部环境疲软,贸易福利效应出现小幅下降,但依然维持在高位。

那如果美国回到封闭经济状态,其福利损失又如何呢?表2-1-6汇报了2000—2014年,美国如果回到封闭经济状态,真实收入将变动的百分比。可以看到以2014年的数据测算,如果美国回到封闭经济状态,真实收入将下降20%,也相当可观,但小于中国的损失。其原因主要有以下几点:一是美国的对外依存度远远小于中国;二是在进口贸易结构中,美国的中间品进口份额小于中国;三是美国的海外直接投资规模远大于中国,而上述测算仅局限在贸易归零的福利损失。

本章基于量化贸易模型，在多个贸易模型下，测算了中美互相加征关税以及中美走向全面封闭的福利效应。结果显示，(1) 中美相互加征25%关税的情形，对两国福利的负面影响相对可控，中国的福利损失为1.6%，美国的福利损失为0.2%。(2) 如果中国回到封闭经济状态，其福利将下降约55%；如果美国回到封闭经济状态，其福利将下降约20%。(3) 中间品贸易与规模经济，对于中国的福利效应有较大影响，中间品进口会带来技术进步与生产成本下降，而规模经济的引入则会放大这一效应，这在一定程度上说明中国仍然大幅受益于技术引进带来的经济增长效应。上述结果说明，市场的强烈悲观情绪，主要来自于中美贸易摩擦引发的对于中国对外开放进程出现倒退的预期；只要中国坚定地落实扩大对外开放政策，中美贸易摩擦对于中国经济的影响较为有限，市场也将重拾信心。

附表1　　　　　　　　WIOD国家/地区压缩对照表

44国家/地区	12国家/地区	44国家/地区	12国家/地区
中国	中国	匈牙利	东欧
美国	美国	波兰	东欧
澳大利亚	太平洋地区	罗马尼亚	东欧
日本	太平洋地区	俄罗斯	东欧
韩国	太平洋地区	斯洛伐克	东欧
中国台湾	太平洋地区	丹麦	北欧
印度尼西亚	印度洋地区	爱沙尼亚	北欧
印度	印度洋地区	芬兰	北欧
塞浦路斯	西亚	英国	北欧
土耳其	西亚	爱尔兰	北欧
巴西	拉丁美洲	立陶宛	北欧
墨西哥	拉丁美洲	拉脱维亚	北欧

续表

44 国家/地区	12 国家/地区	44 国家/地区	12 国家/地区
加拿大	加拿大	挪威	北欧
奥地利	西欧	瑞典	北欧
比利时	西欧	西班牙	南欧
瑞士	西欧	希腊	南欧
德国	西欧	克罗地亚	南欧
法国	西欧	意大利	南欧
卢森堡	西欧	马耳他	南欧
荷兰	西欧	葡萄牙	南欧
保加利亚	东欧	斯洛文尼亚	南欧
捷克	东欧	世界其他地区	世界其他地区

第二章　美国加征关税的商品排除机制：是缓冲还是隐忧？

美国对华加征关税的排除机制，是对加征关税本身的一个缓冲和纠正方式。这一机制的影响不可小觑。本章将介绍这一安排的出台背景、执行程序、批准条件以及进展情况。通过对美国贸易代表办公室（USTR）加征关税排除申请数据以及典型案例的深入分析，本章得出以下结论：第一，排除加征关税商品所涉及的金额相当可观，这为中美关税战提供了缓冲地带。第二，从执行结果来看，获批的排除加征关税商品，如注塑模具、滚珠轴承，基本符合美国官方公布的三项标准。而没有获批的排除加征关税商品，如客车四缸发动机、某些特殊轴承，也具有鲜明的特征。第三，加征关税排除机制对于美国来说相当理性：一方面，避免美国企业短期承压过大，发生不可逆转的损失；另一方面，通过增加不确定性，实现其中长期目标，即迫使产业链与中国脱钩、压制中国战略性产业发展。第四，加征关税排除机制对于中国制造业的影响是，短期内缓解了中方企业由于关税上调而压低价格所带来的利润压力。中长期来看，中国需要警惕产业链转移风险和产业升级受阻风险，有针对性地帮扶未被排除的产品和生产企业。

一 美国对华加征关税排除程序背景介绍

2018 年 7 月，美国依据《1974 年贸易法案》的 301 条款，正式开始对中国输美 500 亿美元商品加征关税，中国随即宣布对等反击，中美贸易战打响。在此后一年多时间里，贸易战谈谈打打、持续升级，至今美国已形成四个对华商品加税清单。按照时间顺序，被加征关税商品价值分别是清单一 340 亿美元，清单二 160 亿美元，清单三 2000 亿美元，清单四 3000 亿美元，其对应加征关税额分别为 25%、25%、25% 和 15%。由于美国自中国货物贸易进口占其总进口额的 18%，而截至目前加征关税已基本将所有中国输美商品覆盖，额外的关税必然并已经对美国进出口企业、农业和制造业、消费者乃至整体经济产生负面效应。尽管美国总统特朗普一再强调额外关税全由中国承担，但美国贸易官员知道其中的利害，在设计"301 条款"关税清单时就准备了相应的产品排除机制。

美国的排除程序已有先例，比如在"301 调查"前美国动用 232 条款对钢铝进口加征关税时，美国商务部也接受国内企业排除申请，并同时将一些产地国如阿根廷、澳大利亚、巴西、加拿大、墨西哥和韩国排除在外，其中加拿大和韩国分别是美国第一、第三大钢材进口来源国。美国 905 家企业共发起了 45328 个钢产品排除申请，6017 个铝产品申请，批准率分别为 47% 和 67%。不获批准的主要原因是美国钢铝企业的反对，比如 71 家美国钢铁企业发出近 2 万件反对意见，其中前四大钢厂就占了 53%；17 家铝厂的近 1 千件反对意见中，头两家大厂占了 63%。虽然特朗普政府动用 232 条款的主要打击目标是中国，但获得关税排除（3352 个申请）的中国钢铁总量（43 万吨）约占 2017 年中国向美国出口的 57%；而铝产品排除总量 65 万吨，反而超过了 2017 年美国自中国进口量的 2%。

可见，加征关税背后的产品排除机制是美国政客满足国内保护主义需求同时为最大限度缩小自由贸易损失而设计的平衡机制。一方面，中国被美国保护主义列为头号威胁往往是出于政治方便而非经济现实；另一方面，中美供应链的紧密关系使美国商界成为排除的积极申请者。这样一来就造成了一个妥协的结果：特朗普政府因其政治利益继续坚持错误的232条款关税，但由于主要的来源国已被大部排除，美国厂商受害程度又不足以让他们产生彻底推翻232条款的政治动力。那么，中美因301条款而爆发的关税战及其排除机制是否也是如此呢？

在中美贸易战中，无论是被税贸易额和产品排除额都达到了前所未有的数量和价值。正是由于中美贸易战的规模和复杂性日益增加，USTR从清单一、二到清单三的排除程序不得不做调整。在排除申请表中，USTR要求申请人写明：申请排除产品的HS10位码；产品名称及详细描述；申请者与产品的关系及申请排除的原因；2017年、2018年申请人从中国、美国国内和第三方进口此产品的数量及价值；2018年公司营业收入；如进口品为在美最终销售品，需提交中国进口品销售占总销售额的比例；如进口品为中间产品，则需提交中国产品成本占总成本比例。

作为排除的依据，申请人需要在三个问题上做出说明：（1）是否被申请产品只有中国有，此产品或类似产品能否从美国或第三方国家获得？如果不能从中国以外获得必须提供解释，或说明申请人不确定产品可获得的情况；（2）对该被申请产品加征关税是否对申请人或其他美国利益已经或将要产生严重的经济伤害；（3）被申请产品是否对"中国制造2025"或其他中国工业项目具有战略性重要意义。任何申请提交后，14天内任何人均可提出反对意见，申请人在此后7天内可以提出回复。USTR不定期公布产品排除结果，批准或否决都是最后决定，不可上诉。任何被批准的排除均可向前追溯到加税之日起，关税排除期为一年，一年后是否能延期尚无说法。任一产品被排除后，不限于申请人，其他所有进口此产品的均被免除额外关税。

清单三的排除程序调整包括几个方面：（1）对"产品"定义有所放宽，只要产品特征一致，允许其包括不同的大小和型号。这就免去了同一产品下因配置差异而逐个申请的麻烦。（2）对产品"用途"限制有所放松，在识别产品用途时接受美国海关进口文件描述，不再过分纠缠产品的"主要或实际"用途。（3）新的排除申请表增加了五个问题，主要问是否已经在之前提交过申请，申请排除的产品2019年第一季度的进口金额，及2019年第一季度同比2018年第一季度营业额的增减。这些变化表明，美国已经为更大规模排除产品关税做好了准备。

二 美国对华加征关税排除申请数据分析

截至2019年9月，USTR公布了13批排除清单，其中8批针对340亿美元清单，3批针对160亿美元清单，2批针对2000亿美元清单，3000亿美元清单的排除机制尚未开启。到2019年9月30日，对前三个清单的产品排除申请已经结束，清单四的申请程序尚未公布。USTR对排除申请的审批在贸易战开始一年后刚刚完成了清单一和二。从产品排除申请看，清单一有1221家企业发起了10814个申请，批准3530个，HS10位码税号328个；清单二有459家企业发起2869个申请，批准689个，涉及税号81个。两者合计批准率30.8%，批准税号数量占总体申请27.4%（见表2-2-1）。USTR预期对清单三将有超过6万个申请，目前其网站公布的申请数量是30338个。与美国商务部处理232情况类似，USTR也缺乏人手和经验处理如此大量的排除申请，这是导致审批速度缓慢的主要原因。

表2-2-1 美国对华加征关税排除申请概况（截至2019年9月底）

清单	涉及金额（亿美元）	接收排除申请的窗口期	收到排除申请的数目	涉及企业数目	排除申请处理状态	排除申请各状态涉及HS10税号
1	340	2018.07.11—2018.10.09	10814	1221	批准：3530（32.6%） 拒绝：6864（63.5%） 未决：420（3.9%）	批准：328 拒绝：690 未决：162
2	160	2018.09.18—2018.12.18	2869	459	批准：689（24.0%） 拒绝：1585（55.3%） 未决：595（20.7%）	批准：81 拒绝：169 未决：62
3	2000	2019.06.30—2019.09.30	30338	—	尚无数据	—
4	3000	2019.10.1—2020.1.31	—	—	—	—

但是仅有企业排除申请的提交和通过情况并不能说明排除机制对经济的实际影响，需要对排除的产品覆盖面、特别是总金额做出估算才能看出中美贸易的关联程度。通过2017年美国进口数据粗略估算，截至2019年9月底，在340亿美元清单一中，排除涉及的HS10位码税号进口金额约为84.9亿美元，占比约为25.12%；160亿美元清单二中，排除涉及的HS10位码税号进口金额约为36.3亿美元，占比提高至约25.7%（详见表2-2-2）。

表2-2-2 美国对华加征关税排除机制概况（截至2019年9月底）

加税清单	涉及金额（亿美元）	排除批次	公布时间	排除涉及HS10税号	排除加征关税商品进口额（估算）（%）	排除加征关税商品进口额占比（%）
1	340	8	2018.12.28、2019.03.25 2019.04.18、2019.05.14 2019.06.04、2019.07.09 2019.09.20、2019.09.27	328	约84.9	约25.12

续表

加税清单	涉及金额（亿美元）	排除批次	公布时间	排除涉及HS10税号	排除加征关税商品进口额（估算）（%）	排除加征关税商品进口额占比（%）
2	160	3	2019.07.31、2019.09.20 2019.09.27	81	约36.3	约25.70
3	2000	2	2019.08.07、2019.09.20	—	—	—
4	3000	0	—	—	—	—

注：1. 排除加征关税商品进口额，使用2017年美国HS10进口数据估算。

2. 排除加征关税商品进口额的估算方法：由于数据限制，无法得知每种排除商品的进口金额。本节使用每个HS10税号下排除申请批准数占排除申请已裁决总数的比重作为权重，与HS10进口金额相乘，估算排除加征关税商品进口额。

3. 如果直接使用"排除HS10税号进口额"来替代"排除商品进口额"，将大大高估排除商品进口额：340亿美元清单的排除加征关税商品进口额会达到207.0亿美元，占比60.9%；160亿美元清单的排除商品进口额会达到73.3亿美元，占比45.8%，从而得出错误结论。

资料来源：美国国际贸易委员会（USITC）。

虽然由于数据的限制，对排除金额的估算有偏差，但得到排除金额的比例仍然相当可观。按照USTR当初设计加征关税清单的初衷，涉及500亿美元产品的关税清单一、二属于与"中国制造2025"关联度高、可替代性强、对美国经济影响小的一类。而现在根据排除机制的三大条件得到的结果却是关税税号占27.4%、总金额占比24.2%的商品被排除在外。这表明美国有大量产品满足中国是唯一来源、不从中国进口对申请者和美国利益有极大损害以及涉及"中国制造2025"的产品极其有限的条件，而USTR也认识到这一现实情况，做出了适当的排除。它还预示着，随着贸易战升级后2000亿美元和3000亿美元商品加征关税的展开，美国企业和消费者对清单三和清单四里中国商品的依赖度更高，因而排除机制的结果也大概率超过清单一和清单二的排除比例。同时，由于美国经济日益面临放缓压力，USTR 的审批速度可能加快。

可以预见，随着贸易战升级后 2000 亿美元甚至 3000 亿美元商品加征关税的展开，美方对清单三和清单四里中国商品的依赖度更高，因而其后续排除结果明显高于 25% 的概率非常大。即便按照现有 25% 的排除比例，2000 亿美元清单、3000 亿美元清单的排除金额也将超过 1000 亿美元，规模相当可观。在乐观情形下，这一规模还会更高。预计 2000 亿美元清单、3000 亿美元清单的排除方案公布，会引起市场的更大关注。

三 典型商品案例分析

在数量众多的清单一和清单二产品排除申请结果中，被排除的金额最大的产品和被拒绝的金额最大的产品有典型意义，下面将分别做案例分析。

（一）被排除的金额最大的产品——注塑模具

在被排除的 HS10 税号涉及金额最大的 10 个当中可以看到，除了 8480718045，其他税号下商品都未被全部排除。被完全排除的 8480718045 税号覆盖注塑（或橡胶）模具，申请排除的企业相比金额前 10 的其他税号多得多，高达 53 家企业（详见表 2-2-3），2017 年产品进口总金额 4.14 亿美元。这些企业主业包括塑料包装、汽车橡胶制品、汽车风扇配件、运动射击用品、模具工具制造、动物玩具用具等，其中几乎没有知名企业，直接面向消费者的数量很少。

作为基础行业，模具涉及冶金、建材、机械、汽车、轻工、电子、化工等各个行业，应用范围十分广泛。其中汽车模具占模具市场 1/3，汽车制造的模具依存度超过 90%，而中国 95% 以上的模具企业涉及汽车模具。据海关统计，2018 年中国模具出口额为 60.85 亿美元，同比增长 10.84%，国内模具总产值占世界的 1/3 强，占全球模具出口总量的 25%。因此，注塑模具成为被排除的金额最大的产品不是偶然的，而是由中国模具工业在世界中的地位及其与美国产业链紧密整合的程度决定的。值得一提的是，HS10 税号 8480718060 的压缩式模具由于相对简易、可替代性高，排除申请被否决了。

表 2-2-3   被排除加征关税的大金额商品及所涉及企业

（截至 2019 年 9 月底）　　　　　　　　（单位：亿美元）

HS10 税号	HS10 商品描述	2017 进口额	该税号下商品是否全部排除
8413919080	Parts Of Pumps For Liquids, Nesoi	5.99	否
	涉及 12 家企业：Beckett Corporation；Radio Systems Corp.；Sales Driven LLC dba Raybend；Sulzer Pumps Solutions Inc.；Ares International Co.；Crane Pumps & Systems；Speck Pumps-Pool Products, Inc.；Warren Rupp Inc.；TSB Wisconsin Corporation；TBK America, Inc.；Schur & Company, Inc.；Petroleum Equipment & Services Association		
8544300000	Insulated Wiring Sets For Vehicles Ships Aircraft	5.09	否
	涉及 4 家企业：Global Point Technology, Inc.；Astronics Advanced Electronic Systems Corp.；Yokowo Manufacturing of America, LLC；Weastec, Inc.		
8526910040	Radio Navigational Aid Apparatus, Nesoi	5.06	否
	涉及 1 家企业：Radio Systems Corp.		
8803300030	Oth Prts Of Arplns/hlcptrs, nesoi, nt Fr Dod Or Uscg	4.60	否
	涉及 1 家企业：Bowmar LLC		
8471706000	Storage Units, Nesoi, Not Assembled In Cabinets	4.16	否
	涉及 2 家企业：TEAC America, Inc.；Pioneer Electronics（USA）Inc.		
8480718045	Injection Type Molds For Rubber Or Plastics, Nesoi	4.14	是

第二章　美国加征关税的商品排除机制：是缓冲还是隐忧？　　111

续表

HS10 税号	HS10 商品描述	2017 进口额	该税号下商品是否全部排除
	涉及 53 家企业：Rose Plastic USA LLLP；Currier Plastics；Ficosa North America Corporation；forteq North America, Inc.；US Farathane, LLC；Bruce Gehrman Design；Keter US, Inc.；Page Fura, P. C.；ZANINI USA Inc.；Hayward Industries, Inc.；Humanscale Corporation；Pesco Mold & Engineering；Doskocil Manufacturing Company, Inc.；Protective Industries, Inc.；AGI Polymatrix LLC dba Amaray；Shape Corp.；PML Engineered Mold Solutions, LLC；Integrity Fusion, Inc.；Schoeller Allibert；Quality Engineering Company；Minghua USA, Inc.；Stanley Electric Co., Ltd；Crosman Corporation；Pacific Capital Trading Corp. dba Pacmold；Westool Corporation；Offshore Molds Inc.；Sumitomo Riko America, Inc.；International Automotive Components Group North America, Inc.；Evolving Prototypes LLC；National Door Industries；REHAU Automotive LLC；Moulds International & Design Group；Plastikon Industries, Inc.；Mack Molding Co.；Precision Plastic Products, Inc.；Polaris Industries Inc.；Textron Specialized Vehicles；DCM Manufacturing；TMF Plastic Solutions；Innovate Manufacturing, Inc.；TMF Plastic Solutions LLC；Faurecia US Holdings；PFI Holding Company, LLC；Decatur Mold；Sajar Plastics；Wahl Clipper Corporation；Wellmei US Inc.；Fraen Corporation；Yanfeng US Automotive Interior Systems I LLC；Forteq North America, Inc.；Gardner Pet Group, Inc.；Handi-Craft Company；Cooper-Standard Automotive Incorporated		
8431200000	Pts Of Frk Lft Trks & Works Trks With Lift Or Hndl	3.75	否
	涉及 7 家企业：EQI, Ltd.；Alo Tennessee Inc.；East West Manufacturing LLC；Xtreme Manufacturing, LLC；Hanway International LLC；Hyster-Yale Group, Inc.；Mitsubishi Caterpillar Forklift America Inc.		

续表

HS10 税号	HS10 商品描述	2017 进口额	该税号下商品是否全部排除
8431499095	Parts Of Mach Of Heading 8426, 8429 Or 8430, Nesoi	3.69	否
	涉及 3 家企业：Great Lakes Dredge & Dock Company, LLC; Dominion Equipment Parts; EQI, Ltd.		
8443992010	Ink Cart For Print Of Subhd 8443.32.10 Usn 2 Ch 84	3.63	否
	涉及 1 家企业：Konica Minolta Business Solutions U.S.A., Inc.		
8421210000	Water Filtering Or Purifying Machinery & Apparatus	3.51	否
	涉及 21 家企业：GHL International, Inc.; GreenTech Environmental, LLC; Beckett Corporation; Water Tech Corp.; GE Appliances, a Haier company; Blue Torrent Pool Products; Intex Recreation Corp.; Cosan/USA; Aquascape Designs, Inc.; CV Industries; Applica Water Products LLC; Sooriyan Corp.; Protect Plus, LLC; Puronics, Inc.; Radio Systems Corp.; Wanhua Chemical US Operations, LLC; Waterwise Inc.; Retail Industry Leaders Association (RILA); Katadyn North America, Inc.; The Clorox Company; Hayward Industries, Inc.		

（二）被拒绝的金额最大的产品——客车四缸发动机

在涉及金额前 10 的被拒绝申请税号中，最突出的就是由沃尔沃和通用汽车两家公司提出的税号 8703230140 项下的客车四缸排量 1.5—3 升发动机排除申请。很明显，两家汽车公司的全球产业链布局中在中国生产部分发动机供应美国乘用车市场，涉及金额按照 2017 年进口额计算为 15.21 亿美元（详见表 2-2-4）。USTR 拒绝的原因无外乎两点，一是此类型发动机美国和第三方国家多有生产，中国不是唯一来源地；二是相对于两家汽车公司总销售量（通用汽车 840 万辆、沃尔沃 65 万辆）和总营收（通用汽车 1470 亿美元、沃尔沃 255 亿美元）相比影响可控。但是，毕竟 15 亿美元的发动机影响价值200亿美元的汽车生产,两家企业不得不提出排除申请。从这一案例可以看出 USTR 对特朗普政府所谓用美国货、雇美国人意图的贯彻。

表2-2-4　排除申请被拒绝的大金额商品及所涉及企业

（截至 2019 年 9 月底）　　　　　　　（单位：亿美元）

HS10 税号	HS10 商品描述	2017 年进口额
8703230140	Pass Veh, nesoi, 4 Cyl, 1500—3000cc	15.21
	涉及2家企业:Volvo Car Corp.;General Motors	
8471704065	Hard Disk Drive Unt, Nesoi, W/out Extnl Powr Supply	8.90
	涉及2家企业:Hitachi Computer Products（America）, Inc.;Toshiba America Electronic Components, Inc.	
8541402000	Light-emitting Diodes（led's）	6.53
	涉及18家企业:Grayhill Inc.;Illinois Tool Works;Stanley Electric Co., Ltd;Banner Engineering Corp.;AT Analytical, Inc.;Advanced Optowave Corp.;OSRAM Opto Semiconductors Inc.;Watchfire Signs, LLC;Toyota Tsusho Nexty Electronics America, Inc.;SIIX USA Corporation;Lumileds LLC;New Sabina Industries, Inc.;JS LED Technology Corp.;Kimball Electronics, Inc Tampa;Marquardt Switches Inc.;Daktronics, Inc.;Kendall Source, Inc.;Inspired LED LLC.	
8413919080	Parts Of Pumps For Liquids, Nesoi	5.99
	涉及25家企业:Price Pump Company;Hayward Industries, Inc.;Apergy ESP Systems, LLC;WTEC Texas, Inc.;FLSmidth USA Inc.-Krebs;Danner Mfg.;SGRE, Inc.;Xylem, Inc.;A. W. Chesterton Company;Taco Comfort Solutions, Inc.;Watersource, LLC;Replica Engineering, Inc.;Graco Minnesota Inc.;CW Bearing USA, Inc.;American Stainless Pumps, Inc.;Sales Driven LLC dba Raybend;Pulsafeeder Inc.;JDH Pacific;Hanway International LLC;Schur & Company, Inc.;Gilbarco Catlow, LLC;FNA Group;Veeder-Root Company;FPZ, Inc.;Sulzer Pumps（US）Inc.	

续表

HS10 税号	HS10 商品描述	2017 年进口额
8544300000	Insulated Wiring Sets For Vehicles Ships Aircraft	5.09
	涉及19家企业：Omni Connection；Magna Electronics Technology Inc.；General Motors；Sumitomo Electric Wiring Systems, Inc.；Alps Electric (North America) Inc.；Wetherill Associates Inc.；Scosche Industries, Inc.；Tractor Supply Company；Polaris Industries Inc.；Hayakawa Electronics America, Inc.；Midwest Truck and Auto Parts, Inc.；Bizlink Technology；Kyungshin Lear Sales and Engineering LLC；Toyota Tsusho Nexty Electronics America, Inc.；FCA US LLC；MAHLE Behr USA, Inc.；TI Group Automotive Systems, LLC；American Mitsuba Corporation；Tianhai Electric North America；Autosystems of America, Inc.；American Furukawa, Inc.；Nissan North America, Inc.	
8526910040	Radio Navigational Aid Apparatus, Nesoi	5.06
	涉及4家企业：Clarion Corporation of America；Bushnell Holdings, Inc.；BlackBerry Corporation, a U.S. subsidiary of BlackBerry Limited；Aviation Communication & Surveillance Systems, LLC	
8803300030	Oth Prts Of Arplns/hlcptrs, nesoi, nt Fr Dod Or Uscg	4.60
	涉及6家企业：CSALP US Inc.；AmSafe, Inc.；Vaupell Holdings, Inc.；Bowmar LLC；Hexcel Corporation；Magellan Aerospace New York, Inc.	
8471706000	Storage Units, Nesoi, Not Assembled In Cabinets	4.16
	涉及1家企业：Asus Computer International	
8431200000	Pts Of Frk Lft Trks & Works Trks With Lift Or Hndl	3.75
	涉及11家企业：UniCarriers Americas Corp.；JLG Industries, Inc.；Hu-Lift Equipment (USA)；BTS5 Inc.；Hanway International LLC；Manitou Equipment America, LLC；Toyota Industrial Equipment Mfg., Inc.；Hyster-Yale Group, Inc.；Williams Controls Incorporated；Curtis Instruments, Inc.；Bridgeken, Inc.	
8431499095	Parts Of Mach Of Heading 8426, 8429 Or 8430, Nesoi	3.69
	涉及9家企业：Clark Equipment Co.；Bridgestone Industrial Products America, Inc.；Textron Specialized Vehicles；Ardagh Group；ESCO Group LLC；Modine Manufacturing；Valk Manufacturing Company；Manitou Equipment America, LLC；Rubbertrax Inc.	

排名第二、第三的被拒产品分别是无独立电源的硬盘和发光二极管,涉及金额较大,分别为8.9亿美元和6.53亿美元。硬盘申请被拒绝的企业日立和东芝均为日资企业,但同为日资的音响巨头第一音响和先锋公司申请的存储单元获得批准。可见外资并非决定因素,而可替代性是主要考量。发光二极管主要用于照明,但中国以外有一定产能,尽管有19家企业提出申请,但无一获得批准。尚不清楚USTR是否将硬盘和发光二极管当作高科技产品,认为它们涉及"中国制造2025"。

另外,从表2-2-3和表2-2-4比较可见,金额靠前的10个税号中排除和拒绝的有7个是同一税号,产品重合度达到70%。这些产品包括各型水泵(批准12家企业申请,拒绝25家)、车船飞机用绝缘接线装置(4家批准,19家拒绝)、无线电导航辅助装置(1家批准,4家拒绝)等。这些排除申请通过与否的具体判断标准尚不明确,起码说明每个税号产品下面细分以及每个公司对中国产品依赖程度都有差别,USTR没有采取一刀切的审批办法。

(三)同一企业兼有被批准和拒绝申请——径向球轴承案例

有些企业提出了多个产品排除申请,但是有些申请被批准,有些被拒绝了。这其中以径向球轴承为例,可以看到从HS8位税号下沉到HS10位税号,在具体产品上USTR一些审批的判断依据。在具有排除申请同时被批准和拒绝的10家代表性企业中,数量最庞大是箭头电器(Arrowhead Electrical Products Inc.)。这家公司主要生产旋转电器部件,比如用于汽车、卡车、摩托、汽艇上的交流发电机和电器配件。就加税清单一,箭头公司提出了474项产品排除申请,结果被批准167项,涉及税号3个;被拒绝307项,涉及税号9个(详见表2-2-5)。

表 2-2-5　具有排除申请同时被批准和拒绝的 10 家代表性企业

（340 亿美元清单，截至 2019 年 9 月）

企业名称	提交排除申请总数	被批准申请数	被拒绝申请数	被批准的排除申请涉及 HS10 税号	被拒绝的排除申请涉及 HS10 税号
Arrowhead Electrical Products Inc.	474	167	307	8482105044、8482105048、8482105052	8482105028、8482105056、8482105068、8482200030、8482400000、8482500000、8484200000、8487900080、9031808085
ECM Industries LLC	363	202	158	8536509025、8536509035、8536509040、8536904000、9030333800	8501315000、8536509040、8536694010、8536904000、8536509035、8536509065、8536694020、9031808085
Nissan North America, Inc.	241	2	239	8483509040	8413500080、8413600020、8413702090、8413810040、8413919010、8413919050、8414308030、8414593000、8414904140、8419909580、8421290065、8421398015、8462100055、8462998045、8466946585、8466948585、8481200020、8481200050、8481909085、8482200040、8482400000、8483506000、8483509080、8483901050、8484100000、8484200000、8484900000、8501104040、8501104060、8504909650、8505200000、8505907501、8526910020、8526925000、8529104040、8533210090、8533408070、8536100040、8536410045、8536410050、

续表

企业名称	提交排除申请总数	被批准申请数	被拒绝申请数	被批准的排除申请涉及HS10税号	被拒绝的排除申请涉及HS10税号
Nissan North America, Inc.	241	2	239	8483509040	8536410060、8536509020、8536509031、8536509033、8536509035、8536509050、8536509065、8536904000、8536908530、8538906000、8544300000、9026102080、9026204000、9030333800、9031808070、9031808085、9032896025、9032896085、9032906180
CW Bearing USA, Inc.	227	217	9	8482105016、8482105024、8482105028、8482105044、8482105048、8482105052、8482105060、8482400000、8482990500、8482996595	8413919080、8482996595、8483408000、8483908080
Radio Systems Corp.	140	115	15	8413702004、8413919080、8421210000、8526910040、8526925000、8529104040	8421210000、8506500000、8526910020
Enerpac	111	93	18	8412210075	8413500070、8413500080、8413919050、8431100090、8479909496、8481400000
SGRE, Inc.	79	2	77	8412210045、8412210075	8413810040、8413919080、8421398015、8431100090、8431410080、8431491010、8482300080、8482800080、8482910080、8482996595、8483409000、8483903000、8483908080、8487900080、8501640021、8504330040、8504909646、8505191000、8505907501、8535908040

续表

企业名称	提交排除申请总数	被批准申请数	被拒绝申请数	被批准的排除申请涉及HS10税号	被拒绝的排除申请涉及HS10税号
SGRE, Inc.	79	2	77	8412210045、8412210075	8536509033、8536509065、8536904000、8536908530、8536908585、8538100000、8538908160、8538908180、8544493080、8544499000、8544700000、9031808085、9031909195
JLG Industries, Inc.	77	1	76	8482105048	8408909010、8414304000、8414904175、8427108010、8431200000、8505907501、8536100040、8536410050、8536509065、8536904000
Braeburn Systems LLC	64	58	6	9032100030、9032896070	9032100030
Illinois Tool Works	61	14	40	8536509025、8536509035、8536509065、8536904000、9032896040、9032896060	8533908060、8535908060、8536410050、8536490080、8536509020、8536509031、8536509040、8541402000、8541408000、9032896040

具体分析可见，箭头公司申请的 12 个 HS10 税号中有 6 个都在 HS8（84821050）项下。也就是说被批准的 44、48、52，与被拒绝的 28、56、68 都是径向球轴承（84821050）下的不同型号。不同的是，44、48、52 是直径 9—100 毫米的三种单排滚珠轴承，以 2017 年 12 月为例，美国分别进口了 996 万、1520 万、2030 万美元该产品，其中自中国进口占比 50.1%、44.9%、31.2%。28、56、68 分别是角接触球轴承、100 毫米以上以及其他特殊轴承，美国的进口额分别为 1530 万、879 万、317 万美元，其中中国占比 11%、17.5%、

24.9%，前两种产品排名第一的来源国是加拿大和日本，第三种中国虽排第一，但后面瑞士、德国和加拿大与中国出口额相差不远。

由此可见，径向球轴承9—100毫米级别的生产，中国的确占据了美国进口的半壁江山。短期内美国企业无法替代，而且鉴于轴承涵盖的产业链，对美国制造业特别是汽车产业影响将十分巨大。但同时，制造工艺更为复杂、技术要求更高的轴承，由西方发达国家生产供给美国，此类轴承申请排除被拒绝既是因为中国占美国市场份额小，容易被替代，同时也让美国达到了压制中国制造业向价值链上游升级的意图。

四 加征关税排除机制对中美经济的影响

本章介绍了美国对华加征关税排除机制的出台背景、执行程序、批准条件以及最新进展，该机制在中美贸易摩擦的分析中直到最近才引起关注，但事实上这一机制的使用对中美两国的经济及未来的双边贸易谈判有着不可小觑的影响。

第一，贸易战丰富了中国的贸易政策工具箱，中国国务院关税税则委员会也引入了类似美国的关税排除机制。2019年5月13日，税则委员会发布了《对美加征关税商品排除工作试行办法》，并于6月3日起接受申请，启动了中国的关税排除机制。2019年9月11日，第一批对美加征关税商品第一次排除清单公布，对虾、润滑油、饲料用乳清等16个税目商品排除加征关税，有效期为2019年9月17日至2020年9月16日（一年）。这就为中国企业提供了与美国企业相同的关税排除便利。

第二，排除加征关税商品所涉及的金额不容忽视，为中美关税战提供了缓冲地带。截至2019年9月底，340亿美元清单的排除申请裁决率已经达到96.1%，排除商品金额占比约为25.12%；160亿美元清单的排除申请裁决率仅为 79.3%，而排除商品金额占比已达到约 25.70%，最终占比大概率会高于 340 亿美元清单。而后续的 2000 亿美元清单和 3000 亿美元清单，由于对美国自身经济的负面影响更大，其排除金额比例可能会更高。

第三，从执行结果上看，获批的排除加征关税商品，如模具、滚珠轴承，基本符合美国官方公布的三个标准：（1）寻求中国以外的商品替代来源面临困难；（2）加征关税对申请主体造成严重经济损害；（3）加征关税商品与"中国制造 2025"不相关。而没有获批的排除加征关税商品，如四缸发动机、某些特殊轴承，则有以下几个特点：（1）属于重点打击的产业，或者产业内部升级方向；（2）可替代性相对较强；（3）对消费者影响较小。

第四，加征关税排除机制对于美国来说是发起"非理性"贸易战背后的"理性"托底：它避免了美国企业短期承压过大，发生不可逆转的损失，使其在短期无法找到替代来源的条件下维持全球产业链正常运作。但它迫使美国企业在有国内或第三方替代来源的情况下减少、停止向中国购买。同时特朗普政府可以利用这种不确定性，推动美国企业在内的外资转向中国以外投资设厂（鼓励回流美国），从而达到逐步将产业链移出中国，压制中国战略性产业发展的中长期目标。

第五，加征关税排除机制对于中国制造业的影响是：短期内缓解了中方企业由于关税上调而压低价格所带来的利润压力。中方企业应该关注美国官方公布的排除信息，积极与美方商业伙伴沟通，创新拓展贸易渠道，尽量降低自身损失。中长期中国需警惕产业链转移风险和产业升级受阻风险，有针对性地帮扶未被排除的产品和生产企业。

总之，排除机制虽然暂时释放了压力，减少了美国经济和社会因特朗普贸易政策带来的损失，部分降低了美国企业和消费者对关税战的反对，为特朗普在中美贸易谈判中使用极限施压手段提供了国内回旋空间，但这一做法很可能给特朗普政府带来贸易战对美国伤害不大的错觉，使其在贸易谈判中保持强硬立场不妥协，从而拉长贸易战的时间。只有从排除机制的结果中吸取正确的教训，理解中美经济在全球化时代的相互依赖，才能回到中美贸易谈判的正轨上来。

第三章 中国企业的对美投资是否受到了歧视？

——基于 CFIUS 审查交易的分析

本章对美国外国投资委员会（CFIUS）审查交易的研究发现：首先，中国企业提交 CFIUS 审查的对美并购交易的通过率，在特朗普上台后，相对于其他经济体具有显著的异质性。其次，通过典型案例的纵向和横向对比，异质性并非由于中国企业投资更加集中于国家安全风险审查所担忧的范畴；国别因素在中国企业的对美投资失败案例中扮演了重要角色。最后，审查结果对未来的对美并购交易具有显著的国别威慑效应。而且，威慑效应主要来源于特朗普政府上台后，CFIUS 审查近期呈现出"经济国家主义"的倾向。总的来说，CFIUS 审查中存在的"经济国家主义"式的公平待遇问题，以及审查结果带来的国别威慑效应，是近年来中国对美直接投资出现大幅下滑的主要原因。

一 中国对美直接投资为何出现大幅收缩？

根据金融时报的报道，特朗普政府上台后的 2017 年和 2018 年，中国对美直接投资的规模出现快速下降的趋势，从 2016 年的 460 亿美元下降到 2017 年的 290 亿美元，降幅达 37%；2018 年更是进一步降至 48 亿美元，同比剧减 84%[①]。进一步，根据美国中国总商会的监测（见图 2-3-1），中国大陆地区的对美并购交易，无论是金额还是数量，在近三年都出现了剧烈下滑。那么究竟是什么因素引起了中国对美直接投资出现大幅收缩呢？

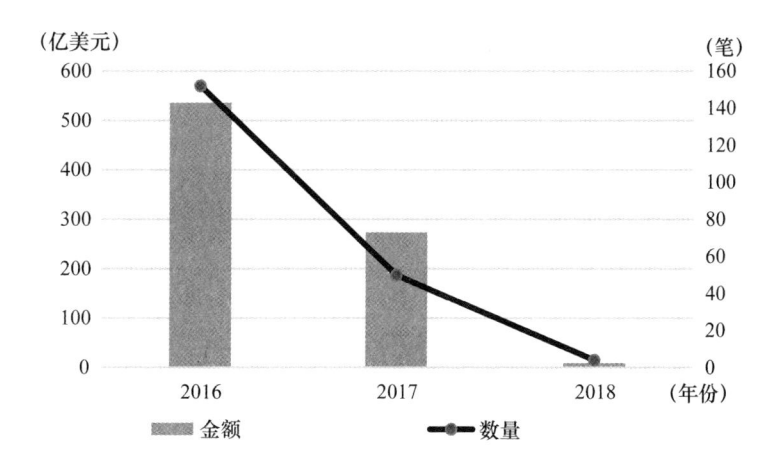

图 2-3-1　中国内地对美并购投资的金额与数量

注：该数据并不是中国对美直接投资的详尽清单，仅包括公开宣布的通常规模较大的项目。信息来源为主要媒体报道、新闻稿、公司网站、企业和行业协会报告。

资料来源：美国中国总商会（CGCC-USA）。

一个可能的解释是，在跨国并购交易的海外直接投资市场上存在着"经济国家主义"。"经济国家主义"是指一国政府更希望标的企业能够留在本国企业的手中，而不是被海外企业控制。[②] 例如，

[①] 白艾德：《中国对美国直接创七年新低》，英国《金融时报》中文网，2019 年 1 月 4 日，http://www.ftchinese.com/story/001081069?full=y&archive。

[②] Hayek, F. A., *Monetary Nationalism and International Stability*, London: Longmans, Greenband Compay, 1937; Knight, F. H., *The Ethics of Competition and Other Essays*, New York: Harper & Borthers, 1935; Olson, M., "Economic Nationalism and Economic Pregress", *The World Economy*, Vol. 10, 1987, pp. 241-264.

丁可（Dinc）和埃瑞尔（Erel）的研究显示，欧盟成员国跨国并购市场上的大型交易广泛存在着"经济国家主义"。[①] 美国特朗普政府上台后打出"美国优先"的口号，且于2018年8月13日签署并颁布《外国投资风险审查现代化法案》（FIRRMA），要求所有来自海外的投资，在满足特定条件的情况下，哪怕是在硅谷初创企业的小额投资，也必须接受CFIUS的国家安全风险审查。同时，"蚂蚁金服收购速汇金遭拒""特朗普叫停中资收购美芯片商"等头条也不断见诸报端。那么，中国企业对美并购的大幅下挫，是否是由于美国的CFIUS审查中存在着广泛的"经济国家主义"呢？

CFIUS最早创立于1975年，是一个跨部门的机构委员会，成员包括财政部、国防部等11个政府机构和5个观察员，由美国财政部主管，其目的在于审查海外企业涉及美国企业或资产的兼并与收购的投资交易，判断其是否蕴含潜在的国家安全风险。当时，CFIUS的建立初衷主要源于对欧佩克石油输出国基于非经济因素的对美投资不断增长的担忧。[②] 此后，CFIUS经历了三次重大改革和扩权。[③] 2018年3月，CFIUS由于在博通（Broadcom）和高通（Qualcomm）并购案中的关键作用再次走入公众视野，并推动了FIRRMA法案的通过和第四次改革和扩权。当时，美国总统特朗普依据CFIUS的审查结果，基于该交易可能会使中国竞争对手成为5G技术的领导者从而危害美国国家安全的考虑，否决了总部位于新加坡的博通公司对美国高通公司的收购。[④]

[①] I. Dinc and I. Erel, "Economic Nationalism in Mergers and Acquisitions", *The Journal of Finance*, Vol. 68, No. 6, 2013, pp. 2471–2514.

[②] James K. Jackson, The Committee on Foreign Investment in the United States (CFIUS), Congressional Research Service Report, 2018.

[③] 潘圆圆、张明：《中国对美投资快速增长背景下的美国外国投资委员会改革》，《国际经济评论》2018年第5期，第32—48页。

[④] Kevin Graville, CFIVS, "Powerful and Unseen, Is a Gatekeeper on Major Deals", *The New York Times*, March 5, 2018, https://www.nytimes.com/2018/03/05/business/what-is-cfius.html.

二 趋势性与异质性

如果中国企业对美并购的大幅下降是由于跨国并购市场上出现广泛的"经济国家主义",那么我们理应观察到对美跨国并购整体上出现趋势性的变化。但是,我们发现中国对美并购投资出现大幅下滑,并非是由于跨国并购市场出现了趋势性变化。如图2-3-2所示,来自海外企业的对美并购交易在以美国企业为目标的全部并购交易(包括跨国并购与国内并购)中的占比(左图)在过去三年并没有出现下降的趋势。与之相对,来自中国(包括中国内地和香港)的对美并购交易却呈现出了显著下滑。

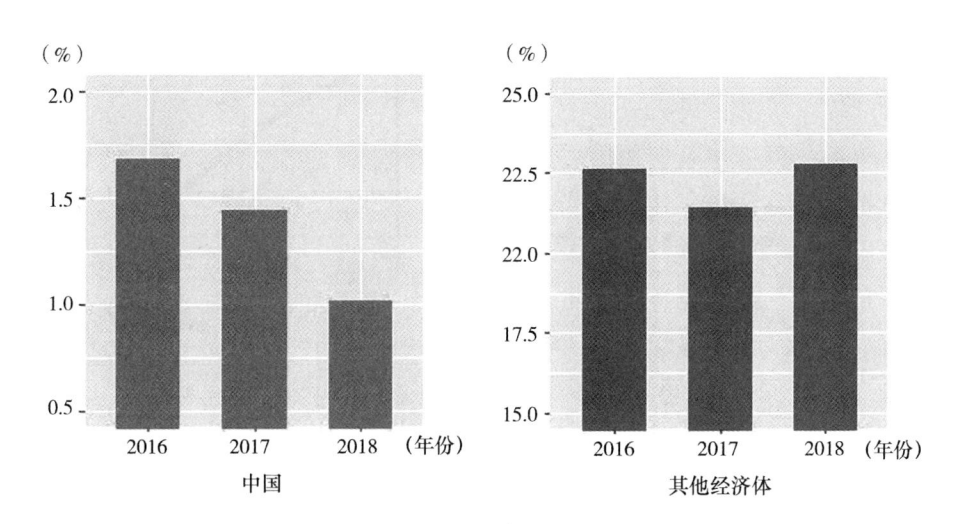

图2-3-2 中国和其他经济体对美并购交易的对比

注:右图为除中国(包括中国内地和香港)以外其他经济体的对美并购交易在以美国企业为目标的全部并购交易中的占比;左图为中国(包括中国内地和香港)的对美并购交易在以美国企业为目标的全部并购交易中的占比。跨国并购的定义是目标方为美国企业且收购方母公司为非美国企业。

资料来源:ThomsonOne 并购数据库。

进一步,图2-3-3显示,提交CFIUS审查的对美跨国并购交易中,中国和其他国家的交易完成率之间也呈现出明显差异。而且,这种差异在特朗普政府上台后似乎还出现了进一步恶化的现象。这种差异可能意味着,在对美跨国并购交易的CFIUS审查过程中,存在着基于并购来源国的公平待遇问题(即异质性问题)。即中国企业对美并购投资出现大幅下滑的原因,更有可能在于异质性差异,而非趋势性变化。

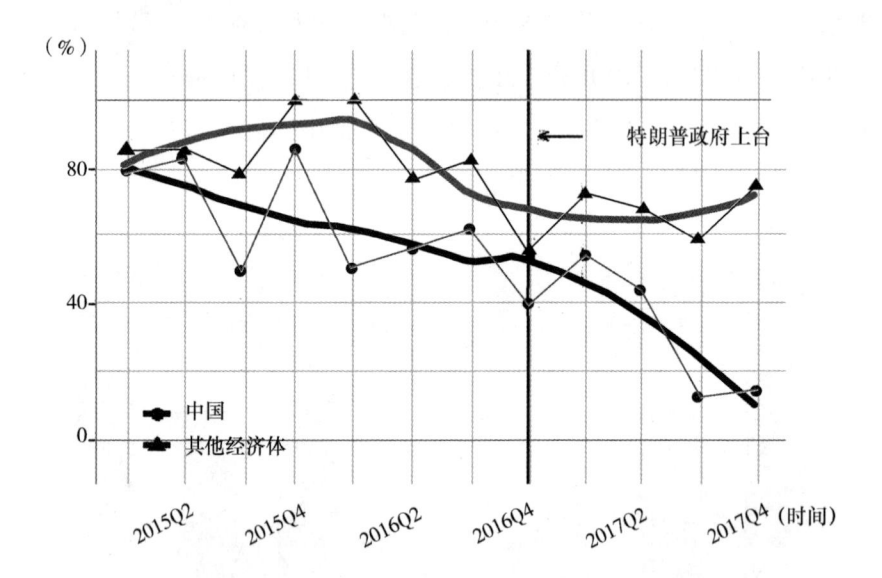

图2-3-3 提交CFIUS审查的海外企业对美并购的交易完成率

注：本图显示中国和非中国企业为收购方的对美跨国并购中,受到CFIUS审查的交易在2015—2018年四年间交易完成率的变化。其中,圆形标记符是来自中国收购方的交易完成率,三角标记符为其他收购方的交易完成率,粗实线为拟合线。

资料来源：ThomsonOne并购数据库以及相关新闻与公告。交易完成是指ThomsonOne数据库中的状态(Status)显示为完成(Completed)。研究样本说明详见表2-3-1。

三 研究样本

为了回答上述问题，我们有必要对CFIUS审查交易进行详细分析。但遗憾的是，CFIUS官方反馈显示，研究者无法从官方渠道获得相关交易审查信息。由于信息披露的原因，研究人员通常只能根据官方披露的截至2015年的部分年度的宏观统计数据总结审查的历史特征，或者是根据近期个案猜测审查结果的影响因素。因此，尽管CFIUS审查在对美跨国并购交易中具有举足轻重的作用，但是现有研究主要停留在基于机构章程和法案等信息，梳理CFIUS审查的机制和内容。

鉴于此，结合并购数据库和相关公开新闻报道和公告，建立一个CFIUS审查的交易和企业层面的微观数据库，将有助于深入开展CFIUS审查在跨国并购市场经济影响的研究，为政策制定者和企业管理层总结CFIUS审查的应对措施，提供基于特征事实与理论分析的政策建议。于是，我们从ThomsonOne的并购交易数据库入手，利用新华在线道琼斯全球财经资讯数据库和Google网页搜索，从相关新闻报道和公告，对CFIUS审查交易的相关信息进行了逐笔的手工收集和人工识别，建立了一个包括CFIUS审查申请、过程和结果等信息的交易和企业层面的研究样本。本章的分析与结论皆依据该研究样本。

具体的CFIUS审查交易的样本识别，以及该研究样本的基本统计量及其与CFIUS官方统计的对比，分别详见表2-3-1和表2-3-2。

表 2-3-1　基于新闻与公告的 CFIUS 审查交易的识别

步骤	内容	备注
基础数据	ThomsonOne 并购数据库	CFIUS 官方机构识别及开展并购交易审查的基础数据库
并购类型	海外企业的对美跨国并购	跨国并购的定义：目标方为美国企业且收购方母公司为非美国企业
样本区间	2015 年 1 月 1 日至 2018 年 12 月 31 日	CFIUS 官方统计数据截至 2015 年
审查识别	通过新华在线道琼斯全球财经资讯数据库和 Google 搜索对上述样本进行逐条人工识别	具体来源：新闻报道和 SEC 公告等
搜索关键词	CFIUS + 并购一方或双方名称	考虑并购双方的全称和简称以及中英文两种语言的多种组合
信息采集	审查提交和状态、时间信息、交易状态、审查新闻、SEC 报告、以及政府或者议员态度	保存相关网址信息
样本遗漏	（1）交易未被 ThomsonOne 数据库记录 （2）ThomsonOne 数据库记录的美国国内企业间并购交易可能成为审查对象 （3）ThomsonOne 数据库中以美国以外企业为目标的并购交易也有可能成为审查对象 （4）相关交易无报道和公告等公开信息	
样本补充	结合 Dealreporter、Tradepractitioner 等报告	舍弃其中未被 ThomsonOne 数据库记录的交易样本

表 2-3-2　研究样本及其与 CFIUS 官方统计的对比

	2015 年	2016 年	2017 年	2018 年	总和
（A）年度统计	103	104	119	38	364
（B）2015 行业统计	制造业	金融、信息和服务业	采矿、公用和建筑业	批发、零售和交通运输业	总和
	45 (68) [66%]	39 (42) [93%]	7 (21) [33%]	12 (12) [100%]	103 (143) [72%]

注：本表报告了基于新闻与公告搜索识别的 CFIUS 审查交易样本的年度统计及其与 2015 年官方行业统计[①]的对比。（A）是识别出的研究样本的年度数量；（B）是基于目标方 NAIC 行业代码的 2015 年识别交易的行业分布及其与 CFIUS 官方统计数据的对比。由于 CFIUS 官方统计结果仅公布至 2015 年，因此我们无法将之与之后年份的样本数据进行对比。其中，圆括号内是官方统计数据，方括号内是识别样本相对于官方统计数据的占比。

四　CFIUS 审查通过率的异质性分析

本节拟采用双重差分（DID）模型，以中国企业并购方为处置组，其他经济体的并购方为对照组，以特朗普政权交替作为标志性事件，分析事件发生前后 CFIUS 审查交易成功率的变化。具体而言，笔者主要进行了四种比较来验证 CFIUS 审查中是否存在针对中国的公平待遇问题：一是特朗普政权上台之前中国和来自其他经济体的并购方的横向比较；二是政权交替之后中国和来自其他经济体的并购方的横向比较；三是中国在特朗普政府上台前后 CFIUS 审查的通过率是否出现了显著下降；四是考察政权交替之后，中国和其他经济体之间的差异是否出现进一步的显著恶化。基于表 2-3-3 的结果，我们得到如下主要结论。

[①] CFIUS 官方统计数据来源："CFIUS ANNUAL REPORT TO CONGRESS（Report Period：CY 2015）"。

第一，并购方来自中国的 CFIUS 审查通过率明显低于来自其他经济体的通过率。表 2-3-3 显示代表横向差异的系数（$\beta_2 = -0.33$、$\beta_1 + \beta_2 = -0.61$）均显著为负。这说明，无论是特朗普政权交替之前还是之后，并购方为中国的 CFIUS 审查通过率均显著低于其他经济体。

表 2-3-3　基于双重差分模型的 CFIUS 审查中的公平待遇问题分析

	特朗普政权之后	特朗普政权之前	相同并购方的纵向差异
中国并购方（处理组）	$\beta_0 + \beta_1 + \beta_2 + \beta_3$	$\beta_0 + \beta_2$	$\beta_1 + \beta_3 = -0.39$
其他并购方（对照组）	$\beta_0 + \beta_3$	$\beta_0 = 0.85$ ***	$\beta_3 = -0.12$ *
不同并购方的横向差异	$\beta_1 + \beta_2 = -0.61$	$\beta_2 = -0.33$ **	$\beta_1 = -0.28$ **

注：本表报告了运用双重差分（DID）模型检验 CFIUS 审查通过率存在的异质性问题。被解释变量 *CFIUS_ status* 代表 CFIUS 审查通过与否的虚拟变量，通过取 1，未通过则取 0。核心解释变量 *acquiror_ nation* 代表并购来源国的虚拟变量，若并购来源国为中国则取 1，否则取 0。*after_ Trump* 代表政权交替的虚拟变量，特朗普政权时期为 1，之前为 0。*Controls* 代表模型中的控制变量，包括：*GDP_ growth*$_{i,t-1}$ 表示国家 i 与美国 GDP 增长率的差值；*GDP_ percapita*$_{i,t-1}$ 表示国家 i 人均收入对数值与美国的差值；*governace_ index*$_{i,t-1}$ 表示国家 i 治理指数与美国相应的差值；*ex_ return*$_{i,t-1}$ 表示以美元标价的国家 i 货币汇率的收益率①。汇率数据来源于 BVD 数据库，其余数据皆来源于世界银行数据库。样本区间为 2015—2018 年第三季度②。** 和 *** 分别表示 5% 和 1% 的显著性水平。

---

① Karolyi, G. A. and Taboada, A. G.，"Regulatory Arbitrage and Cross-Border Bank Acquisitions"，*The Journal of Finance*，Vol. 70，No. 6，2015，pp. 2395 - 2450.
② 2018 年 8 月 13 日，美国总统特朗普签署并颁布《外国投资风险审查现代化法案》（FIRRMA）。相关文件显示，美国财政部对 CFIUS 现行法规的修订于 2018 年 10 月 11 日生效（《美国联邦法规》第 31 编第 800 部分），临时试点项目将于 2018 年 11 月 10 日生效（《美国联邦法规》第 31 编第 801 部分）。社会各界可在 2018 年 11 月 10 日之前提出意见，并在颁布最终规定（可能在 2019 年某个时间）过程中加以考虑。为防止法案生效前后出现结构性变化，本节剔除掉了 2018 年第四季度的样本。

第二，特朗普政府上台后，CFIUS审查通过率相较于政权交替之前出现了显著下降。表2-3-3显示代表纵向差异的系数显著为负（$\beta_1 + \beta_3 = -0.39$），表示无论并购方为中国或其他国家，政权交替之后的CFIUS审查通过率相较之前均出现了明显下降。

第三，特朗普政府上台后，中国和其他经济体之间在CFIUS审查通过率上的差异显著增大。表2-3-3中的β_1代表了并购方来自中国的CFIUS审查通过率在特朗普政权交替前后的差异。显著的负值（$\beta_1 = -0.28$）说明，特朗普上台后中国和其他经济体之间的差异进一步增大，即针对中国的公平待遇问题进一步恶化。

五 CFIUS审查典型案例的纵向与横向对比分析

尽管以上分析显示，CFIUS审查通过率在中国和其他国家之间存在着显著的差异，这意味着CFIUS审查过程中极有可能存在针对中国的歧视。但是，审查通过率在中国和其他国家间的差异，也有可能是由于来自中国的并购交易更加集中于CFIUS审查的国家安全风险所担忧的范畴内。

例如，美国政府可能认为：中国企业相对于其他国家的企业可能更加集中于"关键技术"的获取。因此，本节利用CFIUS审查的典型案例，利用扎根理论对CFIUS否决案例进行文本分析和编码，在宏观、行业、企业和交易四个层次上，通过对同样来自中国的并购案例在政权更替前后时间上的纵向对比，以及来自中国和其他国家并购案例的横向对比，进一步提供CFIUS审查中可能存在针对中国投资歧视的证据。

表 2-3-4　　典型案例的纵向比较

典型案例	收购方	双汇国际（中国）	大北农（中国）
	目标方	史密斯菲尔德（Smithfield Foods）	华多（Waldo Farms）
交易发起时间		2013年5月（特朗普政权前）	2017年3月（特朗普政权后）
CFIUS审查结果		通过	未通过
交易层面	并购时机	—	据路透社消息，有议员曾在2017年3月提出法案，要求CFIUS审查交易时还需要考虑农业及食品安全
	公共关系及社会舆论处理	美国参议院农业、营养和林业委员会对此收购案专门举行了听证会，史密斯菲尔德首席执行官Larry Pope接受参议员质询，历陈在这一收购中美方在出口、就业和知识产权方面的诸多利益	—
	并购动机	完善猪肉产业链、获得先进技术和经验、开拓海外市场	拓展饲料产业、养殖产业
	并购金额	70亿美元	1650万美元
企业层面	并购方所有权性质	2006年之前：国有企业；2006年之后：中外合资企业	民营企业
	并购方与中国政府、军方的"联系"	不存在相关联系	不存在相关联系
	目标方与美国政府、军方的联系	不存在相关联系	不存在相关联系
	目标方地理位置敏感性	不存在相关特征	不存在相关特征

续表

典型案例	收购方	双汇国际（中国）	大北农（中国）
	目标方	史密斯菲尔德（Smithfield Foods）	华多（Waldo Farms）
行业层面	并购涉及"关键行业"	食品行业	食品行业
	并购双方行业地位	双汇：中国首批国家农业化重点龙头企业、中国最大肉类加工基地	大北农：中国农牧行业上市公司中市值最高的农业高科技企业之一
		史密斯菲尔德：全球最大猪肉加工商	华多：美国种猪养殖企业巨头
宏观层面	美国政府对华关系定位	奥巴马政府对华关系定位：相互尊重、互利共赢的合作伙伴关系（2011年）；不对抗、不冲突，相互尊重，合作共赢的新型大国关系（2013年"习奥会"达成共识）	特朗普政府对华关系定位：战略竞争对手
	美国重要政治活动举行	无重要政治活动举办	无重要政治活动举办

注：本表报告了基于影响因素的典型案例纵向比较。"并购动机"和"并购金额"是在以上总结的十个因素以外的因素变量，加入以进行更加全面的对比。"目标方地理位置敏感性"是指目标方资产是否靠近美国特定政府设施及军事基地，"并购涉及'关键行业'"是指交易是否属于涉及关键技术的行业，主要包括国防、通信等。本节通过纵向比较，试图考察政权更替（美国政府对华关系定位）对CFIUS审查结果的影响。双汇收购案与大北农收购案在影响因素方面有着相似的特征，主要差别在于收购活动开展的时间，前者发生在2013年奥巴马执政期间，后者是于2017年特朗普执政时期发起的交易。这两起非常相似的并购活动，却面临着不同的审查结果。双汇收购案通过CFIUS审查完成了交易，而大北农收购案未通过CFIUS审查，交易失败。

表 2-3-5　典型案例的横向比较

典型案例		收购方	瑞萨电子（日本）	湖北鑫炎（中国）
		目标方	Integrated Device Technology	Xcerra
交易发起时间			2018 年 9 月（特朗普政权后）	2017 年 4 月（特朗普政权后）
CFIUS 审查结果			通过	未通过
交易层面	并购时机		—	—
	公共关系及社会舆论处理		交易较为顺利，CFIUS 认为"该交易不存在悬而未决的国家安全相关问题"	Xcerra 积极回应竞购者 Cohu 的指控
	并购动机		完善汽车半导体产业布局	补齐半导体测试设备短板
	并购金额		67 亿美元	5.8 亿美元
企业层面	并购方所有权性质		日本产业革新机构（Innovation Network Corporation of Japan）拥有瑞萨电子 1/3 以上的投票权	国家集成电路产业投资基金股份有限公司是法人股东
	并购方与母国政府、军方的"联系"		股东 INCJ 是官民共同出资的机构，其成立初衷是为了"通过提供资本和管理支持，通过公私合作伙伴关系，促进'开放式创新'理念和创造有前途的新技术的下一代企业，从而提高日本企业的竞争力。"	国家集成电路产业投资基金股份有限公司是法人股东
	目标方与美国政府、军方的联系		不存在相关联系	不存在相关联系
	目标方地理位置敏感性		不存在相关特征	不存在相关特征
行业层面	并购涉及"关键行业"		半导体	半导体
	并购双方行业地位		瑞萨电子：汽车芯片领域龙头	湖北鑫炎：2017 年 7 月成立，此次收购于 2017 年 8 月将收购主体由中青芯鑫变更为湖北鑫炎
			IDT：模拟混合信号半导体龙头	Xcerra：并非芯片设计或生产商，它提供用于半导体芯片生产的测试设备

续表

典型案例	收购方	瑞萨电子（日本）	湖北鑫炎（中国）
	目标方	Integrated Device Technology	Xcerra
交易发起时间		2018年9月（特朗普政权后）	2017年4月（特朗普政权后）
CFIUS审查结果		通过	未通过
宏观层面	美国政府对并购方所属国关系定位	特朗普政府对日关系定位：美日同盟	特朗普政府对华关系定位：战略竞争对手
	美国重要政治活动举行	无重要政治活动举办	无重要政治活动举办

注：本表报告了基于影响因素的典型案例横向比较。"并购动机"和"并购金额"是在以上总结的十个因素以外的因素变量，加入以期进行更全面对比。"目标方地理位置敏感性"是指目标方资产是否靠近美国特定政府设施及军事基地，"并购涉及'关键行业'"是指交易是否属于涉及关键技术的行业，主要包括国防、能源、通信等。本节通过横向比较，试图探究国别因素（美国政府对并购方所属国关系定位）在CFIUS审查过程中的作用。瑞萨电子收购案和湖北鑫炎收购案在影响因素方面有着相似的特征，主要差别在于国别不同。前者是一家日本半导体企业，后者是中国半导体产业投资基金。这两起相似案例最终的CFIUS审查结果不同，前者顺利通过审查完成交易，后者几经波折，最终因无法通过审查而宣告失败。

根据表2-3-4和表2-3-5的纵向和横向对比结果，笔者有如下发现。

第一，特朗普上台后，针对中国企业的CFIUS审查趋严。表2-3-4的纵向比较结果显示，双汇收购案和大北农收购案在审查结果的影响因素方面显示出非常相似的特征。但是，两个案例的重大差异在于，收购要约时间分别在特朗普政府上台前后。同时，不同时间内美国对中国的战略定位存在重大差异。而且，相较于双汇收购案，大北农在并购金额、收购双方行业地位方面甚至更加普通。但是，结果却是无法通过CFIUS审查。这显示出，在特朗普政府上台后，CFI-

US对"国家安全"担忧范围有明显扩大趋势,即使具有相似特征、原本可以通过审查的交易活动也将面临着较大失败风险。

第二,国别是影响 CFIUS 最终审查结果的重要因素。根据表2-3-5两起交易的横向比较,笔者发现虽然同处于特朗普总统执政期间,在各方面也具有相似特征的两起收购活动却面临着不同的审查结果。日本芯片制造商瑞萨电子成功收购美国同业公司 IDT。与之相对,中国湖北鑫炎收购美国半导体设备测试商 Xcerra 却未能通过 CFIUS 审查。虽然湖北鑫炎具有中国国有资本背景,但是日本政府在瑞萨也具有超过 1/3 以上的投票权。而且,相对于芯片制造商 IDT,Xcerra 只是一家半导体测试设备商,并不从事半导体生产。这显示出,中国企业对美并购面临的 CFIUS 审查,存在较为明显的国别歧视特征。即使具有非常相似特征的并购交易,中国企业较其他国家企业也会面临 CFIUS 更为严格的审查。

六 CFIUS 审查对未来并购交易的国别威慑效应分析

CFIUS 审查不仅会直接影响当前的并购结果,而且有可能间接影响未来的并购市场。当一国企业的某笔并购交易遭到 CFIUS 阻止后,该国的其他企业基于预期,为了避免重蹈覆辙可能撤销原定的并购交易,导致该国以美国企业为目标的并购交易数量减少。也就是说,CFIUS 审查会对未来的并购交易产生间接威慑效应。为了验证国别威慑效应假说,笔者利用 CFIUS 审查交易数据进行了面板回归分析,结果报告在表2-3-6和表2-3-7。主要发现如下。

第一,CFIUS 审查未通过对相应国家企业在下一期的对美并购具有显著的威慑效应。以表2-3-6的第(1)列结果为例,当一国企业对美并购由于审查失败的比例提高1%,将会导致该国企业下一期对美并购占全部并购的比例降低超过万分之五。也就是说，当一国企业对美并购由于审查失败的比例每增加一个标准差，将会导致该国对美并购在下一期降低 1.70 个标准差。因此，CFIUS 审查对未来的企业并购具有相当显著的影响。根据相关机构的监测①，美国特朗普政府上台后的 CFIUS 对中国企业的审查通过率并没有出现显著的下降。然而，这可能仅仅是因为更多的来自中国的潜在投资者基于 CFIUS 的威慑效应选择了放弃。

表 2-3-6　　CFIUS 审查失败（比例）的间接威慑效应

被解释变量：Δma_{it}	（1）	（2）	（3）	（4）	（5）	（6）
$fail_{i,t-1}$	-5.26** (2.07)	11.25** (5.23)	17.62** (6.82)	-6.45*** (2.37)	13.91* (7.82)	14.03* (7.90)
$fail_{i,t-1} * after\_Trump$		-12.23*** (4.37)			-17.74*** (6.52)	
$fail_{i,t-1} * 2017$			-19.40*** (5.84)			-17.55** (6.64)
$fail_{i,t-1} * 2018$			-20.44*** (5.78)			-18.08*** (6.79)
$GDP\_growth_{i,t-1}$				0.58 (1.07)	0.46 (1.02)	0.44 (1.04)
$GDP\_percapita_{i,t-1}$				-102.67 (84.93)	-36.64 (84.70)	-33.93 (86.38)

---

① Dealre Porter Company, "CFIUS Takes a Consistent Approach to Chinese Investments in US Assets under Trump Administration", July 27, 2018, https://www.dealreporter.com/info/cfius-takes-consistent-approach-chinese-investments-us-assets-under-trump-administration-data-shows.

续表

被解释变量：$\Delta\ ma_{it}$	(1)	(2)	(3)	(4)	(5)	(6)
$governance\_index_{i,t-1}$				-7.15 (27.62)	-5.33 (26.79)	-6.19 (27.32)
$ex\_return_{i,t-1}$				0.01 (0.19)	0.03 (0.18)	-0.03 (0.18)

注：本表报告了基于国家和年份面板模型的 CFIUS 审查对企业未来并购交易的威慑效应。被解释变量 $\Delta\ ma_{it}$ 是来自国家 i 的对美投资在以美国企业为目标的全部并购交易（包括跨国并购与国内并购）总数中占比相对于前一期的变化，单位是万分之一。核心解释变量 $fail_{i,t-1}$ 是来自国家 i 的企业为收购方在前一期（$t-1$）提交至 CFIUS 审查的并购交易未通过数量占该国所有对美并购交易的占比，单位是 1%。$after\_Trump$ 是虚拟变量，特朗普政权时期为 1，之前为 0；2017 和 2018 为年份虚拟变量。本表回归结果同时控制了时间和国家的双向固定效应。其中，（1）（2）（3）的结果不包含控制变量，（4）（5）（6）的结果包含了基于 Karolyi and Taboada[①] 的控制变量：$GDP\_growth_{i,t-1}$ 表示国家 i 与美国 GDP 增长率的差值；$GDP\_percapita_{i,t-1}$ 表示国家 i 人均收入对数值与美国的差值；$governance\_index_{i,t-1}$ 表示国家 i 治理指数与美国相应的差值；$ex\_return_{i,t-1}$ 表示以美元标价的国家 i 货币汇率的收益率。以上控制变量中，汇率数据来源于 BVD 数据库，其余数据皆来源于世界银行数据库。样本区间是 2015 年—2018 年第三季度。** 和 *** 分别表示 5% 和 1% 的显著性水平；括号中为标准误。

第二，CFIUS 审查的威慑效应主要来源于特朗普政府上台。以表 2-3-6 的第（2）列的结果为例，当特朗普上台之后，一国企业对美并购由于审查失败的比例提高 1%，将会导致该国企业下一期对美并购占全部并购的比例降低超过 1.2‰。而且，特朗普执政一年后，

[①] G. A. Karolyi and A. G. Taboada, "Regulatory Arbitrage and Cross-Border Bank Acquisitions", *The Journal of Finance*, Vol. 70, No. 6, 2015, pp. 2395–2450.

2017年的CFIUS审查结果对之后并购交易的威慑效应进一步提高。特朗普上台之前的威慑效应并不明显（尽管为正值，但是统计上不显著）。因此，CFIUS审查结果的威慑效应的显著性主要来源于特朗普上台之后。这说明，特朗普政府上台后的CFIUS审查可能具有"经济国家主义"的倾向。

第三，CFIUS审查否决案例的数量增加带来了更加强烈的威慑效应。将表2-3-7的结果与表2-3-6进行比较发现，威慑效应在方向和统计显著性上并没有发生变化，但在经济意义的显著性上呈现出了进一步的成倍增加。根据威慑效应的理论，这可能是因为反复出现的审查失败案例，给予潜在投资者强烈的暗示，结果并非出于偶然因素或者个别案例，而是出现了系统性的变化。特朗普上台后，由于中国企业的CFIUS审查失败次数案例最多，因此CFIUS对中国企业产生了更强烈的威慑效应。CFIUS失败将通过威慑效应降低中国赴美国的并购交易数量，可能会阻止中美双方企业的资源配置及发展和创新。在全球经济放缓以及"经济国家主义"日益抬头情况下，这将非常不利于中美双方乃至全球经济的发展。

表2-3-7 CFIUS审查失败（数量）的间接威慑效应

被解释变量：$\Delta\,ma_{it}$	(1)	(2)	(3)	(4)	(5)	(6)
$fail\_quantity_{i,t-1}$	-22.39*** (7.04)	19.24 (13.88)	18.70 (13.91)	-27.49*** (8.31)	10.09 (16.27)	9.99 (16.31)
$fail\_quantity_{i,t-1}$ * $after\_Trump$		-33.70*** (9.85)			-29.94** (11.30)	
$fail\_quantity_{i,t-1}$ * 2017			-30.52*** (10.50)			-27.26** (11.84)

续表

被解释变量: $\Delta\ ma_{it}$	(1)	(2)	(3)	(4)	(5)	(6)
$fail\_quantity_{i,t-1}$ * 2018			-36.18*** (10.25)			-32.92*** (11.95)
$GDP\_growth_{i,t-1}$				0.61 (1.04)	0.47 (1.00)	0.38 (1.01)
$GDP\_percapita_{i,t-1}$				-101.91 (82.87)	-39.05 (82.85)	-27.70 (84.34)
$governace\_index_{i,t-1}$				-8.10 (26.99)	3.49 (26.22)	-6.46 (26.57)
$ex\_return_{i,t-1}$				0.03 (0.18)	0.05 (0.17)	0.04 (0.18)

注：本表报告了基于国家和年份面板模型的CFIUS审查对企业未来并购交易的威慑效应。被解释变量Δma_{it}是来自国家i的对美投资在以美国企业为目标的全部并购交易（包括跨国并购与国内并购）总数中占比相对于前一期的变化，单位是万分之一。核心解释变量$fail\_quantity_{i,t-1}$是来自国家i的企业为收购方在前一期（$t-1$）提交至CFIUS审查的并购交易未通过数量加1的对数值。$after\_Trump$是虚拟变量，特朗普政权时期为1，之前为0；2017和2018为年份虚拟变量。本表回归结果同时控制了时间和国家的双向固定效应。其中，（1）（2）（3）的结果不包含控制变量，（4）（5）（6）的结果包含了基于Karolyi and Taboada①的控制变量：$GDP\_growth_{i,t-1}$表示国家i与美国GDP增长率的差值；$GDP\_percapita_{i,t-1}$表示国家i人均收入对数值与美国的差值；$governace\_index_{i,t-1}$表示国家i治理指数与美国相应的差值；$ex\_return_{i,t-1}$表示以美元标价的国家i货币汇率的收益率。以上控制变量中，汇率数据来源于BVD数据库，其余数据皆来源于世界银行数据库。样本区间是2015年至2018年第三季度。** 和 *** 分别表示5%和1%的显著性水平；括号中为标准误。

---

① G. A. Karolyi and A. G. Taboada, "Regulatory Arbitrage and Cross-Border Bank Acquisitions", *The Journal of Finance*, Vol. 70, No. 6, 2015, pp. 2395–2450.

根据以上分析，本章可以得到如下基本结论：第一，中国企业对美并购交易出现大幅下滑，并非是由于跨国并购市场出现了总体趋势性变化，而是存在着显著的国别歧视。第二，针对中国企业对美并购的CFIUS审查中存在"经济国家主义"式的公平待遇问题。特别是在特朗普政府上台后，提交CFIUS审查的对美并购交易中，中国相对于其他经济体的通过率具有显著的异质性。通过对典型案例的纵向和横向对比，本章发现这种异质性并非由于来自中国企业的并购交易更加集中于CFIUS审查的国家安全风险所担忧的范畴；国别和政权更替因素在中国企业的对美投资失败案例中扮演了重要角色。第三，CFIUS审查结果带来了显著的国别威慑效应。CFIUS审查的威慑效应主要来源于特朗普政府上台后，暗示CFIUS审查近期呈现出"经济国家主义"的倾向。综上所述，近期中国对美直接投资出现大幅下滑的主要原因，是中国企业的对美投资受到了"经济国家主义"式的歧视。

第四章　美国外国投资委员会的 2017 年改革及中国的应对

美国外国投资委员会（CFIUS）是美国政府负责审查外资对美并购交易的最重要部门，其成员来自包括美国财政部在内的 16 个部门，对外资对美并购案例的裁决具有建议权和决定权。CFIUS 相关法规的变革体现了美国政府对待外国直接投资的基本态度，是具有对美投资意向的外国企业需要重点关注的美国政府机构。在此背景下，本章将梳理 CFIUS 历次改革的内在逻辑，并总结 CFIUS 相关审查的特征事实。在此基础上，我们将给出 CFIUS 最新改革的内容，最后为中国企业对美投资提出前景展望与政策建议。

一　历史上 CFIUS 历次改革的内在逻辑

我们认为，在 CFIUS 历次重大改革的背后，具有一以贯之的内部逻辑。

首先，历次改革导致 CFIUS 权限不断扩大，而对美直接投资企业则日益处于弱势。CFIUS 的权限扩大主要体现在以下三个方面：（1）所谓"国家安全"的界定在不断扩展。（2）2007 年《外国投资与国家安全法》（FINSA）改革后，CFIUS 可以随时改变早先的"批准"结论，再次展开对特定交易的审查。（3）CFIUS 针对特定类型、特定国家的投资可以采用更加严格的审查规则。面对 CFIUS 审查权限的扩大，外资企业对美国经济、社会、政治等方面的影响力非常有限，也没有任何申诉渠道，无论遭受何种待遇，几乎只能被动接受。

其次，关注特定交易的政治影响成为 CFIUS 一贯以来的传统。在成立初期，CFIUS 似乎还没有确定应该将关注焦点放在对美直接投资的政治影响还是经济影响之上。1980—1987 年，CFIUS 应美国国防部的要求，调查日本企业收购美国特殊钢铁生产商。在此之后 CFIUS 更加关注并购交易的政治影响。之后，《伯德修正案》增加了对具有政府背景的企业的投资审查，FINSA 进一步给出涉及国有企业收购审查的具体考察因素，其中包含多项政治因素。CFIUS 关注并购交易的政治影响这一传统，在最近的改革中得到进一步的延续和加强。

再次，历次改革体现了国会与总统一直在争夺对 CFIUS 的主导权。尽管美国总统在美国对外政策制定中长期处于主导地位，但美国国会也一直在试图抓住各种机会来增加自己的影响力。在 1988 年之前，CFIUS 一直无法独立审查，而在很大程度上受制于总统的权力，不得不主要按照总统的态度来行事。而《埃克森—弗罗里奥修正案》通过后，CFIUS 由一个职权有限、专注于分析外国投资数据的行政部门，转化成一个具有广泛职权和权威，具有进行调查、对总统提出建议、阻止部分交易的权力机构。2007 年通过的 FINSA 则增强了国会对 CFIUS 的监督。依据该法令，CFIUS 需要更多地向国会汇报其决策过程与依据。

最后，CFIUS 经常以影响重大的并购案例为契机来推动其自身的改革。1987 年富士通收购美国电脑芯片制造商仙童半导体公司的案例、1990 年中国技术航空进出口总公司对美国航空零部件制造商 MAMCO 公司的收购案例、2006 年迪拜世界公司收购美国六个港口经营权的案例是 CFIUS 历次改革的直接原因。一些中国企业并购案在美国引发多方面关注，正是此次改革得以实施的直接原因。

二 CFIUS 审查行为的特征事实

数据显示，CFIUS 对中国直接投资的审查，要明显强于对来自发达国家的直接投资的审查。在 2008 年之前，中国还没有进入 CFIUS 审查案例数量前七位的国家之列。而在 2008—2012 年，中国的上述排名从第七位迅速上升至第一位，并迄今为止一直位列第一。如表 2-4-1 所示，来自中国的受审案例的占比，近年来已经超过全球的 20%。

表 2-4-1　美国国家安全审查委员会对华审查数逐年上升

	2005	2006	2007	2008	2009	2010	2011	2012	2013	2014	2015
中国被审案例数（个）	1	0	3	6	4	6	10	23	21	24	29
中国占总案例比重（%）	1.6	0.0	2.2	3.9	6.2	6.5	9.0	20.2	21.6	16.3	20.3
中国被查案例数排名			14	7	6	5	3	1	1	1	1

资料来源：CFIUS 网站及笔者计算。

有观点认为，CFIUS 针对中国的审查案例数量上升，与中国对美国直接投资规模的迅速增长有关。然而，同样是被审查案例数量排名第一位的国家，2008—2011 年，英国对美国投资存量高达 4272 亿美元；而 2012—2015 年，中国对美国直接投资的存量却仅为 99.1 亿美元。英国对美的直接投资规模约为中国的 42 倍，但两国被审查案例数量却非常接近。正如前一章所分析的，CFIUS 针对中国的审查案例数量上升，是美国政府对中国直接投资存在显著的国别歧视，而不仅仅是投资数量增长的结果。

2005—2015 年，对美并购案例总数与 CFIUS 审查案例数比值的均值为 9.3，其含义是大约每九例对美并购案中，将有一例被 CFIUS 审查。同期内，中国对美并购案例总数[①]与 CFIUS 审查中国案例数比值的平均值为 4.4，这说明中国并购遭遇审查的概率约为全球的两倍。值得一提的是，在 2012—2013 年，中国的该比值甚至低至 2，这意味着中国并购案中的一半左右都遭遇了审查。

CFIUS 对华审查的重点与中国对美投资的主要行业并不相符。在中国的被审查案例中，制造业占比在所有行业中是最高的，在任何年份都超过了 50%，这不仅远高于制造业投资占中国对美直接投资总量的比重，也显著高于全球平均占比。而且，制造业并不是中国对美国直接投资中最重要的行业。

也有观点认为，中国并购案例受到 CFIUS 审查的概率较高，是因为中国对美国的直接投资集中于收购美国的关键技术。事实上，中国并不是并购美国关键技术公司的主要国家。英国、加拿大和法国才是并购美国关键技术公司的主要国家。另外必须指出的是，CFIUS 历史上仅有的几次"总统否决案"几乎都针对中国投资。

三 CFIUS 2017 年改革的内容与内涵

2018 年 8 月 13 日，特朗普签署通过《外国投资风险审查现代化法案》（以下简称 FIRRMA）[②]。2018 年 10 月 10 日通过的"试点计划"是 CFIUS 权限扩大的第一步。FIRRMA 和"试点计划"对中国影

---

① 对美并购案例总数来自于 UNCTAD 网站，中国对美并购案例总数来自 Dealogic 数据库。但 Dealogic 数据库仅统计 5000 万美元以上或持股权变化超过 5% 的交易。

② FIRRMA 是《2019 财年国防授权法案》（NDAA）的一部分，《2019 财年国防授权法案》还包括《2018 年出口管制改革法案》（ECRA）。

响最大的有六个方面，如下所述。

（一）新增对新兴技术的审查但审查目录未定

FIRRMA首次引入了"新兴和基础技术"概念，要求新兴技术出口需要持有许可证，并满足出口管制的要求。在确定哪些技术是新兴技术时，外国投资委员会提供的信息将至关重要。

《出口管制法案》（ECRA）建立了一个常态化的部门间机制，来识别"新兴和基础技术"。"新兴和基础技术"概念扩展了原有出口管制体系中包含的内容。"中国制造2025"和中美竞争性、尖端技术领域中涉及的技术，最有可能被认定为符合标准，而首次被纳入出口管制体系。

CFIUS因此与出口管制部门（美国商务部）共同给出细则，确定新兴技术的目录，该类技术的判断标准是"对美国国家安全至关重要"。在美投资的企业因为有可能获得受管制技术，这被认定为技术的"视同出口"，也将受到CFIUS和美国商务部的共同监管。

（二）新增对财务投资的审查

FIRRMA出台前，如果外国人获得美国企业的投票权小于10%，该交易不属于外国投资委员会管辖范围。FIRRMA明确规定：当并购涉及三类交易（"关键技术公司"或"关键基础设施公司"或维护或收集"涉及美国公民敏感信息"）时，且投资者是某种类型的"外国人"时，即使投资比重未达到10%的交易也属于CFIUS的管辖范围。试点计划并不限定"外国人"的范围，只要是上述三类交易均进行审查。

另外，对特定项目追加投资将再次被审查。CFIUS即使批准了某个交易，同一个外国人对同一个美国企业追加投资时，需要再次申报，即使两次投资比重均低于10%时也是如此。

（三）强调对国有企业及"外国政府控制的交易"的审查

外国投资委员会一直强调对外国国有企业的审查。委员会认为外国政府在并购中发挥影响力和政府支持企业并购，都不是商业行为，需要重点打击。中国国有企业对美并购因为这个原因已经多次受阻。

FIRRMA 多处继续提示"外国政府控制的交易"带来的风险，并采取各种方式进行防范。例如外国政府获得实质性利益的交易需强制申报。未来是否会出台更多对国有企业投资的限制，还需持续关注。

（四）首次要求关键领域交易需强制申报

当涉及美国敏感企业，且外国人或外国政府可能获得"实质性利益"[①]时，外国投资委员会强制要求投资者申报。FIRRMA 出台之前投资者可以自愿选择申报与否。申报的好处是表明与外国投资委员会合作的态度，不申报的好处是可能侥幸不被外国投资委员会注意到。

在"试点计划"中，所有"试点计划"受管辖投资（pilot program covered investment）交易必须申报，无论股权比重多少。交易方也可以选择完整的"预告"（notice）程序。[②]

（五）进一步定义"外国人"，扩展管辖权

"试点计划"进一步定义"外国人"（foreign person）这个词，目的是为扩展管辖权做铺垫。CFIUS 考虑的重点是外国人与外国政府的关系，以及这种关系是否影响美国国家安全，CFIUS 未来将把这种关系作为是否审查该交易的一个标准。

[①] 实质性利益包括占据董事会席位，因为股权、所有权能控制美国公司等。
[②] 在之前的流程中，交易方必须共同提交完整的自愿"预告"，才能获得 CFIUS 的正式反馈。"申报"流程优点是：时间比"预告"更短，内容也更简化，部分交易能在更短的时间内获得 CFIUS 的有效反馈。交易方是否"预告"主要取决于是否"控制"了美国企业。

"试点计划"中，对"外国人"的定义适用全球所有国家，任何国家都无法从"强制申报"中豁免。美国解释这是因为"外国投资者可能以复杂的交易结构、通过其他国家的实体进行投资，这将使得投资动机模糊不清"。通过设计交易结构规避审查将更加不可行。

（六）扩大与盟国的信息共享，联手封锁中国技术类投资

FIRRMA 提出加强美国与盟国的信息分享机制。欧盟、英国、加拿大、澳大利亚、日本及其他国家或是已经在进行，或是积极准备审查机制改革。美欧日已经正式进行了投资安全合作，合作内容是交换交易信息，协调审查标准。

四 政策建议

第一，中国政府需要重视美国企业对华直接投资的撤离现象。美国企业在赚取经济利益的同时，凭借在美国本土的游说能力，为促进中美之间的经贸往来发挥了积极正面的作用。美国对华直接投资的撤离可能削弱中国和美国的经济关联，这一点值得中国政府高度重视。

第二，中国应该对外资更加开放，这一点在 2019 年 3 月 15 日通过的《中华人民共和国外商投资法》中有所体现，中国重申了保持开放吸引外资的决心，并期待得到美国对等的回应。

第三，中美企业应以经济利益为共同目标，排除政治因素的干扰保持经贸往来，并在两国发挥自身影响力增强中国和美国的经济关联。对受出口管制影响最大的行业，中美企业间的协调尤其重要。

第四，建议美方在制定 FIRRMA 的实施细则时增设与投资来源国的沟通渠道，并设立和投资企业的对话机制。尤其涉及新兴技术目录时，中国需要加强与美国的对话和沟通，避免概念阐述针对中国、标准过于严苛等问题，降低"新兴和基础技术"目录与中国的相关性。

第五，中国企业不要低估交易受到CFIUS审查的可能性，同时应主动审视自身的资本结构，以确定自己是否属于CFIUS定义的"受政府控制"企业。当确实是国企时，中国企业应强调并购的商业动机，明确非优惠性质的融资来源，重申对知识产权的保护。

第六，从审查程序来看，中国企业要重视在非正式申报阶段与CFIUS的沟通，了解各委员的态度和担心。对确实存在敏感技术或资产的交易，中国企业应遵守FIRRMA对减缓措施的要求，将敏感因素从并购目标中分离出来，满足CFIUS在交易所有权和治理方面提出的条件，并对安全相关的各项要求进行承诺。

第七，中国企业需要学会通过美国本土的中介机构，和美国政府机构、媒体、公众等进行有效沟通。中国企业要更重视交易对于美国就业、居民收入、经济发展等方面的积极影响。中国企业应多履行社会责任，表明扎根美国经营的决心和能力，并将企业利益与美国当地福利更密切结合起来，以真正有效地降低投资壁垒。

第五章　中美应合作推动形成国际技术转让的多边规则

一直以来，国际技术转让规则处于缺位和无效状态，这体现在以下三方面：（1）现有国际规则重于知识产权保护、轻于技术转让，甚至没有通行的国际技术转让规则。（2）现有国际规则重于保护发达国家、轻于保护发展中国家，即在发达国家有优势的知识产权领域保护更强，而在发展中国家的优势领域保护极弱。（3）现有国际规则重于约束政府、轻于约束跨国公司。尤其是，现有规则在事实上更重于约束发展中国家，而对于跨国公司的技术垄断则缺乏有效约束。

在此背景下，中国对禁止强制技术转让的承诺，不但超过了《与贸易有关的投资措施协议》（TRIMs）的要求，而且也是绝大多数其他世界贸易组织成员没有做过的承诺。中美双方的分歧在于：中方认为是在使用自己的政策灵活空间，美方认为这影响了自己的商业利益，双方有各自的道理。如果中美能够推动相关国际规则的形成，对于稳定中美经贸关系和世界贸易体系是有好处的。本章对推动形成国际技术转让规则给出了几点建议。

当前全球经济治理体系中，在国际技术转让领域，除了有零星的规则散见于一些国际协定中，国际技术转让政策中的一些关键问题缺乏多边政策协调。中美两国作为两个最大的贸易国，应该加强对话与合作，为建立与完善多边技术转让规则体系而努力。

一　当前国际技术转让多边规则严重缺失

在当前经济全球化进程中，货物、服务、资本、劳动力和技术五大商品与要素流通的国际规则建设进程处于参差不齐的状态。

两大商品即货物与服务流通多边规则构建相对较快。货物贸易多边规则基本完善。服务贸易多边规则框架初成，但国民待遇仅为各国在正面清单承诺的领域中给予的待遇，尚未形成普遍原则要求，同时服务补贴规则和国内监管的规则缺乏。

三大要素的流通因为与服务贸易多有交叉，在服务贸易规则中均有所涉及，但都没有形成自己的规则体系。资本流动在世贸组织《服务贸易总协定》下有关于商业存在（以投资形式进行的服务贸易模式）的规则，在世贸组织货物贸易协定下有《与贸易有关的投资措施协议》（TRIMs），在世界银行体系下有投资者与国家间争端解决规则以及多边担保规则，而较为完善的投资保护与投资自由化规则一般散见于双边与区域协定中。中国首倡并协调达成的二十国集团（G20）投资政策原则和金砖国家投资便利化合作纲要为今后国际投资多边规则的形成打下了基础，但国际投资多边规则体系的真正形成尚需时日。劳动力跨国流动的多边规则基本空白，世贸组织服务贸易谈判包括自然人流动模式服务贸易的自由化问题，但其自由化程度很低，多年谈判进展甚微。技术流动多边规则的建设也相当滞后，不仅没有形成国际规则体系，反而存在诸多阻碍技术转让的制度障碍。

国际技术转让的主要形式即许可贸易被国际货币基金组织列入十大类非政府服务部门作为专门一类进行统计，但在世界贸易组织服务贸易12大类143小类中都没有单独列出。如果说劳动力自由化还有自然人流动谈判这个机制在推动，许可贸易自由化事实上没有自己的谈判机制。由于技术贸易限制常常是体现在输出方向而非输入方向，这让人产生技术贸易自由化谈判意义不大的错觉，然而对技术贸易规则在国际上并非没有需求。1974 年 5 月，第六届特别联大通过的《关于建立新的国际经济秩序的行动纲领》正式提出了"制订一项符合发展中国家需要和条件的关于技术转让的国际行为守则"，谈判历经十年形成了《国际技术转让行动守则（草案）》，但最后因为发达国家与发展中国家分歧太大，谈判最终流产。因此目前国际技术转让没有相应的多边规则，既没有促进技术转让和禁止技术封锁的多边规则，也没有禁止政府强制技术转让的多边规则。

虽然国际技术转让的自由化规则缺失，对知识产权保护的国际规则却在不断加强。对于世界贸易组织的《与贸易有关的知识产权协议》（TRIPs），学术界一直存在不同的声音。剑桥大学张夏准等人指出，TRIPs 代表了一个过高的知识产权保护标准，对发展中国家是不利的。[1] 以加拿大麦吉尔大学戈尔德（Gold）教授为首的一批学者，组成了关于生物技术、创新和知识产权的国际专家小组，经过七年的研究，发布了一份题为《迈向知识产权新纪元：从对抗到协商》的研究报告。这份报告认为，以 TRIPs 为代表的现有的知识产权体系对产业进步具有阻碍作用，在一定程度上抑制了创新，抑制了贫穷人口在健康和农业方面的需求。[2] TRIPs 体系规定了知识产权保护的最低标准，尽管发展中国家被给予过渡期，但在过渡期之后仍然必须和发达国家一样执行这一最低标准。对一个经济体来说，知识产权的最优保护标准，取决于给创新者以足够经济刺激和让知识的使用者最大程度利用知识两者之间的权衡，而这又与一国的经济发展程度、市场规模、现有知识创新能力等因素有关。在普林斯顿大学的格罗斯曼

---

[1] Chang H-J. and I. Grabe, *Reclaiming Development: An Economic Policy Handbook for Activists and Policymakers*, London: Zed Books, 2004, pp. 94–104.

[2] International Expert Group, *Toward a New Era of Intellectual Property: From Confrontation to Negotiation*, Montreal: McGill University, Policy Report, 2018.

（Grossman）和香港科技大学黎麟祥的一项研究中，他们发现发达国家的最优专利有效期一般应该比发展中国家要长。如果让双方进行博弈协商，将保护的标准统一化，则很可能减损社会福利。如果有一外在力量，强行让双方的保护标准统一为使得世界福利最大化的水平，其结果又很可能使得北方国家获益而南方国家受损。[①]

总的来说，当前关于技术的国际规则存在严重失衡。第一个失衡是没有促进技术转让的规则，只有知识产权高标准保护的规则。第二个失衡是对发达国家的优势知识产权保护标准极高，但对发展中国家的优势知识产权保护标准极低。TRIPs协议将计算机软件按照版权标准进行保护，保护期为作者有生之年外加五十年，如此长的保护期限完全无视软件产业发展的现状，阻碍了产业的发展。一些区域贸易协定更是把商标保护扩大到声音、气味、颜色。而发展中国家具有比较优势的传统知识、本地基因资源和民间艺术虽在国际论坛中多有讨论却基本上没有任何保护机制。第三个失衡是只有约束政府政策的国际经济法规则，基本没有能够约束跨国公司技术垄断行为的国际竞争规则。而事实上，发展中国家有些政策是在面临跨国公司技术垄断行为的情况下的无奈之举。

二 技术转让履行要求是发展中国家对抗跨国公司限制性商业惯例的次优选择

跨国公司是当代技术创新的主力军，为人类知识创造做出了贡献。但是与此同时，有的跨国公司利用自己的技术优势，实施垄断行为，限制或者扭曲国际贸易、抑制创新。这些情况大量存在，这些行

[①] G. M. Grossman and E. L‑C. Lai, "International Protection of Intellectual Property", *American Economic Review*, Vol. 94, No. 5, 2004, pp. 1635–1653.

为被称为限制性商业惯例。例如，限制技术受让方对技术进行进一步研究开发和改进，强制要求技术受让方将改进的技术独家回授给转让方，禁止技术受让方将生产的产品出口、强制要求技术受让方从技术转让方购买原料等。由于意识到这些措施对世界经济的不利影响，联合国1980年通过了《联合国关于控制限制性商业惯例的多边公平原则和规则》，对部分限制性商业惯例进行了限制。由于这一规则只是推荐给各国政府使用，缺乏约束力，在实践中收效甚微。部分世界贸易组织成员希望把包括限制性商业惯例规则在内的竞争规则纳入世贸组织谈判的努力在2004年宣告失败。部分发达国家不愿建立关于限制性商业惯例的约束性多边规则的理由之一是国际经济法不宜约束私人主体，这听上去似乎有道理，但是在私人主体都可以在国际仲裁中告外国政府的今天，国际经济法不能直接约束私人主体的观点已经是一种过时的陈词滥调。

在国际规则对发展中国家不能提供保护的情况下，一些发展中国家自己采取了一些政策来控制限制性商业惯例的恶果。采购本地商品的当地成分要求是对抗跨国公司强制搭售行为的武器，出口业绩要求是对抗跨国公司限制出口进行市场分割的行为的武器，而要求跨国公司向发展中国家转让部分技术也是全面对抗限制性商业惯例的一个武器。跨国公司的限制性商业惯例是一种市场扭曲行为，而发展中国家的这些政策限制也是一种市场扭曲行为。经济学次优理论认为，这种"以毒攻毒"的做法，如果能够抵消前一种扭曲的影响，新增的这种扭曲反而可能提高世界福利。

不过在1994年以后，发展中国家的这些政策很多被世界贸易组织的TRIMs协议限制了。但是，所谓的强制技术转让，也就是技术转让履行要求并没有被世界贸易组织纳入规则。实际上禁止技术转让履行要求的规则在1994年以前，基本没有出现在多边、区域和双边协定中。在欧洲国家对外签订的各种双边协定中、在联合国各种文件中、在世界贸易组织TRIPs协议的第7、8、40、66等条款中，不断能够看见促进技术转移以及防止滥用知识产权的表述。例如在TRIPs协议的第66条中规定，"发达国家成员应促进和鼓励其领土内的企业和组织，向最不发达国家成员转让技术，以使这些成员创立一个良好和可行的技术基础。"然而在实践中，我们很少看到能将上述原则性规定落实的具体规定。

1994年美国、加拿大和墨西哥三国签订的北美自由贸易区协定第11章第1106条首次纳入了技术转让履行规则的禁止性规定。随后，1994年版美国双边投资协定模板在第6条，其2004年和2012年版在第8条均再次纳入相关规则。

三 对禁止强制技术转让的承诺，中国已超出了TRIMs的要求

可以说，禁止技术转让履行要求并没有形成多边约束的规则，但是鉴于吸引外资的目的、考虑到投资者的顾虑和担心，中国在加入世界贸易组织的议定书中第7条第3款中承诺，对外商投资的批准不以一系列履行要求为前提，包括不以技术转让为前提。这一承诺事实上超过了世贸组织TRIMs协议的要求，是绝大多数其他世贸组织成员在多边贸易体系下没有做过的承诺。此后，中国在2007年中韩投资协定、2012年中日韩投资协定、2015年中韩自贸协定中再次做出了类似承诺。

放弃技术转让履行要求，或者说禁止强制技术转让是有特定含义的。那就是，中国政府承诺在对投资进行审批或者备案的时候，不以外资转让技术为前提。任何外商投资审批和备案机构，包括承担该项职能的各种开发区管委会，如果要求以外资转让技术作为审批或者备案的前提，当事人应该申请行政复议或者进行行政诉讼。根据中国最

近通过的《外商投资法》，当事人还可利用外商投资投诉机制进行投诉。中国没有任何法律法规或者部门规章有技术转让履行要求，但在现实中，是否存在行政机关及其工作人员在没有法律法规依据的情况下要求转让技术的情形呢？为了防止这种情况的出现，《外商投资法》第22条明文规定："行政机关及其工作人员不得利用行政手段强制转让技术。"

然而，虽然行政机关及其工作人员强制要求技术转让是违法的，对于中国企业在与外国贸易商或者投资商谈判中提出的技术转让要求，中国政府是无权禁止的。例如，当具有技术优势的外商销售设备给中方以后，中方由于不掌握设备的某些技术，不得不长期以高价购买设备提供方的技术服务和零部件，在这种情况下，中方要求外方转让部分技术，否则就放弃购买而使用其他替代设备。这种技术转让要求完全是企业成本效益核算基础上正常的谈判要求，对中方企业的这种议价谈判权利，应该保护。如果外方认为中方企业具有滥用市场支配地位拒绝交易的行为，那么应该走反垄断申诉和诉讼途径加以解决。

针对企业在合资谈判中提出技术转让要求的行为，美方认为这些行为虽然是企业行为，但其根源在于中国政府存在对外资的审批制以及合资要求和对外资的股权限制，因此在事实上构成强制技术转让的压力。对于美方的这些关切，中国在2013年7月的中美战略与经济对话中表示，以准入前国民待遇加负面清单的方式与美国进行双边投资协定谈判，由此确立了高水平投资开放的改革方向。2013年9月，中国在上海自贸试验区推出了第一个外资准入负面清单，取消外资全面审批制，改为原则上备案，仅仅负面清单的领域需要审批。2016年10月，自贸试验区的试点推广到了全国。也就是说，针对外资的全面审批制度在全国都已取消。对于仍有特别管理措施的负面清单上的某些领域，中国也在逐步取消合资要求和股权限制。到目前，制造业的合资要求和股权限制绝大部分已经取消，服务业中的合资要求和股权限制也在逐步放开。当越来越多行业允许外资独资之后，外资在中外合资谈判中面临的中方合作者的一些技术转让要求压力就会降低。

除了外资审批制、合资要求和股权限制以外，有批评者认为强制要求服务器本地化和数据本地化，也都属于强制技术转让的范畴。无论是涉及投资准入的壁垒还是涉及互联网领域的本地化要求，这些问题都不在中国的"入世"议定书承诺范围内，需要通过谈判来协商解决。事实上，对于这些问题，相关的国际规则是缺乏的，有些冲突和不同意见恰恰是国际规则缺失导致的。中方认为是在使用自己的政策灵活空间，美方认为这影响了自己的商业利益，双方有各自的道理，而在磋商中，如果能够推动相关国际规则的形成，对于稳定中美经贸关系和世界贸易体系是有好处的。

四 中美应合作推进国际技术转让规则形成

作为世界第二大经济体，中国的技术进出口规模正在走向世界前列。中国正在从单纯的技术受让方向既有技术输出也有技术输入的方向转变。中美之间在保护知识产权方面的立场是在不断接近的。面对目前国际技术转让规则缺失的现状，通过国际谈判，中美两国应该为今后形成国际技术转让多边规则体系打下基础做出贡献，从而形成一个技术转让方和技术受让方利益综合平衡的规则体系。

我们应该有怎样的一个多边技术转让规则体系呢？

第一，尽管中国已经承诺不以技术转让作为外资准入的条件，这种禁止技术转让履行要求的承诺并没有成为一个多边纪律。中国应该支持将这一规则多边化。

第二，多边的技术转让规则既要限制技术输入国的政策干预，也应限制技术输出国的政策干预。技术贸易转让方与受让方的契约自由应该得到保护。对于尖端技术，如果技术转让方认为采取技术保守战略，不进行技术转让对其更有利，那他自己就会加强技术保密，不对外转让技术，这并不需要政府进行干预。如果技术转让方愿意转让技术给其他国家，这说明这种转让行为更符合其商业利益，这个时候的出口国技术输出限制措施会产生市场扭曲作用，不符合技术转让方的商业利益。技术输出国政府基于国家安全原因进行技术出口限制应该基于"必要"的原则，不应滥用国家安全理由进行出口限制和技术输出限制。在这个问题上，有关的国际规则需要完善，应该进一步明确哪些基于国家安全理由进行的技术输出限制是必要的。

第三，应该建立限制技术垄断行为的国际规则。在这方面，《国际技术转让行动守则（草案）》里面有大量内容可以作为进一步磋商的基础。

第四，应该考虑基因资源、传统知识、民间艺术等知识产权保护问题，避免在技术贸易中使得这些知识产权的所有者和利益相关者的利益受损。

第五，要考虑建立与数字贸易时代相适应的国际技术转让规则。在尊重国家主权、国家安全利益以及个人隐私的前提下，促进以数字形式存在的技术的自由转让。

第六，可将现有的《与贸易有关的知识产权协定》进行补充完善，使其更加平衡，同时将其发展成为一个全面的技术贸易自由化规则体系，这应该成为世贸组织长远的战略目标。对知识产权保护的最终目的是为了促进技术的创新和技术的交易。也许未来的 TRIPs 将扩展成为另一个 GATT（General Agreement on Trade in Technology，《技术贸易总协定》），或者 GATK（General Agreement on Trade in Knowledge，《知识贸易总协定》）。

第六章　中国如何应对美国金融制裁？

2018年上半年中美关税战爆发以来，双方冲突已经升级到了投资战、技术战领域，金融战的风险也在不断上升。事实上，美国对中国实施金融制裁的锋芒已经初露。从现有的丹东银行、昆仑银行，再到2019年6月传闻不配合美国调查的三家商业银行、2019年8月对中国汇率操纵的横加指责，美国金融制裁的现实或潜在的威胁越来越大。在此背景下，我们需要回答的问题是：美国金融制裁为何杀伤力巨大？欧盟等国家应对美国金融制裁的方式是否有效？中国应该如何应对？

本章的结论是，中国经济和金融市场体量巨大、国际关联度高，美国难以对中国实施与伊朗、俄罗斯相同量级的金融制裁，较大可能止步于对大型银行的罚款，以及对中型银行切断交易式的制裁。但是，中国仍应未雨绸缪，为应对金融制裁做好充分准备。

首先从机制上解释：基于三个有力抓手，美国金融制裁具有强大的执行力。目前，包括欧盟在内的多方尝试，均未能跳出美国金融霸权和金融制裁的阴影。对于中国而言，在中短期应基于现实主义进行有效应对，在长期则应基于理想主义统筹推进各项根本性的改革应对措施。

一 美国金融制裁的三大强力抓手

抓手一：基于"长臂管辖"获得法理依据。根据长臂管辖权规定，任何在美国设有分行并营业的外国银行，美国法院都可以行使管辖权。甚至根据最低限度联系原则，即便中资银行与原、被告双方的纠纷无关，但如被告在某中资银行开户，则作为协助执行的第三方，中资银行也将被卷入诉讼，从而必须予以配合，甚至受到处罚。1977年以来，美国先后颁布了《反海外腐败法》《国际紧急经济权力法》《赫尔姆斯—伯顿法》等8项法律和行政命令，为长臂管辖提供了国内依据。丹东银行、昆仑银行，以及受到美国方面调查要求的3家中国银行，都是长臂管辖的典型案例。

抓手二：通过CHIPS做实美元霸权。纽约清算所银行同业支付系统（CHIPS），是全球最大的美元支付系统，拥有50家直接参与银行，中国有3家银行位列其中（中行、交行、招行），其他银行都需要通过直接参与行作为代理行，从而实现美元的支付活动。目前，全球95%以上的银行同业美元支付结算业务，都要通过CHIPS平台实现交易。如果美国切断某个金融机构与CHIPS的直接或间接联系，这家机构将无法进行跨境美元业务。事实上，除美国之外也有国家实施长臂管辖，但是由于美国的长臂管辖以CHIPS系统为基础，因此美国长臂管辖的杀伤力巨大。

抓手三：美国通过SWIFT系统施加影响，"挟天子以令诸侯"。在跨境支付业务中，由于语言不通、交易量巨大等原因，跨境支付的信息交互成本高，存在严重的效率问题。而SWIFT（环球同业银行金融电信协会）支付报文系统，基本掌握了全球跨境支付信息，在这方面提供了高效率、低成本的解决方案。目前，各国几乎都依赖于SWIFT进行跨境支付的报文传送服务。一旦切断某个金融机构与SWIFT系统的联系，则该机构的跨境业务报文成本将大幅上升，甚至难以进行。

2018年8月，美国单方面退出伊核条约，恢复对伊朗的制裁，并要求SWIFT切断与伊朗的联系。欧洲国家和SWIFT开始并不接受这一要求。但是，特朗普和美国财政部数次施压SWIFT，威胁要将SWIFT纳入制裁。虽然SWIFT总部位于比利时，在25个董事机构当中，欧洲国家占据17个席位的绝对多数，美国仅占2席；但是迫于前述压力，欧洲国家和SWIFT虽有不满，也只能无奈接受这一要求。可见，SWIFT也是美国长臂管辖和金融霸权的受害者。只不过SWIFT比其他的金融机构更具有核心、枢纽的意义。

从长期来看，一个多元化的国际货币体系，有助于SWIFT增强独立性、避免被少数成员国绑架，在这方面中国、欧盟国家以及SWIFT的利益完全一致。最近的一个积极信号是：2019年8月6日，SWIFT全资中国法人机构成立，人民币成为继美元、欧元之后，被SWIFT接受的第三个国际货币。不过人民币国际化的进程尚需较长时日。

总之，正是基于美国的金融霸权、长臂管辖的法理依据，以及通过SWIFT系统实现"挟天子以令诸侯"——美国的金融制裁具有极大的杀伤力。近些年来，美国不但对朝鲜、俄罗斯、伊朗、中国等国家或所属企业实施过金融制裁，甚至对欧洲国家也采取过长臂管辖，法国的阿尔斯通就是著名案例。此外，欧洲多家银行都因此遭受巨额罚款，截至2018年2月，德意志银行被美国罚款累计140亿美元，苏格兰皇家银行101亿美元，法国巴黎银行93亿美元，瑞士信贷银行91亿美元，瑞银集团65亿美元。

二 美国金融制裁的威慑力尚难以动摇

首先，欧洲国家的"阻断法案"难以在新形势下有效应对美国的"长臂管辖"。

20世纪90年代，为了应对美国的《赫尔姆斯—伯顿法》，欧盟出台的阻断法案相当有效。当时，美国的索赔人向美国法院提起诉讼，只要欧洲企业与古巴相应的实体有经贸往来，就可能受到制裁和财产损失。彼时的阻断法案规定，只要美国索赔人在欧洲也拥有财产，就将被没收从而补偿欧洲企业的损失。这种做法相当有效，以至于当时美国并没有启用"长臂管辖"。

2018年，美国单方面退出伊核条约，对伊朗重新实施制裁，包括对和伊朗有经贸往来的欧洲企业进行制裁。在这种新形势下，欧盟的阻断法案找不到对应的美国实体机构进行报复。结果造成了阻断法案执行困难。这时候，如果欧盟企业遵从了美国法案，就违背了欧盟的阻断法案，反之亦然，总要违背一边的法律。结果在双重压力下，大多数欧盟企业都主动退出了伊朗。

其次，欧洲国家的金融创新也难以跳出美国金融霸权的阴影。

2019年年初，英、法、德三国联合创立了INSTEX机制（贸易交换支持工具）。这实际上是一个易货贸易的机制，欧盟企业可以与伊朗进行跨境商品贸易，同时避免与伊朗发生跨境支付结算。其前提是：如果欧盟与伊朗的跨境贸易保持平衡、没有顺差与赤字，那么欧洲企业的内部交易、伊朗企业的内部交易就可以替代双边的跨境支付。

但是实际上INSTEX难以动摇美国的金融霸权：（1）INSTEX建立的主要意义在于英法德对美国退出伊核条约表达不满，同时发出政治信号稳定伊朗情绪，使其继续执行伊核条约。（2）在美国压力下，INSTEX机制下涉及的交易仍局限于和人道主义有关的食品、药物等，远未扩展到其他商品。（3）伊朗的主要出口商品是石油，在遭受美国重启制裁后，伊朗的石油出口遭到打击，无法实现与欧盟的进出口平衡，因此INSTEX机制运转的前提条件难以实现。作为顺差方，欧盟国家必须垫付资金，才能使INSTEX维持运转。（4）INSTEX的重要出发点之一,恰恰是按照美国财政部标准提高交易透明度,将具有真实贸易背景的涉伊交易与洗钱交易区分开,以此消除美国制裁的借口,加强交易各方的信任,减少交易困难。

再次,多国已经建立了自己的支付清算系统,以及替代SWIFT的报文系统,但是仍难以摆脱美国金融制裁的阴影。例如伊朗、俄罗斯,以及中国的昆仑银行等,都有替代SWIFT的报文系统,但仍然难以摆脱制裁阴影。这是由于:(1)SWIFT的全球报文系统具有较高技术门槛,伊朗、俄罗斯和某些金融机构虽然自有报文系统,但其技术水平明显落后于SWIFT系统。(2)国际货币交易和报文系统具有网络效应,新建的报文系统可以进行特定交易,但是离开了全球报文系统,就失去了其网络生命力。(3)更重要的是,在美国"长臂管辖"和金融霸权叠加构成的"有毒物质"——金融制裁的施压下,其他金融机构不敢与受制裁机构有染,受制裁机构极易形成金融孤岛,从而失去与现有金融体系的业务联系。例如,如果失去其他金融机构提供的海运保险,则油轮将面临不可控风险而无法出海。

最后,区块链、数字货币技术也难以撼动美国的金融霸权地位。(1)欧洲在该领域的技术水平明显落后于美国和中国。(2)中国在这方面暂时具有一定技术优势,但是从长期来看,中国的数字稳定币发展的主要约束条件不是技术,而是资本账户的不完全开放。只有在资本账户开放的条件下,中国的数字稳定币才能与LIBRA、IBM稳定币等进行有效抗衡。但目前中国开放资本账户的条件还很不成熟。(3)IMF虽然提出推动SDR稳定币,但仍然面临着SDR的固有困境。

三 应对金融制裁:中期的现实主义、长期的理想主义

第一,中期内美国金融霸权难以动摇,要尽可能避免金融制裁和

中美在金融领域冲突的扩展和升级。美国金融制裁的威慑力，其基础是美元霸权、长臂管辖，以及对国际金融机构的裹挟。在可见的未来，对于INSTEX、阻断法案等现有机制，不要抱有太多期望和幻想。从现实主义出发，在中期内，中国应尽量避免将双边冲突升级到金融战，避免触发美国实施较大规模的金融制裁。

第二，中国金融机构应在美国法律框架内，积极维护自身利益。（1）建立完善的反洗钱框架，增强反洗钱、合规意识。欧美的金融处罚不仅仅局限于已经发生的违规行为，对于金融机构内部管理框架的不完善、不规范等潜在问题，也会进行严厉处罚。（2）在美经营的金融机构，要对合规工作给予足够重视，提供充足预算，吃透当地的文化和规则，善于使用当地雇员。绝对不能想当然地应付监管，企图蒙混过关。

第三，密切关注数字稳定币的发展，通过根本性的改革，为中国的数字稳定币发展创造开放、兼容的金融环境。中国的数字稳定币发展的主要约束条件不是技术，而是资本账户的不完全开放。而资本账户的真正开放，迫切需要加强对私人产权的保护，建立市场信心，此外还需要有健康的国内金融市场的支持，包括强势国际金融中心的支持。中国需要从长远着眼，加快推动一系列根本性的改革，为资本账户开放奠定坚实基础。

第四，中国应顺势推动人民币国际化，同时积极推动国内金融市场的全产业链发展。主要可从以下五点着力：（1）美国频繁推出金融制裁，特朗普政府反复失信。美国金融机构和智库也认为，这实际上会加速去美元化的进程。在此过程中，中国应顺势而为推动人民币国际化。（2）美联储即将进入降息周期，要抓住这一有利的时间窗口期，推动人民币汇率形成机制向充分的弹性汇率制转变，同时完善人民币外汇市场的风险对冲工具及其流动性。（3）在贸易和投资领域，对于中国有谈判能力和定价权的情况，应争取更多使用人民币计价和结算。(4) 完善熊猫债市场的基础设施建设，推动境外和多边金融机构在华发行人民币债券。(5) 中国迫切需要打造完整的现代金融服务体系产业链，尤其是前文提及的海运金融服务体系。

第七章　中美贸易冲突：中国经济的核心利益是什么？

中美贸易冲突已经历时两年有余，其间双方经历多轮磋商，但是谈而不合，合而又散，散而再斗。从利益分歧、民意基础、历史经验等角度来看，中美贸易冲突将旷日持久，在相当长时期内将维持一定烈度的摩擦，甚至烈度还会有所起伏。

除了时间维度上的久久僵持之外，本轮冲突在横向方面也涉及了更大的广度。例如，本轮冲突中，美国的施压内容不仅包括历史上双边所一直纠缠的知识产权保护、劳工保护、环境保护、国有企业改革、汇率水平等问题，而且还拓展到了强制技术转移、人才政策、产业政策等方面，同时美方施压的产品和行业范围，不仅涉及中国现有的具有竞争优势的出口产品，而且还涉及到中国未来发展所关注的重点产业方向。

从纵向持续期、横向广度，以及强度等各方面来看，本轮中美贸易冲突对中国而言都是前所未有的挑战。在此过程中，中国最为迫切的事情，就是要明确：中国经济的核心利益到底是什么？

一　为什么要明确经济的核心利益？

商务部发言人曾经指出，中方不会拿核心利益与美国做交易。

第七章 中美贸易冲突：中国经济的核心利益是什么？ 167

那么中国经济的核心利益是什么？例如，中华民族的伟大复兴，这确实是中方的核心利益。但是这样的核心利益界定过宽、过于抽象，从而没有可操作性，甚至无助于消除内部分歧。因此我们需要回答，从可操作性的角度来考虑，中国经济的核心利益是什么？在于何处？

具体而言，可操作性体现在以下方面：在双边经济政策的交锋过程中，在中国与其他国家寻求合作、在多边平台寻求空间的过程中，取舍的决策在所难免。而哪些方面是中国可以舍弃的，哪些方面是中国要力保的，哪些方面是中国不可放弃、需要坚守的——这些都需要对中国的核心经济利益有准确的判断，才能决定取舍。

在中美贸易冲突过程中，决策和取舍方面容易出现的一种错误的倾向——"凡是敌人赞成的，我们就反对；凡是敌人反对的，我们就赞成。"这种观点将自己的立场、决策完全建立在对方的决策基础之上，实际上是完全失去了独立思考的能力。为了克服这种错误倾向、做出正确判断，我们需要有一个正确的出发点，这个出发点也正是对中国经济核心利益的判断。

最后，与以往不同的是，美国特朗普政府奉行"推特政治"。一时间，中美经贸关系的不确定性大幅上升，虽然中方的政策力求保持战略定力，但是也不免发生跟随性的摇摆。在此过程中，中国的政策需要锚定一个稳定的目标，从而增强政策定力。而找到中国经济政策重心的驻锚所在，其关键也在于对中国经济核心利益要有准确判断。

二 核心利益的界定及三方面延伸

中美贸易冲突当中，关于中国经济核心利益的准确界定，可能有不同的观点。我们比较倾向于以下这种看法，即：维护中国在全球供应链当中的地位，这是中国经济的核心利益。

这一判断，又可以延伸到以下三个方面：一是目前中国在全球供应链当中的地位。二是中国经济在全球供应链当中的上升和发展空间。三是中国经济在参与全球供应链的过程中，效率与风险的平衡问题。过去四十多年，中国是参与全球供应链的极大受益者，经济效率大幅提升，但是中美贸易冲突当中所裹挟的中兴事件，则提醒我们深度参与全球供应链之后也可能面临较大风险。

改革开放四十多年来，中国经济发展的成果体现在诸多方面。从供给端来看，主要体现为中国产业结构的不断转型升级、科技创新能力的不断提升。在国际分工体系中，上述发展能力已经外化为中国在全球供应链当中的重要地位。

要进一步维护中国在全球供应链当中的地位，一方面就在于保证中国的上升空间，另一方面是在参与全球供应链的过程中，要平衡好效率与风险两个方面。在中美贸易冲突当中，只要坚持对上述两个方面具有积极影响，中国的经济政策方向就不会发生偏离。

在本轮中美贸易冲突过程中，美国同时在前述三个方面向中国施压。首先，通过强调压缩中国出口，从而挤压中国当前在全球供应链当中的地位；其次，通过针对"中国制造2025"的措施，限制中国在全球供应链当中的上升和发展空间；最后，通过中兴事件，中国也不得不面对全球供应链带来的两难选择，即效率与风险的两难。当前，有部分解读将这些压力上升到更高层面的分歧，这必然导致最后中美贸易冲突无解的观点。笔者认为，要完全消除中美贸易冲突的难度固然很大，但是，要缓解双边冲突、在贸易冲突中维护中国经济的核心利益，这并非没有可能。甚至牢牢守住中国的核心利益，有所取舍，中国可以做得更好。

三 从维护核心利益来看，中国应该怎么做？

要回答这一问题，首先要关注中美贸易冲突是否有解。如果有解，这种解的性质是什么？

在贸易冲突中，美国对中国的施压已经和中国的核心利益发生了冲突。这种冲突发生在两个层面。第一个层面是无解的冲突。美国的部分代表性观点认为，中国和美国的冲突是根本性的，中国的力量上升就是对美国地位的削弱甚至毁灭。这种代表性观点认为中美冲突已经超出经济层面，甚至形成可能扩展到经济领域以外各个方面的冲突。这种观点不仅在美国有一定市场，而且在中国也存在。如果仅仅局限于这个层面，则中美贸易冲突必将无解，我们只能看到双方关系紧张程度的不断升级、甚至失控。

第二个层面是有解的冲突。在这轮中美贸易冲突当中，原来一些亲华的美国企业界、金融界人士，也走向了支持对华进行施压的立场。班农之类的力量存在，早已有之。但是，与中国经贸往来关系密切阶层的立场转化，最终导致了美国国内民意力量的根本性转变。而这一部分立场转变所带来的冲突力量，恰恰是有解的。来自该领域对中国经济的置疑，更多关注中国如何实现在全球供应链当中地位的上升？中国经济地位上升的方式、手段是否合理，是否可以接受？基于此，美国方面所关注的中国强制技术转移、市场准入、不合理的补贴等问题，部分可能是存在误解，更多地可能确实是中国政策存在改进空间。但是不管怎样，与这部分冲突力量达成和解的可能性仍然是存在的。而且，这部分力量的改变和转向，将有望对中美贸易冲突的未来走势产生积极影响。

基于两种冲突力量的划分，中国方面不宜将两者纠缠在一起，不宜过度关注中美贸易冲突无解的一面。否则，中美贸易冲突的悲观预期将自我实现，真正的演变为一场国际经济体系的灾难。中国应该做的是将两个层面的冲突来源划分清楚：对于无解的冲突，他强任他强。对于有解的冲突则要谨慎对待、充满诚意地推动达成共识，甚至在保证核心利益的前提下有所取舍、积极推动国内相关领域的实质性改革。

同时，在应对中美贸易冲突的过程中，中国的政策也需要从核心利益出发，避免政策失误。例如，有观点认为，美国政府限制从中国进口产品、限制中国企业赴美投资，所以中国的反制措施也应该限制、惩罚美资企业。从中国维护自身在全球供应链的地位来看，这种观点是错误的。如果排斥美国企业，中国至少将部分地脱离全球供应链，在一定程度上重回闭门造车的处境。而且，从特朗普税改的初衷来看，其目的正是要重新将美国企业吸引回本土。中国如果将反制措施强加到美国企业身上，虽然这些企业未必就能回归美国本土，但必然会为特朗普税改提供进一步的加持效果，同时有可能弱化中国在全球供应链当中的地位。并且，这还可能将前述原本有解的冲突力量进一步推向无解。因此，中国不但不应该制裁美国在华投资企业，相反，应该进一步改善营商环境、一视同仁地对美国企业实行更为开放的市场准入政策。

从全球产业链的效率、风险权衡来看，不仅中国面临这样的两难处境，美国何尝不是如此。在2018年8月美国贸易办公室举行的内部听证会上，很多美国企业都表示，对中国的贸易进行制裁，将会在相当大程度上对美国企业、美国经济造成冲击。之后，特朗普政府原定对中国2000亿美元商品加征25%的关税，也被迫降至正式实施的10%的水平，同时对加征25%的旧方案一推再推，直到2019年年中才开始实行。同样，特朗普声称对中国3000亿美元的商品征收关税，也经历了各种推迟和反复。这表明，在参与全球供应链的过程中，美国同样面临着效率、风险的两难选择。

国际经济体系纷繁复杂，这既是一席觥筹交错、推杯换盏的盛宴，又是一场你死我活、一较胜负的拳击台。而在拳击台上，除了积极进攻、消极防守之外，还有第三种战术，就是搂抱。处于弱势的蓝方，在扭转局势之前，可以搂抱住红方，这样红方就无法再进攻。蓝方抱得越紧，则红方越是无计可施。

全球供应链也是这样，中国和美国抱得越紧，美国就越难以对中国进行攻击，而且中国和美国抱得越紧，也越有利于中国融入全球供应链当中，并且进一步提升中国在其中的地位。因此，在美国决意对全球供应链的旧格局发起冲击的时候，中国要捍卫的不仅仅是多边国际贸易规则体系，还要努力捍卫现有的全球供应链体系。在此基础上，中国应逆风而上，进一步密切与美国的经济贸易联系，而不是跟随美国一起对原有的供应链体系进行切割。在今后中美贸易冲突的日子里，中国和美国抱得越紧、经贸关系越密切，则中国经济的不确定性越小。从此意义而言，在中美贸易冲突当中，中国要强化与美国经济贸易的联系，而不是与之脱钩。

第 三 篇

坚持深化改革开放：从多边到区域，从双边到自身改革

第一章 制度协调和制度型开放：基于中美、日美贸易摩擦的比较

本章对当前的中美贸易摩擦和历史上的日美贸易摩擦中涉及的制度协调问题进行了比较研究。经济全球化使国家间的交往从商品要素交换向生产一体化演进，在更紧密的交往中，制度异质性的两个国家间的制度矛盾逐步显现，贸易摩擦从微观经济摩擦向综合性摩擦及制度摩擦扩展。制度协调的重要性显著增强，摩擦双方从局部政策协调转向全面的制度协调。综合性结构谈判和磋商是双边制度协调的重要方式之一，中国的制度型开放政策对促进中美制度协调具有积极的意义。除了自主开放外，中美需要重建有约束力和法律基础的多轨协调机制。

一 越紧密的双边关系、越频发的制度摩擦

经济全球化的发展，使不同制度国家间的对接更加频繁。正如铃木（Suzuki）所指出的，日本和美国在制度上存在差异，尽管这种异质性一直存在，但在两国相互依存关系更紧密的过程中，异质性导致的矛盾逐步加深。特别是当双边关系逐渐从互补转向竞争的过程中，制度矛盾愈加明显。[1]

---

[1] Suzuki, K. Suzuk, "How Structural Heterogeneities Turned into Political Issues: Lessons from the US-Japan Structural Talks", Springer, Emerg in a World of Hegetogeneity, 2018.

（一）贸易失衡：摩擦的导火索

巨额的货物贸易逆差是美国发起贸易冲突的重要原因。从绝对数值看，在1946—1970年，美国处于贸易顺差状态。1971年，美国首次出现61亿美元的货物贸易逆差，1984年美国货物贸易逆差快速增加至1687亿美元，2017年则达到了8100亿美元。从相对比重来看，美国在20世纪80年代对日本的贸易逆差占美国贸易逆差的比重急剧增加，到1991年达到54%，之后开始下降。中国于2001年超越日本，成为美国贸易逆差最大的来源国，之后美国对中国的贸易逆差的比重继续快速增加，2017年，美国对中国的货物贸易逆差占美国对外货物贸易逆差总额的47%（见图3-1-1和图3-1-2）。

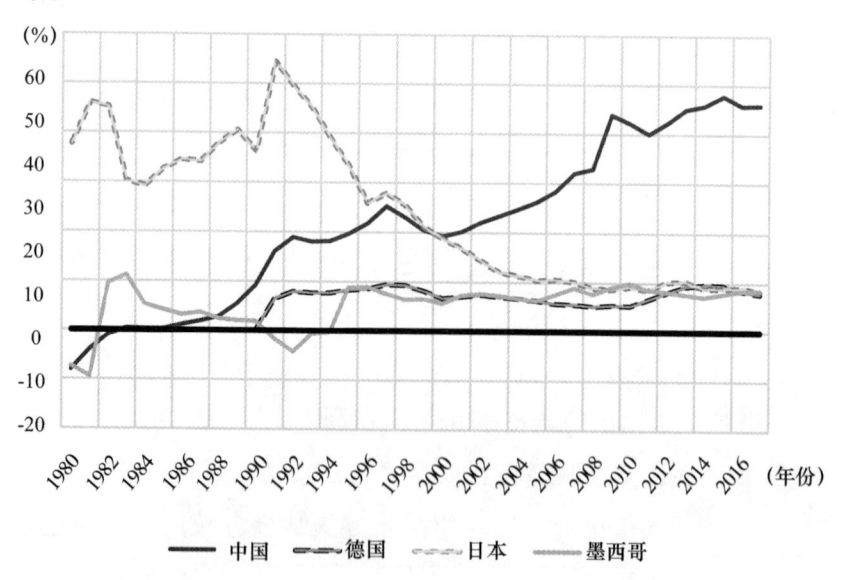

图3-1-1　美国对各国的双边贸易逆差占其总体贸易逆差的比重（1980—2016年）

资料来源：课题组根据UNComtrade相关数据绘制。

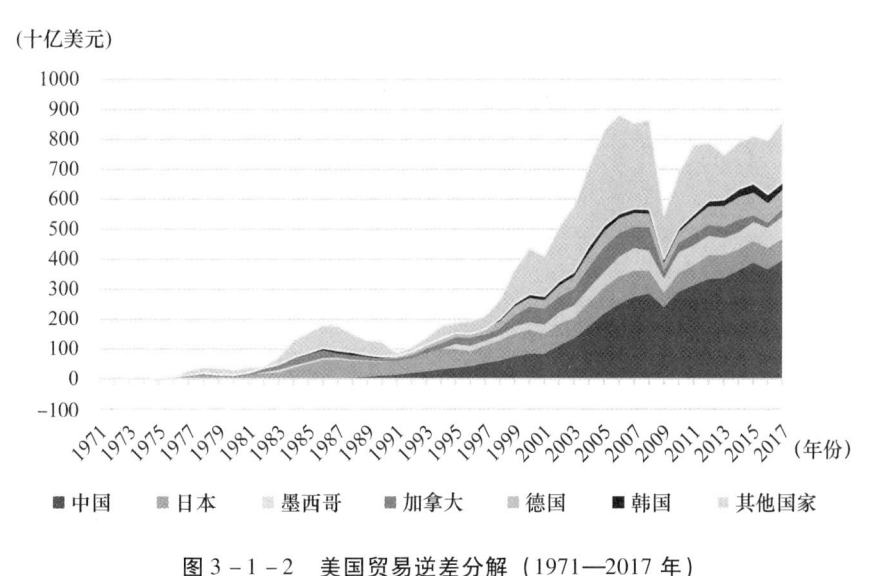

图 3-1-2　美国贸易逆差分解（1971—2017 年）

资料来源：课题组根据 UNComtrade 相关数据绘制。

双边贸易摩擦的发展进程与双边贸易失衡的状况直接相关。粗略地对比看，中美摩擦的发展进程与 20 世纪 80 年代的日美摩擦所处的发展阶段基本对应。中国"入世"后，特别是 2010 年以来中美摩擦进入频发期，这与 20 世纪 80 年代日美摩擦的高发期相对应。正如伊藤宏（Ito）[①]所指出的，当我们阅读 2005 年左右美国对中国贸易的相关声明时，如果用"日本"取代"中国"，则这些声明似乎就是 20 世纪 80 年代美国对日本贸易的提法。而目前中美进行的经贸磋商与 20 世纪 80 年代末期开始的日美结构性谈判有一定的相似性。

（二）产业竞争：贸易摩擦的微观基础

产业竞争是引发贸易摩擦的微观基础。20 世纪 60 年代，美国年平均经济增长率为 3%，快速发展的制造业是美国重要的支

[①] Ito H., "U. S. Current Account Debate with Japan then, with China New", *Journal of Asian Economics*, Vol. 20, No. 3, 2009, pp. 294–313.

柱性产业。20世纪70年代，美国生产成本较大幅度提高，美国制造业的劳动生产率出现相对下降。高通货膨胀率、固定汇率制的终结，石油冲击等一系列的宏观经济冲击也给美国的经济稳定发展带来挑战。日本的经济实力则不断增强，第二次世界大战后日本通过制造业重建使其制造业的生产能力不断提升，并逐步成为全球贸易中的重要力量。日本贸易在几十年间高速增长，日本1950年的出口额为8.2亿美元，到1981年则快速增加到1514亿美元，日本的经济从以劳动密集型产业为主，发展到以重化工业为主，日本的产业在结构升级的过程中，不断对美国的相关产业构成挑战。从工业竞争力综合指标来看（见表3-1-1），日本工业竞争力在1991年是美国的1.23倍，其中日本的技术水平、人均制造业增加值和人均出口额均高于美国，但全球影响力方面日本与美国相比仍有一定的差距，之后日本对美国的工业竞争优势有所下降。

中国的工业竞争力快速提升，1991年中国的工业竞争力综合指数在全球位于第33位，2001年"入世"时上升到第22位。之后中国在制造业生产和出口能力、技术水平，在全球生产和出口中所占的份额等几个方面不断提升，与美国逐步形成了全面竞争关系。2011年，中国在技术水平、对全球影响力等指标上高于美国，中国的工业竞争力在2016年首次超过美国，位于世界第三位，仅次于德国和日本。

在产业结构升级的过程中，日本和中国的产业竞争力逐步向美国逼近，与美国从互补关系过渡到竞争关系。特别是当产业竞争发生在钢铁、电信等涉及国家安全领域时，产业竞争与国家安全因素交织在一起，容易引发贸易摩擦的升级。日美曾经在半导体、超级计算机等领域发生剧烈的矛盾。从图3-1-3和图3-1-4可以看出，中国制造业增加值占GDP的比重较高，制造业出口在中国出口总额中的比重逐步提升，虽然目前中国的中高技术制造业的生产水平与日本和美

第一章 制度协调和制度型开放：基于中美、日美贸易摩擦的比较 179

表 3-1-1　工业竞争力比较

年份	国家	CIP Rank	CIP	Relative to USA	MVApc	MVAsh	MXpc	MXsh	INDint	MXqual	ImWMVA	ImWMT
1991	德国	1	0.63	1.32	7486.29	0.22	4607.31	0.91	0.65	0.87	0.10	0.15
	日本	2	0.58	1.23	7039.07	0.18	2445.18	0.97	0.59	0.99	0.15	0.12
	美国	3	0.47	1.00	4166.06	0.12	1302.76	0.83	0.49	0.86	0.19	0.13
	中国	33	0.09	0.20	177.95	0.23	59.27	0.84	0.58	0.60	0.04	0.03
1996	德国	1	0.57	1.15	6567.29	0.19	5654.03	0.88	0.61	0.86	0.08	0.11
	日本	2	0.57	1.14	7011.23	0.17	3119.35	0.96	0.59	0.99	0.14	0.10
	美国	3	0.50	1.00	4851.64	0.12	1812.52	0.84	0.42	0.86	0.20	0.12
	中国	25	0.14	0.28	350.93	0.27	107.73	0.89	0.66	0.67	0.07	0.03
2001	德国	1	0.59	1.15	7576.86	0.19	6359.25	0.91	0.64	0.89	0.08	0.11
	日本	2	0.52	1.02	5464.42	0.12	2014.13	0.86	0.48	0.88	0.21	0.12
	美国	3	0.51	1.00	6919.09	0.16	2974.31	0.94	0.56	0.97	0.12	0.08
	中国	22	0.18	0.36	527.61	0.28	189.75	0.92	0.70	0.74	0.09	0.05
2006	德国	1	0.62	1.27	8554.05	0.21	12428.87	0.90	0.66	0.90	0.07	0.11
	日本	2	0.51	1.05	8185.58	0.18	4680.04	0.93	0.61	0.98	0.11	0.07
	美国	3	0.49	1.00	6321.07	0.13	2685.03	0.86	0.48	0.88	0.20	0.09
	中国	15	0.28	0.58	887.77	0.29	693.19	0.95	0.71	0.84	0.13	0.10

续表

年份	国家	综合指标 CIP Rank	CIP	制造业生产和出口能力 Relative to USA	MVApc	MVAsh	技术水平 MXpc	MXsh	INDint	对全球的影响力 MXqual	ImWMVA	ImWMT
2011	德国	1	0.58	1.39	9151.64	0.21	16141.96	0.88	0.65	0.86	0.07	0.10
	日本	2	0.46	1.11	8388.60	0.19	5874.37	0.92	0.59	0.92	0.10	0.06
	美国	3	0.42	1.00	5917.08	0.12	3174.78	0.76	0.44	0.74	0.17	0.08
	中国	6	0.36	0.86	1547.52	0.32	1335.03	0.96	0.70	0.83	0.20	0.14
2016	德国	1	0.52	1.40	9659.90	0.21	14493.59	0.89	0.69	0.85	0.06	0.10
	日本	2	0.40	1.07	8958.28	0.19	4566.45	0.90	0.63	0.90	0.09	0.05
	中国	3	0.38	1.01	2135.97	0.32	1437.62	0.96	0.72	0.81	0.24	0.17
	美国	4	0.37	1.00	6005.31	0.11	2817.10	0.74	0.47	0.73	0.16	0.08

注：CIP 为联合国工业发展组织计算的工业竞争力绩效指数；MVApc 为人均制造业增加值；MVAsh 为制造业增加值占 GDP 的比重；MXpc 为人均制造业出口额；MXsh 为制造业出口占总出口的比重；INDint 为工业强度指数；MXqual 是出口质量指数；ImWMVA 表明一国制造业增加值占全球制造业增加值的比重；ImWMT 为一国出口占全球出口总额的比重。因为 UNIDO database 的数据无 1990 年前的数据，20 世纪 80 年代日本的相关数据有待于后续研究补充，表中 1991 年的数据在一定程度上反映了今日美摩擦时期日本工业竞争力的水平。

资料来源：UNIDO database，CIP 2018。

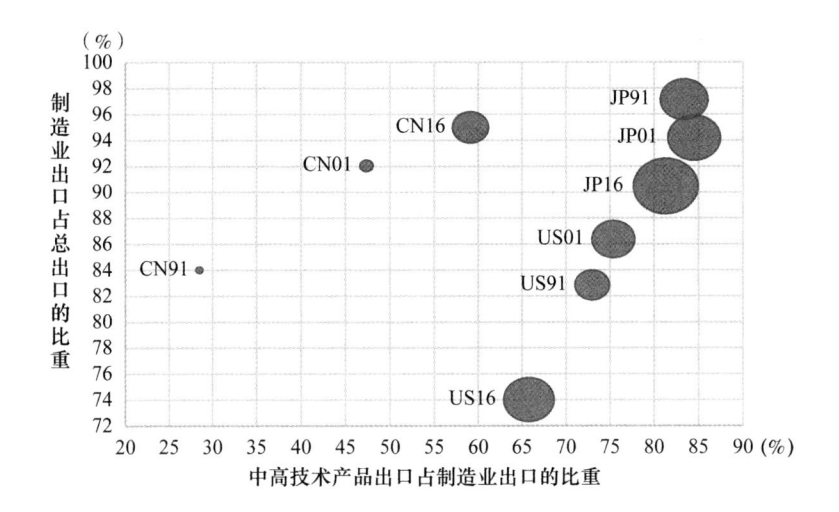

第一章 制度协调和制度型开放：基于中美、日美贸易摩擦的比较　181

图3-1-3　制造业出口结构：中国、美国及日本

注：气泡大小体现人均制造业增加值的大小，CN、JP、US分别代表中国、日本、美国，91、01、16为1991年、2001年、2016年。

资料来源：课题组根据UNIDO database相关数据绘制。

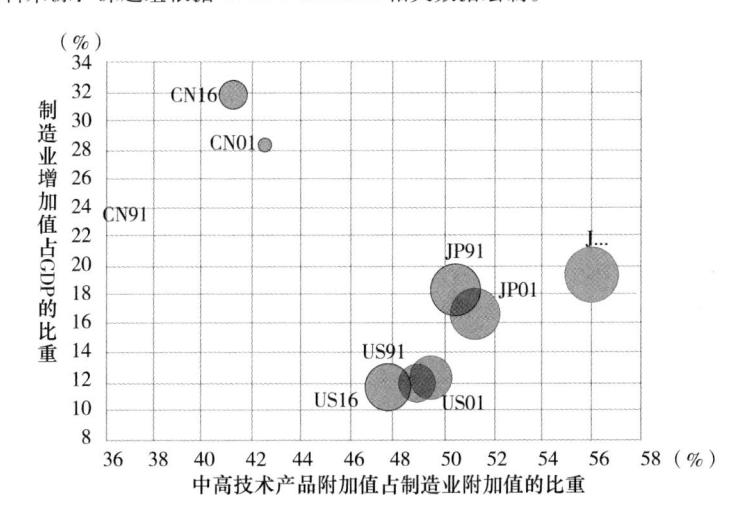

图3-1-4　制造业生产结构：中国、美国及日本

注：气泡大小体现人均制造业增加值的大小，CN、JP、US分别代表中国、日本、美国，91、01、16为1991年、2001年、2016年。

资料来源：课题组根据UNIDO database相关数据绘制。

国比还有一定的差距，但是中国的中高技术制造业产品的出口比重逐步提升，产业竞争力日益加强，对美国的挑战愈加明显。相对于日美的政治关系来说，中美经济政治制度差异更大。在国家安全领域，美国对中国的不信任程度更甚，科技战和贸易战相结合，使双边博弈更加复杂。

（三）全面竞争：制度摩擦逐步加深

从生产能力看，按购买力平价计算的GDP指标显示，日本GDP对美国GDP的比重1980年为36.57%，1991年达到最高点，为42.57%，之后逐步下降，1999年日本在经济总量上被中国超越。日本在20世纪80年代虽然从经济总量上对美国构成了一定的威胁，但日美之间的崛起国与守成国之间的冲突并不十分突出，在《注定一战：中美能避免修昔底德陷阱吗？》[①]一书中，美国教授格雷厄姆·艾利森（Graham Allison）列出了16个崛起国与守成国之间竞争的案例，而日美1980年集中爆发的贸易冲突并不在其中。与日本不同的是，中国具有巨大的工业生产和制造能力，中国的生产技术水平和产品质量显著提升，对全球的生产和贸易的影响力巨大。中国占美国GDP的比重在1999年超过了日本，达到了34.79%，之后继续上扬。2014年根据IMF公布的数据，按购买力平价计算，中国的GDP首次超越美国（见图3-1-5）。

从全球影响力看，中国具有庞大的中产阶级，形成了较大的市场需求潜力，中国在全球主导力方面对美国构成的威胁更大。在贸易领域，进口额体现了一国对国际市场的影响力，在进口中包括中间品进口和最终品进口，前者反应了一国作为价值链中心的连接能力，后者则反映了一国对需求市场的吸引力。如图3-1-6所示，[②]

[①] ［美］格雷厄姆·艾利森：《注定一战：中美能避免修昔底德陷阱吗？》，陈定定、傅强译，上海人民出版社2018年版，第320页。

[②] 因为日美贸易时期价值链相关的贸易统计数据不全，这里仅从总进口角度来研究。

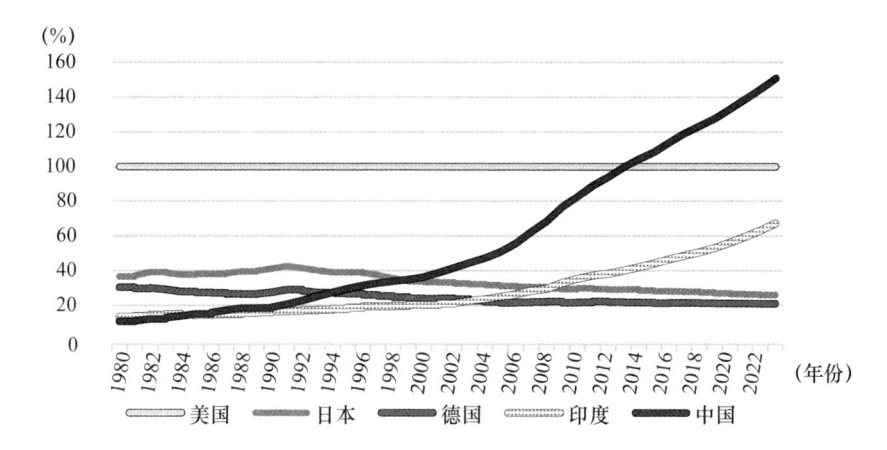

第一章 制度协调和制度型开放：基于中美、日美贸易摩擦的比较　183

图 3-1-5　主要经济体国内生产总值相对于美国的比值（1980—2022 年）

注：数据为基于购买力平价计算的国内生产总值，2017 年后的数值为估计值。

资料来源：课题组根据国际货币基金组织 World Economic Outlook Database，October 2018 相关数据计算绘制。

2017 年美国和中国各自的进口额占全球进口的比重分别为 13.37% 和 10.22%，表明中美两国是全球经济发展的重要引擎和维护世界稳定的重要保证。2000 年之后，美国自全球进口的份额逐步下降，而中国进口占全球进口总额的份额逐步提升。特别是 2009 年起，中国首次超过德国，成为全球第二大进口国。来自中国的进口需求对欧美发达国家应对美国金融危机和缓解欧洲债务危机发挥了积极的作用。而日本进口占全球的比重在 1981 年达到 7.13% 后逐渐下降，日本市场规模较小、经济增速下滑等因素使日本对美国没有构成持续的威胁。

日益紧密的经贸关系使具有制度异质性的两个国家间的交往加深，特别是当两国产业竞争加剧并逐步形成全面竞争态势时，支撑产业竞争力的生产组织模式、营商环境，法律规定等制度问题愈加受到关注。

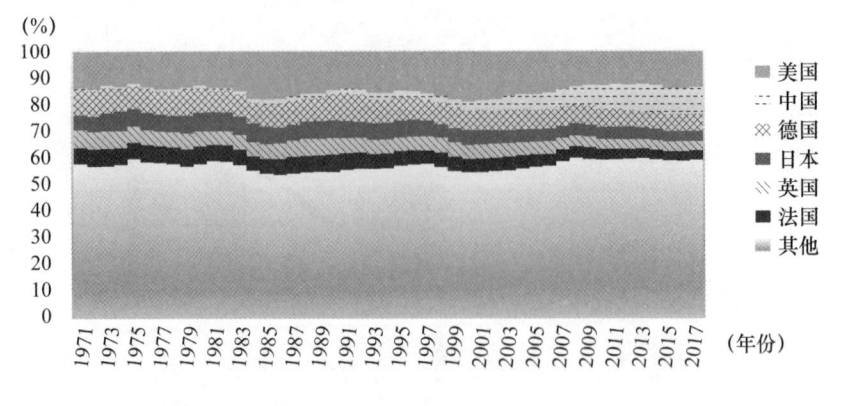

图 3–1–6　各国进口占全球的比重（1971—2017 年）

资料来源：课题组根据世界银行 World Development Indicators 相关数据计算绘制。

二　以制度协调应对制度摩擦

（一）日美贸易摩擦进程中的制度摩擦

日美贸易摩擦经历了从具体行业的微观摩擦，到综合性摩擦和制度摩擦的发展过程。第二次世界大战后至 20 世纪 70 年代中期，日美贸易摩擦在微观领域逐步显现。日本在战后采取了贸易立国战略，大力发展制造业。在这一阶段，美国传统行业的发展优势逐步被日本替代，贸易摩擦首先发生在劳动密集型行业，并逐步从轻工业扩展到重工业。20 世纪 60—70 年代，日本纺织品、钢材、彩色电视机和汽车等产品对美国国内相关产品的生产产生了较大的冲击，这一阶段美国力图限制日本企业在美国市场的竞争，自愿出口限制是双方早期贸易摩擦的主要协调手段。

20 世纪 80 年代，日美贸易摩擦演变为综合性摩擦。日本在制造业的竞争优势全面提升，逐步发展成世界经济大国，里根时期美国的财政赤字增加，日本成为美国的重要债权人。日本对美国经济和社会发展的影响力显著增强，对美国经济的影响逐步从对某一具体行业的影响，转变为对宏观经济总体环境的影响。双方的摩擦在尖端技术、农业和金融领域发生，并演变为综合性摩擦，日美竞争的场所由美国市场向日本市场扩展。美国继续对日本冲击本国市场的行为进行约束，同时，转向要求日本开放自身的市场。这一阶段美国使用了超级301条款。

20世纪80年代末至90年代，日美摩擦以制度性摩擦为主。冷战后，美国和日本的战略重心都转向了增加自身的经济基础，提升国际竞争力，经济竞争成为国际竞争的主要战场。美国通过限制日本商品进入美国、要求日本进行结构性改革及开放市场两方面与日本进行贸易协调。制度摩擦逐渐成为双边摩擦的重要内容。赵瑾指出，"只有进一步解决存在于日美两国之间的制度问题，才能真正解决存在于两国之间的贸易摩擦问题。"[1] 20世纪90年代中期后，日美贸易摩擦逐渐趋缓。

（二）中美贸易摩擦进程中的制度摩擦

中美贸易摩擦的发展历程与日美摩擦相近。1980—2000年，中美在纺织品、彩电、家具、化工产品等领域发生摩擦；2001年中国加入WTO后，中美贸易摩擦向机电、矿业、医药等领域扩展，知识产权、人民币汇率、环境保护、市场经济地位等宏观层面的摩擦及制度问题逐步成为矛盾的焦点。美国迄今为止对中国发起的六次"301调查"中，四次涉及知识产权问题。产业政策和产业规划也是美国关注的重点。图3-1-7表明，2018年美国对华加征关税的2000亿美元商品中，电机电气设备及录音机等金额最高，达到488亿美元，占比接近关税清单的1/4。核反应堆、锅炉、机械器具及零件出口金额达到383.7亿美元。车辆及其零件出口金额达到

---

[1] 赵瑾：《全球化与经济摩擦》，博士学位论文，中国社会科学院研究生院，2001年。

116.4亿美元。以上三类商品在2018年6月15日公布的500亿美元商品清单中也占据前四的位置，美国对华加征关税主要针对"中国制造2025"计划相关行业。

500亿美元商品清单

类别	占比
光学照相医疗精密仪器	
船舶及浮动结构体	
航空航天器及零件	
车辆及其零件	
机车、信号设备及零件	
电机电气设备及录音机等	
核反应堆、锅炉、机械器具	
铝制品	
钢铁制品	
玻璃及其制品	
橡胶及其制品	
塑料制品	
杂项化学产品	
表面活性剂、润滑剂等	
无机化学品等	
矿物燃料	

2000亿美元商品清单

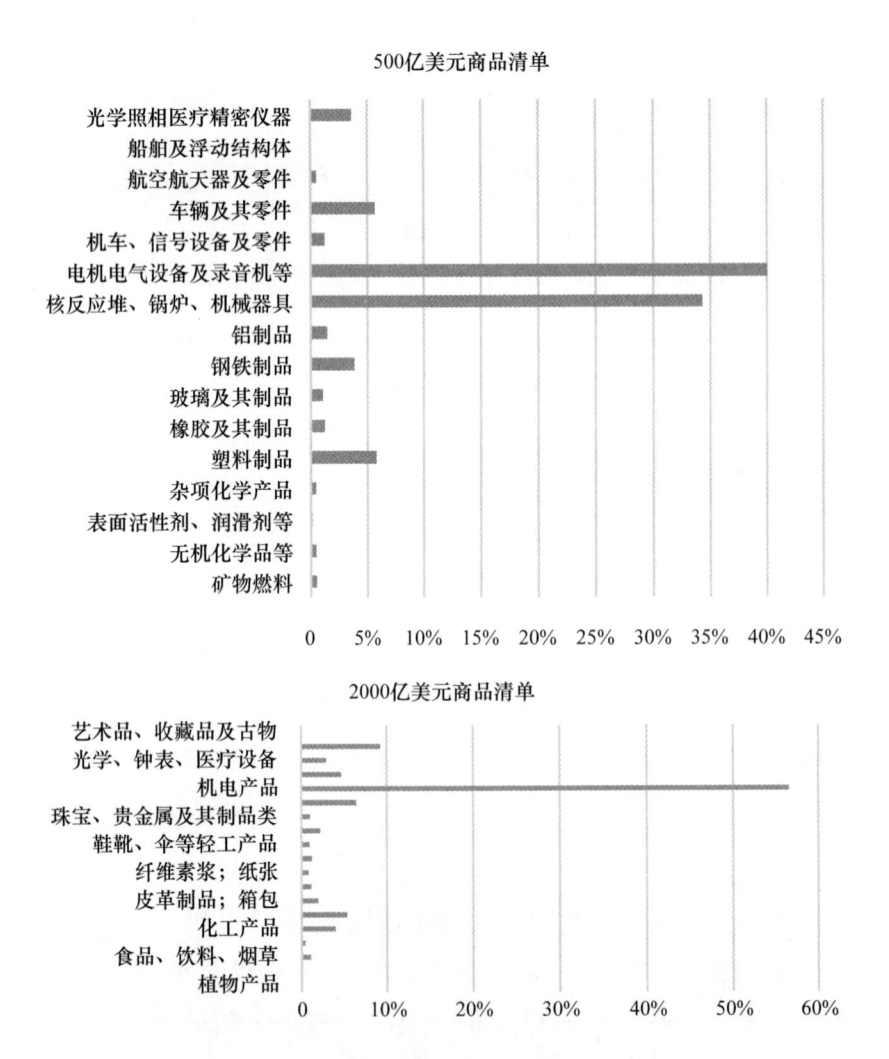

类别	占比
艺术品、收藏品及古物	
光学、钟表、医疗设备	
机电产品	
珠宝、贵金属及其制品类	
鞋靴、伞等轻工产品	
纤维素浆；纸张	
皮革制品；箱包	
化工产品	
食品、饮料、烟草	
植物产品	

图3-1-7 美国对华加征关税的产品清单结构

资料来源：笔者根据美国USTR网站相关资料及相关数据绘制。

表 3-1-2　特朗普上任后中美主要谈判结果与征税进程（截至 2019 年 5 月）

中美 "百日计划" 早期收获	2017 年 5 月	进口：中国同意进口美国牛肉，增加自美进口液化天然气
		市场准入方面：外资全资金融服务公司提供信用评级服务，允许美国全资的电子支付服务供应商申请许可证，加快审批美国生物制药类准入
美国 "201 措施" 中国反制	2018 年 1 月 12 日 2018 年 2 月 5 日	美加征关税：洗衣机、太阳能电池板实施保障关税 中国反制：对 10 亿美元美国高粱进行反倾销和反补贴调查
美国 "232 措施" 中国反制	2018 年 3 月 8 日 2018 年 4 月 2 日	美加征关税：对进口钢铁和铝制品分别加征 25% 和 10% 关税 中国反制：对总额约 30 亿美元的水果、猪肉等自美国进口产品加征 25% 或 10% 的关税
中美磋商结果	2018 年 5 月	进口：中方将大量增加自美购买商品和服务
		知识产权：中方将推进包括《专利法》在内的相关法律法规修订工作
美国 "301 措施" 中国反制	2018 年 7 月 6 日	美加征关税：对 340 亿美元自中国进口产品加征 25% 关税 中国同等规模反制：对 340 亿美元自美国进口产品加征 25% 关税
	2018 年 8 月 23 日	美加征关税：对 160 亿美元自中国进口产品加征 25% 关税 中国同等规模反制：对 160 亿美元自美国进口产品加征 25% 关税
	2018 年 9 月 24 日	美加征关税：对 2000 亿美元自中国进口产品加征 10% 关税 中国同比例规模反制：对 600 亿美元自美国进口产品加征关税
中美元首会晤 中美磋商	2018 年 12 月 1 日	停止升级关税等贸易限制措施，进入 90 天磋商期
	2019 年 1 月—4 月	贸易不平衡及结构性问题谈判
	2019 年 5 月 10 日	美关税提高至 25%，准备对华全部剩余产品加关税

续表

2019年8月1日 2019年8月23日	美国宣称9月1日起对中国剩余3000亿美元商品加征10%的关税 中国宣布对来自于美国的750亿美元商品征收5%—10%的报复性关税 美国宣布将在此前对从中国进口的2500亿美元商品征收25%关税基础上,再加征5%的关税,加征关税将于10月1日生效 对新一轮来自于中国的3000亿美元商品的进口关税从10%提高到15%,将于9月1日和12月15日分阶段实施
2019年9月5日	中美双方同意10月初在华盛顿举行第十三轮中美经贸高级别磋商

资料来源:笔者根据中华人民共和国商务部、财政部以及美国USTR网站相关信息汇总。

从特朗普上任后中美的协商进程(表3-1-2)可以看出,美国表面上关注贸易不平衡问题,但实质上更关注贸易不平衡背后的制度问题。在2017年4月"百日计划"协商、2017年11月特朗普访华的双边洽谈以及2018年5月中美磋商的过程中,中国就扩大进口做出了较大力度的承诺,但这些努力都没有阻止美国的加税进程。对比日美摩擦的进程,中美目前已经进入制度摩擦阶段。美国使用关税作为威胁手段,迫使贸易伙伴接受其要求,国家安全方面的考量在美国的行动中发挥着重要作用。知识产权、技术转让等结构性问题的协调尤为重要。

日美摩擦与中美摩擦的发展进程表明,制度协调是经济合作达到一定阶段后继续深化合作的必要保证。1974—2019年,美国对贸易伙伴国共发起了125次"301调查",这些调查主要集中在2000年前。世界贸易组织成立后,美国更多地转向通过WTO的争端解决机制来处理贸易争端。从图3-1-8和图3-1-9可以看出,美国关注的问题从关税、配额、歧视性待遇等边界措施,逐步转向政策和制度相关问题,政策问题包括政府采购、产业政策、补贴等方面,制度问题

第一章 制度协调和制度型开放：基于中美、日美贸易摩擦的比较　189

包括知识产权保护、市场垄断等方面。这一变化体现了在全球价值链纵深发展背景下，贸易伙伴国之间的制度协调日益成为国际博弈的焦点。

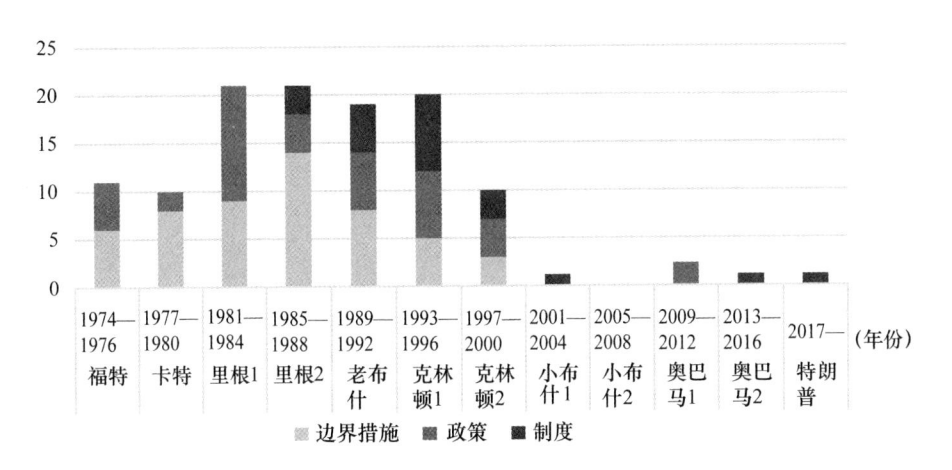

图 3-1-8　美国"301 调查"案件内容分类

资料来源：1994 年后的相关信息来自 Federal Register，之前年份的信息来源于 Kazutoshi Suzuk, "How Structural Heterogeneities Turned into Political Issues: Lessons from the US-Japan Structural Talks", in M. Tadokoro, S. Egashira and K. Yamamoto, eds., *Emerging Risks in a World of Heterogeneity*, Singapore: Spinger, 2018, pp.87–106。

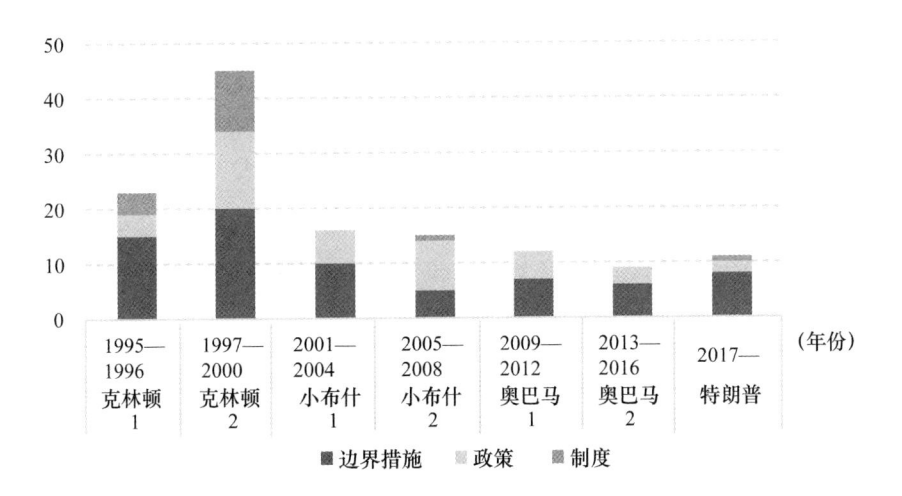

图 3-1-9　美国向 WTO 提起诉讼的案件内容分类

资料来源：WTO 网站。

三 通过结构性谈判构建制度协调：
历史经验及其借鉴

（一）日美结构性谈判的历史经验
1. 布什政府时期的 SII 谈判

20世纪80年代末期，日美的制度协调形式由结构性对话进入结构性谈判阶段。1989年7月至1990年，美日结构性障碍谈判（The US-Japan Structural Impediments Initiative，SII）构建了美日制度协调的新框架，铃木（Suzuki）等认为日美结构性障碍谈判是历史上最不寻常的大规模的双边贸易谈判之一。[①]

结构性谈判是避免关税制裁的一种协调方式。1988年，美国国会通过《1988年综合贸易与竞争法》（Omnibus Trade and Competiviveness Act of 1988），该法案在1974年贸易法案中301条款的基础上增加了"超级301条款"。提出美国对持续存在明显进口壁垒和扭曲市场做法的国家实施贸易制裁。"超级301条款"设置的动因之一是规范日本的贸易经济行为。美国国会要求采用更强有力的措施来对付日本的贸易行为，同时美国通过多边和双边配合的方式来对日本施压。在乌拉圭回合谈判中，美国除了要求日本促进农业和服务开放外，希望日本进一步开放政府采购市场，避免对外国供给者歧视等。布什政府和日本政府同意将日美结构性谈判作为替代方式，以避免美国采用"超级301条款"对日本进行制裁。

日美结构性障碍谈判涉及的问题具有广泛性和综合性，美国最初提出的诉求清单包括240余项内容。美国特别关注日本市场自身的封

[①] Suzuki K., "How Structural Heterogeneities Turned into Political Issues: Lessons from the US-Japan Structural Talks", in M. Tadokoro, S. Egashira and K. Yamamoto, eds., *Emerging Risks in a World of Heterogeneity*, Singapore: Springer, 2018, pp. 87–106.

闭性和不透明性。美国对日本贸易政策的目标是，希望日本市场基于市场竞争规范运行，避免政府的过度干预和企业的排他性行为。美国认为日本应该在以下领域进行调整：储蓄投资模式、土地政策、流通问题、排他性的商业行为、企业集团、价格机制等。文化差异引发的经济组织模式方面的异质性是日美制度协调重点关注内容，如日本产业组织中存在独特的企业集团组织模式，企业集团由不同行业的企业组成，但通过交叉持股相互关联。美国认为日本的企业集团形成了排他性的企业竞争环境，阻碍了外国企业进入日本市场，需要进行调整。同时美国要求日本通过完善和调整相应的法律体系，如修改对美国中小零售企业进行保护的《大店法》，增强《反垄断法》的实施力度等来进行制度协调。

2. 克林顿时期的结果导向型贸易协调

1993年下半年至1995年的综合经济协议框架谈判中，美国不仅关注日本具体行业的壁垒，更关注宏观、结构等问题，形成了包括政府采购、规制改革和竞争力、汽车及零部件等部门的开放、直接投资、供求关系、知识产权、技术准入等经济协调，以及现有协议的执行等问题的五个篮子的协议。

值得注意的是，克林顿政府提出的谈判方向和布什时期相比有所调整，协调中从重视过程到更重视结果。克林顿政府提出结果导向型（results oriented）思路，要求双方在各领域协商中包括明确数量目标（如表3-1-3），这些要求反映了用管理型贸易来替代自由贸易的政策主张。

然而，结果导向型政策采用的自愿进口扩张磋商的效果受到质疑，量化的进口目标制具有一定的随意性和内在的歧视性，自愿进口扩张政策实施对于形成公平、开放的全球贸易体系将造成冲击。日本在谈判中反对量化目标和管理型贸易模式，最终美国取消了结果导向型的政策。

表 3-1-3　克林顿时期日美结构性谈判开始时的美国的部分要求

领域	美国产品的销售对象	目标	实现目标的措施
汽车及零部件	在美国和日本生产的日本汽车制造商	年增长20%，4年	增加在北美生产的日本汽车的本地含量要求
			增加销售各国汽车的日本经销商
			放松汽车注册及审查要求
医疗设备	日本政府	年增长25%，4年	提前通报医院相关的采购信息
			按整体最优价值，而非最低价值评标
			跟踪发包给国外的合同
电信设备	日本电信电话株式会社及日本政府	年增长30%，4年	改革日本电信电话株式会社的采购行为
			提前通知投标事项
			跟踪发包给国外的合同

资料来源：Douglas A. Irwin, *Managed Trade: The Case Against Import Targets*, Washington, D. C.: The AEI Press, 1994.

（二）中美结构性磋商

随着中美经贸摩擦的持续发展，双方的制度协调逐步深入。2009年，双方建立"中美战略与经济对话"（S&ED）机制，截至2016年共举行八次对话，对话的范围涉及宏观政策协调、金融体系发展、贸易投资促进、国际合作等方面。这一机制对推动双边政策协调和推进双边战略与经济关系发展发挥了积极的作用。特别是在2008年第四次战略与经济对话期间，中美正式启动双边投资协定谈判，中美双边投资协定谈判对促进中国外商投资企业改革，推动中国参与国际经贸新规则的构建发挥了积极的作用。2017年特朗普上任后，中美也举行了全面经济对话来进行政策沟通。中美在S&ED框架下的协调与日美在20世纪80年代进行的结构性对话有一定的相似之处。在内容上，都侧重结构性问题；在形式上，均采取对话形式。这些制度协调虽然取得了积极的进展，但就当前中美面临的制度性摩擦的深度和广度而言，还需要进行模式创新。

2019年1月，为落实中美两国元首在2018年年底G20会议上达成的共识，中美双方团队进入全面磋商阶段，参考美日结构谈判的历史进程，中美从结构性对话进入结构性谈判阶段。通过谈判来解决中美双方重点关切议题，形成具有一定约束力的框架协定，有助于推动实现中美经济关系在未来较长时间内保持基本稳定，缓解制度摩擦。当然，谈判中存在的难点还需要深入分析。第一，谈判具有长期性，与传统的边界降税等措施相比，结构性协调涉及的范围更广泛，需要循序渐进，逐步展开；第二，谈判具有复杂性，中美文化和制度的冲突更加明显，需要协调的内容涉及国内经济制度、法律、规范等诸多层面；第三，谈判具有艰巨性，中国在经济总量上对美国构成了一定的威胁，但是从人均水平看，中国将长期属于发展中国家，美国对中国的对等要求与中国的实际承受水平间还有一定的差距；第四，在一些技术性问题的处理上需要注意规避风险，如在考虑是否承诺实施量化目标时应该审慎。

四 中国的制度型开放与重塑中美多轨协调制度

应对制度摩擦需要结构性改革和制度协调，主动的开放是面对挑战的必然选择，从商品和要素流动型开放向规则等制度型开放转变，顺应了全球产业发展、国际分工的趋势。经济全球化的发展使各国更加紧密地联系在一起，而经贸交流背后体现的制度、文化差异逐步成为冲突焦点。从日美摩擦的历史经验看，贸易摩擦在给日本带来冲击的同时，也促进了日本产业变革、技术创新和制度调整。中美经贸关系正在从互补性为主向竞争性为主转变，双边竞争从局部产业的竞争向全面竞争演进，在此背景下，制度的对接和协调更加重要。经济全球化的纵深发展使国家间从交往边界的商品流动逐步发展为生产过程的一体化，带来全球价值链的发展需要更开放、更加联通的市场运行环境，当前国际规则从边界规则向边界内协调的演进反映了这一趋势。自由贸易试验区建设、外商投资法的发布等一系列重要政策有助于中国深化改革。通过制度型开放，可以营造与国际高水平对接的经贸规则体系、促进市场经济发展的营商环境，形成全面开放的新格局。

在中国自主开放的基础上，中美需要重建多轨协调制度。中国双边制度协调，目前已经从结构性对话进入结构性谈判阶段，双方需要逐步形成一个有约束力的、有法律基础的协定，以期达到稳定的、可预期的效果，同时在结构性谈判协定的基础上，继续探讨商签中美双边投资协定或者中美自由贸易协定。在区域贸易协定方面，中美可以在《全面与进步跨太平洋伙伴关系协定》（CPTPP）等协定框架内进行合作，推进亚太经济一体化和全球贸易治理合作。在WTO层面，双方应共同维护多边贸易体系的权威性，促进更有利于体现全球经贸发展进程的贸易投资规则体系的构建。

20世纪50至90年代的日美贸易摩擦为我们理解当前的中美贸易摩擦提供了参照系。当然，两次摩擦发生于不同的时代环境，美国的战略动机、摩擦双方的结构矛盾的焦点、全球经贸规则的制度环境等方面均有一定的差异。中国的制度型开放具有更加重要的历史和现实意义。

第二章　WTO"发展中国家地位"的调整压力及中国对策

近年来,美欧等发达经济体提出的对世界贸易组织(WTO)改革的方案中,多次提到中国不适合继续作为发展中国家享受WTO的优惠待遇,希望中国能承担更多的责任。WTO成员国的发展中国家和发达国家待遇的差异,主要体现在是否适用"特殊和差别待遇"条款方面。中国近年来的发展成就显著,若继续按现有方式享受WTO"特殊和差别待遇",将面临越来越大的压力。中国在继续坚持自身所处的发展中国家阶段、坚持WTO应该关注发展中国家的发展问题、反对直接对等的前提下,应对WTO成员国分类改革做出预案,在一定程度上回应发达经济体的关切,在全球经贸治理体系中承担更大的责任,继续支持WTO促进发展和能力建设,促进WTO适应新形势而变革前进。

一　WTO对发展中国家"特殊和差别待遇"的主要规定

WTO成员国发展中国家和发达国家地位的差异,主要体现在WTO协定中关于"特殊和差别待遇"条款的规定。"特殊和差别待遇"是在多边贸易体制内,基于发展中国家的特殊情况和需要,发展中国家的成员方可以在一定的范围和条件下,适用较为优惠的待遇。

这些条款分布在 WTO 的各类协定中,根据 WTO 秘书处 2018 年 10 月的相关研究报告,① WTO 法律文本中对发展中国家"特殊和差别待遇"条款包括在 GATT/WTO 的 16 项协定中,如《关于 1994 年关税与贸易总协定》《技术性贸易壁垒协议》《补贴与反补贴措施协议》《农业协定》《服务贸易总协定》《关于争端解决规则与程序的谅解》《政府采购协议》等(见表 3-2-1),涉及 155 个条款,大体可以分为 6 类。

1. 增加发展中国家成员贸易机会的条款。WTO 延续了 1947 年关贸总协定中提出的关于给予发展中国家优惠市场准入待遇的条款。例如 GATT 第 37 条要求发达国家尽最大可能保证发展中国家的贸易利益,包括对削减和取消欠发达缔约方目前或潜在具有特殊出口利益产品的壁垒给予最优先考虑;1979 年的"授权条款"(Enabling Clause)则允许发达国家对来自发展中国家的产品给予普惠制待遇,无需按照最惠国待遇原则将这种待遇给予其他成员国。

2. 要求 WTO 成员维护发展中国家成员利益的条款。协定的一些条款要求发达国家在采用贸易措施时应该考虑到发展中国家的特殊利益。例如《技术性贸易壁垒协议》中有十个条款涉及相关的规定,包括在序言(第九次修订)、第 2 条 12 款、第 5 条 9 款、第 12 条 1 款、第 12 条 2 款、第 12 条 3 款、第 12 条 5 款、第 12 条 9 款、第 12 条 10 款和第 14 条 4 款中。如第 12 条第 3 款规定各成员在制定和实施技术法规、标准和一致评定程序时,应考虑到发展中国家成员的特殊发展、金融和贸易需要,以确保这些技术法

---

① WTO, "Special and Differential Treatment Provisions in WTO Agreements and Decisions", WT/COMTD/W/239, 2018, https://www.wto.org/english/tratop_e/devel_e/dev_special_differential_provisions_e.htm#legal_provisions.

规、标准和一致评定程序不会对发展中国家成员的出口产生不必要的影响。

3. 承诺、行动及政策工具使用的灵活性条款。如在WTO农业协定中，有九项条款体现发展中国家在相关领域的灵活性。如在第9条第2款中规定："在实施期满时，该成员方出口补贴的预算支出和自这类补贴中利益的数量分别不高于1986年至1990年基期水平的64%和79%。对发展中国家成员方而言，这两个百分比应分别为76%和86%。"发展中国家可以削减较少的关税和补贴，可以维持一般性的投资补贴和给予低收入或资源贫乏农民的农业投入补贴等。

4. 给予发展中国家成员更长的过渡期条款。除了反倾销协定和装运前检验协定外，其他所有的协定都为发展中国家提供了更长的履行期限。

5. 技术援助条款。例如《实施卫生与植物卫生措施协定》规定，各成员方应以双边形式或通过适当的国际组织向其他成员方，尤其是发展中国家成员提供技术帮助。

6. 对最不发达国家的"特殊和差别待遇"。

从发展中国家的角度看，目前WTO协定中的"特殊和差别待遇"条款可以划分为两大类别，一类是发达国家需要采取积极行动来完成的，包括给予发展中国家的出口产品优惠的市场准入条件，例如以较低的关税水平，使得发展中国家的产品能够进入发达国家的国内市场；给予发展中国家技术和财政援助等。第二类则是允许发展中国家承担不同义务的规定，包括发展中国家可以不受一些多边贸易纪律的约束，可以对国内产业提供保护以及享有更长的履行期限等。

表 3-2-1　　WTO 协定中的"特殊和差别待遇"条款类型及协定分布

协定 \ 类型	要求成员维护发展中成员利益条款	承诺、行动及政策工具使用灵活性条款	过渡期	技术援助条款	最不发达国家条款	增加发展中成员贸易机会条款	条款总数*
关于 1994 年关税与贸易总协定	13	4				8	25/25
1994 年关税与贸易总协定收支条款的谅解		1		1			2/2
关于实施 1994 年关税与贸易总协定第 6 条的协定	1						1/1
关于实施 1994 年关税与贸易总协定第 7 条的协定	1	2	4	1			8/8
技术性贸易壁垒协议（TBT）	10	2	1	9	3	3	28/25
补贴与反补贴措施协议（SCM）	2	10	7				19/16
农业协定		9	1		3	1	14/13
实施卫生与植物卫生措施协定（SPS）	2		2	2			6/6
与贸易有关的投资措施协定（TRIMs）		1	2		1		4/3
进口许可程序协定	3		1				4/4
保障措施协定	1	1					2/2
服务贸易总协定（GATS）	4	4		2	2	3	15/13
与贸易有关的知识产权协定（TRIPs）			2	1	3		6/6
关于争端解决规则与程序的谅解	7	1		1	2		11/11
政府采购协议（GPA）	3	6		1	2		12/10

续表

协定\类型	要求成员维护发展中成员利益条款	承诺、行动及政策工具使用灵活性条款	过渡期	技术援助条款	最不发达国家条款	增加发展中成员贸易机会条款	条款总数*
贸易便利化协定（TFA）		3	7	7	9		26/10
合计	47	44	27	25	25	15	183/155

注：* 列数据中，第一个数字为根据前六类分类加总的条款数，因为某一特定条款可能属于几个类别，第二个数字为去除重复统计后的条款数。

资料来源：WTO,"Special and Differential Treatment Provisions in WTO Agreements and Decisions", WT/COMTD/W/239, 2018, https://www.wto.org/english/tratop_e/devel_e/dev_special_differential_provisions_e.htm#legal_provisions；张向晨、徐清军、王金永：《WTO改革应关注发展中成员的能力缺失问题》，《国际经济评论》2019年第1期。

二 当前WTO成员身份界定存在的问题及调整实践

在关贸总协定和世界贸易组织中，发展中国家的身份是在各成员国自选的基础上确定的，如果没有任何其他成员正式提出反对，该成员就可以自由地适用该身份。WTO的发展中国家身份的界定在实践中存在如下问题：第一，一国经济发展程度是动态变化的；第二，发展的含义具有多维度，一国各方面的发展可能存在不平衡性；第三，发展中国家之间的经济发展水平存在较大的差异，需要更加细致的分类。

针对上述问题，在多边贸易体制的发展中，存在一定的调整方式。在发展程度的动态变化方面，目前WTO的164个成员国中，有1/3为发达经济体，2/3为发展中经济体。而在关贸总协定和世界贸易组织的历史上，只有美国、欧盟（之前的欧洲共同体）、加拿大、日本、澳大利亚、新西兰和瑞士一直选择自己是发达经济体，其他成员至少有一次自己选择了发展中国家身份。

针对一国在不同领域发展不平衡的情况，WTO 中一些发展中国家在某些领域曾被要求放弃"特殊和差别待遇"。如韩国和印度曾被限制使用促进收支平衡措施。2003 年《与贸易有关的知识产权协定》修改后，在进口非专利药品方面，允许没有相应生产能力的国家进口非专利药品，发达国家同意不使用这一条款，而 11 个处于发达国家和发展中国家的经济体同意只在紧急情况下使用该条款，这些经济体包括中国、韩国、墨西哥、土耳其等。

针对发展中国家间的发展水平存在较大的差异，世界组织贸易的发展委员会和贸易谈判小组在多哈回合谈判的早期阶段，就是否细分"发展中国家"概念的问题提出了一些建议，并要求某些相对较先进的发展中国家，在给予最不发达国家优惠方面，应根据其经济发展水平做出进一步贡献。虽然当时的讨论没有取得进展，但细化分类的呼声逐步增强。世界银行和国际货币基金组织等国际组织已经调整了对发展中国家的笼统分类，而是采取更加精细的划分。2016 年 5 月，世界银行宣布，在提交数据时，将不再区分"发达国家"（以前定义为高收入国家）和"发展中国家"（以前定义为低收入和中等收入国家）。这意味着世界银行将不再在其所有统计和项目中使用这些术语。其中一个原因是，在婴儿死亡率、预期寿命、教育水平、公共卫生等指标上，或者在食品充足、清洁水、基本卫生设施、可负担能源、合理医疗等绝对贫困指标上，"发达国家"和"发展中国家"之间不再存在有意义的区别，相反，真正的差异更可能出现在国家内部。此外，由于低收入、中低收入和中等收入国家都被归类为"发展中国家"，"发展中国家"这个词过于宽泛。世界银行根据人均国民总收入（GNI）将国家划分为四类。在 2018 财政年度里，高收入经济体被界定为在 2016 年人均国民总收入超过 12236 美元的经济体；3956—

12235 美元为中等收入经济体；1006—3955 美元为中低收入经济体；1005 美元以下为低收入经济体。国际货币基金组织将国家分为三组：发达经济体、发展中国家和转型国家。IMF 的分类是随着时间的推移而发展的，而不是基于严格的标准，目的是通过提供一个合理而有意义的数据组来促进经济分析。

三 中国应对 WTO "发展中国家地位"调整压力的政策建议

（一）依据自身的经济发展水平和能力承担更多的责任，回应发达国家的关切

中国在近年来的发展成就显著，和其他欠发达国家的发展水平拉开了一定的差距，中国很难继续按照现有方式享受 WTO "特殊和差别待遇"。实际上，中国已经在《信息技术产品协定》扩围谈判等领域做出了和发达国家类似的承诺。在不同的协定中按照一事一议原则，承担不同的责任。比如在允许发展中国家在执行多边贸易规则和纪律时一定灵活性的条款方面，在《补贴与反补贴措施协议》《服务贸易总协定》《政府采购协议》等协定中涉及的"特殊和差别待遇"条款中，中国可继续要求发展中国家的待遇，而在中国发展比较完善的领域则可以承担更多的责任。

（二）提升中国在全球贸易治理中的影响力，深化同发展中国家的合作

传统的贸易规则由经济实力最强的美国和欧洲国家所主导。近年来，中国在全球经济和贸易格局中已经占有举足轻重的地位，客观上，各国经济实力对比的调整为贸易规则制定主导权的调整提供了基础。从全球影响力看，中国具有庞大的中产阶级，形成了较大的市场

需求潜力。在贸易领域，进口额体现了一国对国际市场的影响力，在进口中包括中间品进口和最终品进口，前者反映了一国作为价值链中心的连接能力，后者则反映了一国对需求市场的吸引力。2017 年美国和中国各自的进口额占全球进口的比重分别为 13.37% 和 10.22%，表明中美两国是全球经济发展的重要引擎和维护世界稳定的重要保证。2000 年之后，美国自全球进口的份额逐步下降，而中国进口占全球进口总额的份额逐步提升。特别是 2009 年起，中国首次超过德国，

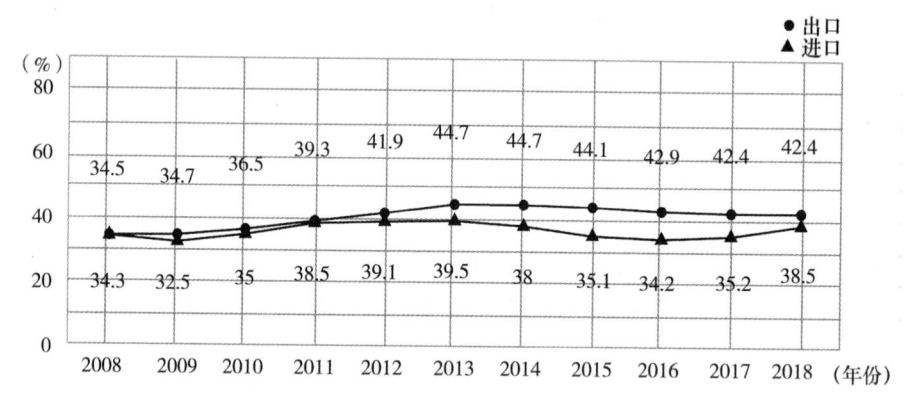

（1）中国进出口对发展中国家和地区的依存度

（2）中国进出口对五眼联盟的依存度

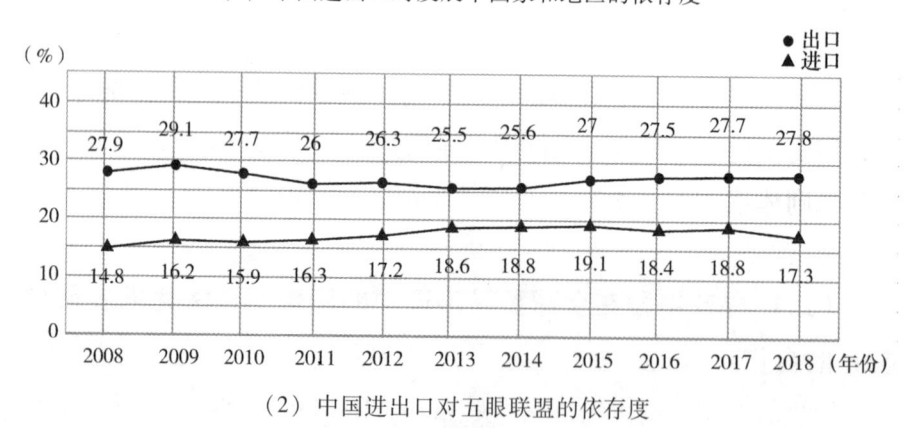

图 3-2-1　中国进出口对发展中国家和地区及"五眼联盟"的依存度

资料来源：课题组根据中经网统计数据库海关月度库、UNComtrade 数据库相关数据计算绘制。

成为全球第二大进口国。如图 3-2-1 所示，近年来中国对发展中国家和地区的贸易依存度处于较高的水平，显著高于对"五眼联盟"（美国、英国、加拿大、澳大利亚和新西兰）的依存度。中国与其他发展中国家的经贸往来愈加密切，未来仍有进一步扩大的空间。

美国在 2019 年 7 月 26 日发布的《关于改革 WTO 发展中国家地位的总统备忘录》中，提到了文莱、中国香港、科威特、中国澳门、卡塔尔、新加坡和阿拉伯联合酋长国排在世界前十位最富有经济体中的七个，以及墨西哥、韩国和土耳其三个经济合作与发展组织成员，认为这些国家和经济体也不应继续宣称其发展中经济体地位。2018 年 2 月，美国贸易谈判代表办公室发布的《2018 年贸易政策议程和 2017 年度报告》指出中国、巴西、印度、南非等国不应继续享有发展中国家地位。

对于经济实力日渐增强的中国，在新一轮全球治理结构调整中，应该更主动地谋求与自身实力相当的地位，在全球贸易规则治理中发挥核心作用。中国在市场经济的发展程度、国际经济协调能力、贸易政策的自由度以及国内经济规则的完善程度方面，与美国和欧盟等发达国家和地区间还有明显的差距。中国应该通过多边、区域、双边等层面，加强与新兴经济体、发展中国家、金砖国家和东亚国家的合作，平衡发达国家和发展中国家的利益诉求，推进适合全球贸易发展的新规则体系。

（三）继续支持 WTO 促进发展和能力建设，促进最不发达国家发展

发展议题是世界贸易组织关注的重要领域，而"特殊和差别待遇"是多边发展议题的核心内容。WTO 协定中包含的促进发展中国家发展的条款，包括给予这些国家以更长时间来适用协定和承诺，增加其贸易的机会，支持其构建自身的贸易能力，促进争端解决机制实现技术标准，等等。WTO 建立了上百个贸易合作机制来促进发展中国家的发展。WTO 确定了定期的培训，开展对于政府官员的培训课程，贸易援助倡议对促进发展中国家提升贸易能力有重要意义。中国应该继续支持 WTO 促进发展和能力建设。

总之，世界贸易组织处于改革的十字路口，而其中发展中国家地位及对应的"特殊和差别待遇"体系调整是各方争论的焦点问题。在多哈回合谈判中，欠发达国家关注世贸组织能否促进其发展，而发达国家关注 WTO 能否成为稳定、透明和可预测的贸易体系，国际社会期待中国等经济实力较强的发展中国家在 WTO 中尽更多的义务。不过需要注意的是，"发展中国家地位"问题在 WTO 层面更多的是道义上的考量，实质上，中国在《贸易便利化协定》等正在逐步承担接近于发达国家的责任，随着中国经济实力的进一步提升，中国在全球贸易体系中的引领作用将进一步加强，必将承担更多的责任。

第三章 中国应尽快启动加入CPTPP谈判的进程

在《全面与进步跨太平洋伙伴关系协定》（CPTPP）正式生效并开始考虑成员扩容之后，中国面临是否应该加入CPTPP的抉择。本章认为，与2015年《跨太平洋伙伴关系协定》（TPP）刚完成谈判时的情形相比，中国面临的国际国内形势都发生了较大变化，这些变化都有利于中国加入CPTPP。中国加入CPTPP不但必要而且可行。必要性体现在：美国未来重返CPTPP的可能性非常大，中国尽早加入CPTPP能带来经济层面、深化自身改革开放、参与全球经济治理三方面的收益，并有利于应对中美经贸摩擦。可行性体现在：与TPP刚完成谈判时的情形相比，中国的制度和政策与CPTPP规则的差距已缩小；CPTPP开始考虑成员扩容问题；美国不属于CPTPP成员，程序上无法阻挠中国加入；中国在中美经贸磋商中积累了谈判高标准国际经贸规则的经验。当然，中国加入CPTPP确实面临不少困难，本章提出了化解这些困难的方法。总之，中国应该做出加入CPTPP的决定。

2018年12月30日，《全面与进步跨太平洋伙伴关系协定》（CPTPP）正式生效。CPTPP是在美国退出《跨太平洋伙伴关系协定》（TPP）之后，其余11个TPP成员国重新命名并重新签署的贸易协定。随着CPTPP正式生效，以及之后开始考虑新成员的加入问题，关于中国是否应该加入CPTPP的争论又热起来。① 实际上，2015年10月，当TPP完成谈判时，已经有一波关于中国是否应该加入TPP的争论。② 如今，时间已经过去四年多，争论的背景和原因都已发生变化。中国需要更加严肃地思考到底是否应该加入CPTPP。③ 本章拟从国际国内形势的变化、加入的必要性、可行性、面临的困难四个方面来分析中国是否应该加入CPTPP，并据此提出相关建议。

一 国际国内形势的变化

在当前时期，争论中国是否应该加入CPTPP，和四年前热议中国是否应该加入TPP，背景和原因，也即国际国内形势都已发生变化。最大的变化背景是美国已退出TPP，不是CPTPP成员国。此外，变化的外部背景（国际形势）还包括：CPTPP已经开始生效；与TPP规则相比，CPTPP规则的标准有所降低；许多CPTPP规则已经开始成为国际经贸规则的趋势，如世界贸易组织改革、已经生效的欧盟—加拿大《综合性经济贸易协定》（CETA）和日欧《经济伙伴关系协定》（EPA）、谈判完成的美墨加贸易协定（USMCA）都会涉及类似的高

---

① 如白洁和苏庆义、王辉耀等学者已明确提出中国应该加入CPTPP的建议，不过只是观点表达，没有详细论证。实际上在2018年3月CPTPP被签署后，中国、美国以及CPTPP成员国的官员、学者已经开始内部讨论中国是否应该加入CPTPP的问题。参见白洁、苏庆义《CPTPP的规则、影响及中国对策：基于和TPP对比的分析》，《国际经济评论》2019年第1期，第58—76页；王辉耀：《主动加入CPTPP，以"加群"来为中美贸易争端"减震"》，FT中文网，2019年1月8日。国外也有学者表达中国应该加入CPTPP的观点。

② 在2008年11月美国正式宣布加入TPP的前身《跨太平洋战略经济伙伴关系协议》（TPSEP）时，国内政府部门和学者就开始关注TPP。尤其是随着新成员不断加入、在2012年TPP已经包括12个亚太地区的国家后，国内外关于中国是否应该加入TPP的争论开始多起来。但TPP真正引起关注和热烈争论的时间点应该是2015年10月TPP完成谈判时。美国退出TPP后，也有一波关于中国是否应该加入TPP以弥补美国空缺的讨论，但当时不确定性太大，其余TPP成员国尚未决定如何应对美国退出。

③ 需要强调的是，应该区分两个不同的问题：中国是否应该加入CPTPP、CPTPP成员国是否会同意中国加入。本章研究的是第一个问题，并认为第二个问题是中国加入CPTPP面临的困难。

标准国际经贸规则。对于中国而言（国内形势），一方面经过四年的深化改革和扩大开放，自身各项制度或政策与 CPTPP 规则的差距大大缩小；另一方面，在中美经贸摩擦发生的背景下，加入 CPTPP 很可能会成为中国应对中美经贸摩擦的一步好棋。

（一）国际形势的变化

美国退出 TPP，不是 CPTPP 成员国。众所周知，尽管美国不是 TPP 创始成员国，但是美国加入 TPP 之后便成为 TPP 谈判的主导者和协调者。奥巴马政府更是将其视为执政的重要政绩，推动 TPP 在 2015 年 10 月完成谈判。在奥巴马执政的最后一年，其未能争取到美国国会的支持，美国未能通过 TPP。特朗普上台以后，为履行其竞选承诺，签字退出 TPP。其余 11 国更名并签署 CPTPP，美国不是该协定的成员国。这一变动有利于中国加入 CPTPP。当美国是 TPP 成员国时，如果中国加入 TPP，需要征得美国同意，并需要和谈判能力最强的美国进行谈判，参考中国"入世"时和美国进行的拉锯式谈判，毫无疑问，中国加入的难度非常大。现在美国不是 CPTPP 成员国，中国加入 CPTPP 不需要征得美国的同意，在谈判过程中，便减少了一个谈判能力最强的成员，中国加入的难度大大降低。

相比 TPP 在完成谈判后还面临是否能够在各成员国通过和生效的问题，CPTPP 已经开始生效。在 2015—2016 年争论中国是否应该加入 TPP 时，TPP 只是完成谈判，距离生效还有很大距离。[①] 其中，TPP 生效最主要的阻力来自美国。根据当时 TPP 生效的规则，至少需要美国和日本通过，TPP 才能生效。[②] 但是在奥巴马执政的最后一年，尽

[①] 当然，在 2015 年 10 月之前关于中国是否应该加入 TPP 的争论中，TPP 甚至还未完成谈判。

[②] TPP 的生效条件是：要求至少占到 TPP 经济总量（参考 2013 年的 GDP）85% 的 6 个成员国通过批准。美国占 12 个成员国经济总量的 60.4%，日本占据 17.6%。这意味着美国和日本拥有生效的否决权，如果这两个成员国不能完成国内程序，TPP 就无法生效。

管其尽力推动美国国会通过,但未能成功。在 TPP 未生效时,TPP 不可能考虑成员的扩容问题。因此,当时争论中国是否应该加入 TPP,实际上是在争论:当 TPP 在将来的某一天生效之后,中国是否应该加入。至于哪一天生效,当时并不知道。现在情况不一样,因为 CPTPP 已经生效。对于中国而言,考虑是否加入一个已经生效的协定是一个更加现实的问题。

CPTPP 规则相比 TPP 规则标准有所降低。CPTPP 规则对 TPP 规则有所修改,其中最主要的修改是对富有争议的条款进行搁置或曰暂停。① 暂停条款由日本推动,根据 CPTPP 成员国的官方表述,一共 22 条,大多是 TPP 谈判时由美国提出的。这 22 项条款涵盖海关监管与贸易便利化、投资、服务贸易中的跨境交付、政府采购、知识产权、透明度与反腐败等一般条款,以及针对金融服务、电信服务、邮政服务和环境服务的特定部门条款。其中,对投资和知识产权条款的搁置尤为突出,这适当降低了 CPTPP 的规则标准。中国加入的难度也就相应降低。

许多 CPTPP 规则已经开始成为国际经贸规则未来的发展趋势。除 CPTPP 外,目前有影响力的高标准自贸协定还有 USMCA、欧加自贸协定、欧日自贸协定等,以及美欧提出的"三零"谈判②。这些高标准自贸协定基本都包括了 CPTPP 中的内容。CPTPP 已经成为未来的高标准自贸协定的模板。更为重要的是,CPTPP 中的许多规则还会在美欧日的推动下逐步成为世界贸易组织改革要考虑的内容,比如国有企业、补贴、竞争中性、电子商务等③。尽管 CPTPP 规则由美国主导制

---

① 白洁、苏庆义:《CPTPP 的规则、影响及中国对策:基于和 TPP 对比的分析》,《国际经济评论》2019 年第 1 期,第 58—76 页。
② 欧加自贸协定、欧日自贸协定均已生效,USMCA 已完成谈判。"三零"谈判(零关税、零壁垒、零补贴)是 2018 年 7 月底,美国总统特朗普与欧盟委员会主席容克在会谈时提出的,目前该谈判尚未启动。
③ 美欧日三方贸易部长会的多次声明以及欧盟提出的世贸组织改革建议均涉及这些领域。

定，但是不可避免地要成为未来国际经贸规则的参考。

（二）国内形势的变化

中国自身制度和政策与CPTPP规则之间的差距缩小。2015—2019年，中国在深化改革、扩大开放方面又推出了许多举措。2017年3月，国务院批复在辽宁、浙江、河南、湖北、重庆、四川、陕西7个省市成立自贸试验区。中国的自贸试验区范围不断扩大、数量不断增加，许多规则已经在自贸试验区先行先试，并推广到全国。中国还在2018年4月宣布设立海南自由贸易港。[①] 除自贸试验区外，中国还在许多领域推出改革举措（具体后续会有分析）。随着近几年的改革开放，中国对高标准经贸规则的接受能力明显提升。2018年12月的中央经济工作会议还首次提出"制度型开放"这一概念："推动由商品和要素流动型开放向规则等制度型开放转变。"中国对制度型开放的推进本身就是要对接国际高标准经贸规则。

相比五年前，中国还需要思考应对中美经贸摩擦之道。五年前，作为"亚太再平衡"战略的一部分，美国主导TPP确实有针对中国的意图：一是TPP规则本身有许多针对中国的成分，二是美国主导TPP有战略上在亚太范围内挤压中国的意图。[②] 换言之，当时美国已经开始考虑将中国作为竞争对手。对于中国而言，当时的权衡非常困难，加入或不加入都很难受：如果不加入，会被排斥在美国主导的贸易协定安排之外；如果加入，则需要接受美国的谈判要价，任美国宰割。目前而言，由于中美经贸摩擦，美国打压中国的意图已经非常明显，CPTPP却可以成为中国应对美国的方法。如果

[①] 2019年6月28日，国家主席习近平在日本大阪举行的二十国集团（G20）领导人峰会上宣布，中国将新设6个自贸试验区，并增设上海自贸试验区新片区。

[②] 美国时任总统奥巴马在TPP完成谈判后的演讲中明确提到，21世纪的国际经贸规则应该由美国书写。不少接近美国政府部门的美国学者在私下交流中也明确表示，TPP规则就是美国专门针对中国来制定的，其高标准让中国在短期内无法满足。

中国不加入CPTPP，未来还需要面临美国重新加入CPTPP之后的战略挤压；如果决定加入，则不需要再同美国谈判，不会受美国要价的威胁。

（三）中国应尽早做出加入CPTPP的决定

上述背景的变化，都使得在思考中国是否应该加入CPTPP时，越来越倾向于得到肯定的答复。经过五年的时间，当中国在思考是否要加入CPTPP的时候，需要更加严肃和认真，需要经过论证给出自己的答案，而非像五年前那样仅仅是一个争论而不需要结果，抑或像五年前在争论时除支持和反对的观点外，还有持观望、等一等、看一看的观点。[①] 时不我待，中国现在不能再有观望态度，而应该尽早做出是否加入CPTPP的决定。

经过五年的变化，现在反对中国加入CPTPP的理由，比五年前反对中国加入TPP时更加多元化。由于尚没有中国学者公开反对中国加入CPTPP，我们在私下里和学者们交流时了解到，反对中国加入CPTPP的理由主要有三个：第一，中国没有必要加入CPTPP，把正在谈判的自贸协定做好就已经足够；第二，对中国加入CPTPP面临的困难有所顾虑，比如可能会影响区域全面经济伙伴关系协定（RCEP）谈判、CPTPP成员国不会同意中国加入、美国会阻挠、中国无法满足CPTPP规则的高标准等；第三，CPTPP规则由美国制定，不符合中国利益。与此相对比，五年前反对中国加入TPP的原

---

① 比如当时持支持中国加入TPP态度的学者有宋泓、余淼杰和张睿等，张建平认为短期内中国不具备加入TPP谈判的客观条件，苏庆义则认为"速速加入论"和"不加入论"都不可取，应该客观判断。参见宋泓《中国加入TPP：需要多长时间？》，《国际经济评论》2016年第2期，第57—70页；余淼杰、张睿：《以我为主，为我所用：中国应积极主动寻求加入TPP》，《国际经济评论》2016年第2期，第39—56页；张建平：《中国与TPP的距离有多远？》，《国际经济评论》2016年第2期，第71—86页；苏庆义：《如何看待TPP》，《中国远洋航务》2015年第11期，第22—23页。

因较为单一，理由是该协定由美国主导，而且中国和 TPP 规则差距较大，因而不宜加入。

如果说五年前反对的理由还可以理解，加入一个由美国主导的贸易协定确实面临很多困难。但是现在反对中国加入 CPTPP 的理由并不充分，原因如下。

中国在亚太范围已经签署的较为重要的自贸协定是中国—东盟自贸协定（包括升级版）、中韩自贸协定、中澳自贸协定。正在谈判甚至包括正在研究的自贸协定较为重要的包括 RCEP、中日韩自贸协定、中韩自贸协定第二阶段谈判。虽然中韩自贸协定的标准比较高，但是仍然无法和 CPTPP 相比。RCEP 不仅标准过低，而且还面临印度给谈判带来的巨大困难。中日韩自贸协定谈判则因为政治因素（中日之间、日韩之间）的干扰而面临较大不确定性，未来的前景很难预料。很显然，这些已有、已谈判或正在研究的自贸协定无法替代 CPTPP。中国加入 CPTPP 确实会面临很多困难，但是不能因为面对困难而拒绝加入。这些困难只是中国决定要加入时需提前想好解决方案的因素，而不应该成为不加入的理由。对于 CPTPP 规则是否符合中国利益，CPTPP 规则确实由美国主导制定，不是所有规则都完全符合中国利益，但即便是世贸组织规则对中国也是有利有弊，而且世贸组织规则也是由美国主导制定。因此，不能以 CPTPP 规则由美国主导为由反对中国加入。对于中国而言，主要应该基于加入 CPTPP 的收益的大小来进行考虑。至于加入 CPTPP 可能带来的困难和损失，则应该尽量避免并想办法进行应对。

二　中国加入 CPTPP 的必要性分析

（一）中国加入 CPTPP 对自身有利

在考虑是否加入一个自贸协定时，中国首先需要考虑是否对自身有利，这是最基本的判定条件。中国加入CPTPP能带来经济层面、深化自身改革开放、参与全球经济治理三方面的收益。

第一，中国加入CPTPP能获得巨大的经济收益。为量化分析经济收益，我们计算CPTPP保持目前规模、扩容、美国重新加入等不同情景下的经济效应。基于李春顶教授构建的全球一般均衡数值模型的测算结果，虽然在中国不加入CPTPP，CPTPP保持现有11个成员国规模下，中国的社会福利、国内生产总值（GDP）、制造业就业、进出口都会因为CPTPP的生效而有所增加，但是，在任何情景下，中国加入CPTPP获得的收益都将比不加入有大幅增加。在不同情景下，中国加入CPTPP将会拉动GDP增长0.74—2.27个百分点、出口增长4.69—10.25个百分点，均显著优于当前中国不加入CPTPP时GDP仅增长0.25个百分点、出口仅增长0.09个百分点的情景（结果见表3-3-1）。美国彼得森国际经济研究所佩里（Petri）和普卢默（Plummer）的研究也表明，中国加入CPTPP能获得巨大的经济收益。[1] 该研究表明，如果中国不加入CPTPP，中国的总收入将因为CPTPP的贸易转移效应损失100亿美元；若加入则能获得2980亿美元的收益。如果CPTPP能够扩容，中国不加入的损失上升到530亿美元；在CPTPP扩容后，若加入则能够获得3250亿美元的收益。[2]

---

[1] Peter A. Petri and Michael G. Plummer, "China Should Join the New Trans-Pacific Partnership", Peterson Institute for International Economics Policy Brief 19-1, January 2019, https://piie.com/system/files/documents/pb19-1.pdf.

[2] 目前对加入CPTPP表达兴趣的经济体包括：哥伦比亚、印度尼西亚、泰国、菲律宾、韩国、中国台湾、英国。佩里和普卢默在模拟时将印度尼西亚、泰国、菲律宾、韩国、中国台湾作为新成员，李春顶教授的模拟将哥伦比亚、印度尼西亚、泰国、菲律宾、韩国作为新成员。但两者的结果不会有实质性差异。Peter A. Petri and Michael G. Plummer, "China Should Join the New Trans-Pacific Partnership", Peterson Institute for International Economics Policy Brief 19-1, January 2019, https://piie.com/system/files/documents/pb19-1.pdf.

表 3-3-1　　　不同情景下 CPTPP 给中国带来的经济效应　　　（单位：%）

	不同情景		GDP	社会福利	制造业就业	出口贸易	进口贸易
中国不加入CPTPP	情景1 CPTPP11	现状	0.249	0.105	0.378	0.092	1.141
	情景2 CPTPP11+5	哥伦比亚、印度尼西亚、泰国、菲律宾以及韩国成为第一批扩容国	0.306	0.033	0.457	0.10	1.372
	情景3 CPTPP11+5+美	5国加入CPTPP，美国重返CPTPP	0.004	0.049	0.006	2.55	0.077
	情景4 CPTPP11+美	美国短期内重返CPTPP	-0.044	0.166	0.434	1.545	1.375
中国加入CPTPP	情景5 CPTPP11+中	中国作为第一批扩容国单独加入	0.735	0.386	1.722	4.69	5.339
	情景6 CPTPP11+5+中	中国和其他五国加入	0.908	0.595	2.941	6.52	9.299
	情景7 CPTPP11+5+美+中	5国加入CPTPP，美国重返CPTPP，中国加入	2.269	1.485	3.642	10.247	12

资料来源：课题组根据中国农业大学经济管理学院李春顶教授的数值模拟结果得出。

第二，中国加入 CPTPP 有利于深化改革、推进制度型开放。中国的"入世"经验表明，加入一个自身暂时无法满足标准的协定，为尽量满足其标准，加入前的谈判过程本身就是中国不断深化改革开放的过程。当加入该协定后，为满足承诺，也是中国不断完善自身法律法规、政策、措施和做法的过程。也就是说，加入标准高的协定有助于倒逼自身改革开放。在中国改革开放进入深水区后，尽管推进改革开放的动力不减，但是推进困难明显加大，非常需要通过外部的协定倒逼自身改革开放。尤其是，中国已做出从推进商品、要素开放向推进制度开放的决定，加入 CPTPP 正好满足自身推进制度开放的需求。比如，国有企业改革一直是中国改革的重点和难点，由于其复杂性，国企改革推进的难度一直很大。如果中国决定加入 CPTPP，就可以利用外部压力更快地推进国企改革。

第三，中国加入 CPTPP 有利于参与全球贸易治理体系建设。目前亚太经济一体化的可能路径有三个：亚太自贸区（FTAAP）、CPTPP、RCEP。中国已经参与 FTAAP 和 RCEP，如果中国再加入 CPTPP，有利于在亚太经济一体化中参与整合这三个路径。中国加入 CPTPP 还有利于未来谈判其他高标准自贸协定，如以更高标准推进中日韩自贸协定谈判，谈判中加自贸协定等与发达经济体的自贸协定。另外，从多边视角来看，世贸组织改革已经成为必然趋势，改革的重要内容是贸易规则层面的重塑，CPTPP 一些规则未来也会纳入到世贸组织的多边层面。中国加入 CPTPP 的谈判过程也是一个提升规则接受能力的过程，有利于自身在参与世贸组织改革中掌握主导权。实际上，如果说中国"入世"是参与已有的多边贸易规则，那么，中国加入 CPTPP 则意味着主动出击，积极参与到多边贸易规则的更新过程中[1]。

此外，目前的高标准自贸协定中，只有 CPTPP 的成员国差别非常大，这表明 CPTPP 是一个协调各成员国不同利益之后谈成的贸易协定。已经谈成或正在谈的高标准自贸协定无非是欧加自贸协定、欧日自贸协定、美墨加自贸协定、美欧自贸协定谈判（或"三零"谈判）。毫无疑问，这些贸易协定都是发达国家之间的贸易协定，其包容性相对有限。TPP 虽然由美国主导谈判，反映美国贸易理念，但是

---

[1] 不少学者认为中国加入 TPP 或 CPTPP 是"二次入世"，这显然不准确。中国加入 CPTPP 是比"二次入世"更有意义的事情，是"改世"，因为这意味着中国为参与多边贸易规则的改革做准备。

为完成谈判，仍然兼顾了其他成员国利益。[①] TPP 既有发达国家也有发展中国家，既有资本主义国家也有社会主义国家，既有（超级）大国也有小国，既有美洲国家也有亚洲和大洋洲国家。其谈成一方面是因为美国主导力强，但也表明高标准国际经贸规则可以被差异较大的国家共同接受。如果说中国可以参与一个高标准自贸协定以便提升自身参与全球贸易治理的能力，CPTPP 是目前最好的选择。

（二）从长期视角来看，美国重返 CPTPP 的可能性非常大，中国应把握住美国特朗普政府退出 TPP 的有利时机

对于 CPTPP 的未来成员构成，其未来走势存在四种情景。

情景一：CPTPP 成员扩容遇阻，美国没有重返，维持目前 11 个成员国的规模，即 CPTPP 的前景是 CPTPP 11 国。目前，存在加入 CPTPP 可能性的经济体有 7 个，分别是哥伦比亚、韩国、印度尼西亚、泰国、菲律宾、英国、中国台湾地区。这 7 个经济体加入 CPTPP 都存在不同程度的困难，比如韩国因为韩日政治问题可能被日本拒绝加入，英国首先需要解决棘手的脱欧问题才能申请加入，印度尼西亚则很难满足 CPTPP 的高标准要求。如果这些经济体无法顺利克服困难，则可能会耗费较长时间才能加入 CPTPP。与此同时，美国也因为国内政治问题没能在中短期内重返 CPTPP。CPTPP 将在一定时期维持目前 11 个成员国的规模。

情景二：美国不重返 CPTPP，而 CPTPP 成员扩容工作进展顺利，在未来几年不断有新成员加入 CPTPP，即发展前景是 CPTPP 11 国 + X，X 为新成员。在此情景下，美国因为种种原因没能重返 CPTPP，但 CPTPP 成员扩容进展较为顺利。不确定的是哪些经济体会加入，以及新成员的

---

① 东艳、苏庆义：《揭开 TPP 的面纱：基于文本的分析》，《国际经济评论》2016 年第 1 期，第 37—57 页。

数量。但只要美国不重返，这些成员的加入不会改变 CPTPP 的格局。

情景三：美国重返 CPTPP，与此同时 CPTPP 成员扩容遇阻，CPTPP 又回到 TPP 12 个成员国的状态，即发展前景是 CPTPP 11 国 + 美国。美国重返也基于特朗普能否连任总统而分为两种情形：一是 2020 年特朗普成功赢得美国大选，成功连任，为了寻求新政绩，或者想法有所转变，决定重返 CPTPP；二是特朗普连任失败，新总统上台之后由于执政理念的不同而重返 CPTPP。与此同时，申请加入 CPTPP 的经济体因为种种原因没能加入。那么此情景又重回美国退出 CPTPP 之前的状态，即原有的 TPP 回归。

情景四：美国重返 CPTPP，新成员扩容工作进展也很顺利，即 CPTPP 的发展前景是 CPTPP 11 国 + 美国 + X。这是对 CPTPP 最为顺利的一种情景，也应该是现有 CPTPP 成员国最希望看到的情景。在情景三的基础上，除美国重返 CPTPP 之外，CPTPP 不断吸纳新成员，该协定的成员数量不断增加。

上述四种情景都有可能出现。短期内，尽管会有经济体申请加入 CPTPP，但需要完成特定的加入程序，也需要谈判时间，不会很快就完成谈判过程，美国在特朗普第一个任期的后半段很难重返 CPTPP，CPTPP 将维持目前 11 国规模（情景一）。中期内，情景二和情景三的可能性均存在，即美国重返 CPTPP 或 CPTPP 成功完成扩容工作。这两种情景意味着未来五年左右的时间 CPTPP 要么会迎来新成员，要么会迎来美国这一老成员。长期内，很可能会是情景四，即形成 CPTPP 11 国 + 美国 + 新成员的格局。TPP 的规则由美国主导谈判完成，并且对美国有利，未来十年左右的时间内，美国重返 CPTPP 的概率非常高。与此同时，CPTPP 吸纳新成员尽管可能会遇到一些曲折，但长期来看，CPTPP 无法吸纳至少一个新成员的可能性非常低。

其中，情景四对中国最为不利，情景三也会给中国带来较大不利影响，情景一对中国最为有利，情景二也很难对中国造成负面影响。

如果美国重返 CPTPP，无论 CPTPP 是否能够吸纳新成员，都会对中国不利。其中，情景四（CPTPP 11 国 + 美国 + 新成员）意味着 CPTPP 不断扩大其影响力，对中国最为不利；即便仅有美国重返的情景三也因为 TPP 的回归会给中国带来较大不利影响。如果美国不重返，无论 CPTPP 是否扩容，该协定的战略影响力和给中国带来的战略压力都很有限。从经济效应来讲，根据表 3-3-1 的模拟结果，如果 CPTPP 维持现有 11 国规模，并不会给中国带来负面影响，反而会因为全球价值链分工给中国带来一定的好处，尤其是如果 CPTPP 扩容，中国会因此得到更多的经济收益。但如果美国重返 CPTPP，无论 CPTPP 是否扩容，该协定给中国带来的经济收益都非常有限，甚至在仅美国重返 CPTPP 的情景三下，中国的 GDP 也会受损。

既然从长期的视角来看，美国必然会重返 CPTPP，并对中国造成不利影响，那么，对中国而言，最优的策略是在美国重返之前提出加入 CPTPP 的申请，并尽力往前推进。鉴于短期内美国重返 CPTPP 的可能性很小，中国加入 CPTPP 的时间窗口至少有两年。如果特朗普第二任期或新总统（特朗普连任失败）仍决定不重返 CPTPP，中国有长达 6 年甚至更长时间的机会期。中国应充分利用这一难得的时间窗口谋划加入 CPTPP。

（三）中国加入 CPTPP 有利于更好地应对中美经贸摩擦

特朗普上台以后，中美之间发生持续性、战略性的经贸摩擦。其不同于普通的经贸摩擦，原因在于：一是目前的中美经贸摩擦规模大，涉及双方绝大部分货物贸易的加征关税；二是反映了整个中美关系的变化，美国已经正式将中国看作竞争对手，视中国崛起为自身威胁。[1] 中美目前的双边贸易谈判，其目的主要在于解决美国的关切，

---

[1] 2017 年年底，美国白宫发布《国家安全战略报告》，正式将中国视为"竞争对手"。

其内容主要涉及美国《301调查报告》，辅之以其他美国关切的议题。双方一旦基于共识达成协定，对于美国而言，最关心的是中国是否确实能够履行承诺，切实做出改变。因此，中美双边谈判除达成协定需要双方努力外，最重要的是协定的执行问题。一方面，该双边协定会建立相应的执行机制。另一方面，对于中国而言，美国的诉求与CPTPP规则有诸多重合之处，中国为满足CPTPP规则而做出的改进也有利于更好执行中美双边协定。CPTPP本身也有执行机制，如果中国加入CPTPP，CPTPP成员国也会监督中国对该协定的执行。因此，中国加入CPTPP能有效解决中美双边协定的执行问题。[①]

另外，就像奥巴马执政时期，美国欲拿TPP作为战略上遏制中国的工具，CPTPP随时可能会因为美国的重新加入，而被美国拿来作为遏制中国的工具。如果中国加入CPTPP，美国将失去这一有效工具[②]。

三 中国加入CPTPP的可行性分析

（一）从规则接受难度来讲，与TPP刚完成谈判时相比，尽管仍有不少接受难度较大的规则，但是中国现在加入CPTPP的难度已大大降低

前述已指出，CPTPP对TPP文本中的22项条款进行了搁置处理，从而适当降低了CPTPP规则标准，也就降低了新成员加入时的谈判难度。与四年前相比，中国对高标准规则的接受能力也在增强。四年来，中国继续深化改革开放，在许多领域都做出重要改善，或者已经

[①] Petri和Plummer也认为中国加入CPTPP是应对中美经贸摩擦的好方法，不仅有利于解决美国的关切，还能让其他国家确信中国的改革。参见Peter A. Petri and Michael G. Plummer, "Why the CPTPP Could Be the Answer to the US-China Trade War", January 11, 2019, Peterson Institute for International Economics website, https://piie.com/commentary/op-eds/why-cptpp-could-be-answer-us-china-trade-war.

[②] 时至今日，仍有不少美国学者认为特朗普政府退出TPP是愚蠢的决定，并敦促其尽快重返。

制定改革的计划和时间表（表3-3-2）。如关税壁垒和非关税壁垒、知识产权、外资准入、服务业开放，等等。这使得中国离高标准规则的距离越来越近。根据宋泓的研究，如果2015年中国决定加入TPP，那么将需要大约10年的时间完成加入程序。[①] 四年已经过去，如果中国现在决定加入CPTPP并进入谈判程序，将需要大约6年的时间。

表3-3-2　　2015年10月以来中国改革开放领域的进展及对应的CPTPP规则

对应的CPTPP规则[②]	中国改革开放领域的进展
货物的国民待遇与市场准入	2016年1月1日起，降低部分日用消费品进出口关税 2017年12月1日起，进一步降低部分消费品的关税，这些消费品涉及到187种类别 2018年有4次大范围降低关税，关税总水平已经从上一年的9.8%降至7.5%。尤其是2018年7月1日对1449个税目的日用消费品降关税，11月1日下调1585个税目的关税税率 2019年4月，习近平主席在第二届"一带一路"国际合作高峰论坛开幕式上的主旨演讲指出，中国将进一步降低关税水平，消除各种非关税壁垒
非关税壁垒	世贸组织的《贸易便利化协定》自2017年2月22日正式生效，中国作为签署方，认真履行协定义务
投资	近两年，已全面落实准入前国民待遇加负面清单管理制度。2019年3月通过《外商投资法》
服务业	2018年6月底，国家发展改革委和商务部分别公布了《外商投资准入特别管理措施（负面清单）（2018年版）》。两部委称，2018版负面清单自2018年7月28日起施行。2018年版负面清单由原来的63条缩减至48条，在银行、汽车、铁路干线网、电网、加油站等22个领域推出一系列重大开放措施。其中包括，大幅扩大服务业开放，比如在金融领域，取消银行业外资股比限制，将证券公司、基金管理公司、期货公司、寿险公司的外资股比放宽至51%，2021年取消金融领域所有外资股比限制

[①] 宋泓：《中国加入TPP：需要多长时间？》，《国际经济评论》2016年第2期，第57—70页。
[②] 各议题的具体内容参见中国社会科学院世界经济与政治研究所国际贸易研究室《〈跨太平洋伙伴关系协定〉文本解读》，中国社会科学出版社2016年版。

续表

对应的 CPTPP 规则①	中国改革开放领域的进展
商务人员临时入境	近些年中国在自贸区和双边自贸协定谈判中进一步放松了自然人流动限制，特别是中韩自贸协定中的自然人流动承诺水平达到了与 CPTPP 相当的水平
电子商务	2019 年 5 月 13 日，中国向世界贸易组织提交《中国关于世贸组织改革的建议文件》。建议包括推进电子商务议题谈判开放、包容发展
政府采购	习近平主席在博鳌亚洲论坛 2018 年年会开幕式上的主旨演讲指出，中国加快加入世界贸易组织《政府采购协定》进程
竞争政策和国有企业	2018 年 10 月 14 日，中国人民银行行长易纲在 G30 国际银行业研讨会发言，提出"考虑以竞争中性原则对待国有企业"。这是中国部级以上官员首次对"竞争中性"正面表态 2019 年 3 月，李克强总理在政府工作报告中指出，按照竞争中性原则，在要素获取、准入许可、经营运行、政府采购和招投标等方面，对各类所有制平等对待
知识产权	2018 年，中国重新组建国家知识产权局，完善执法力量，加大执法力度，显著提高违法成本

当然，仍需要从规则角度分析中国对于某些具体规则的接受难度。可以从两个维度理解接受规则的难度，一是中国国内现有的制度或政策和 CPTPP 规则的距离；二是如果存在距离，中国为达到 CPTPP 高标准而改变现有制度或政策的难度。原因在于，即便中国有些制度或政策离 CPTPP 规则较远，但是如果改革和改进难度较小，中国对该规则的接受难度仍然不算大。基于此，我们可以将 CPTPP 规则分为四类：第一类是没有接受难度（包括接受难度非常小的规则），中国离这一类规则的差距很小或者没有差距，或者即便有一些差距，中国对

---

① 各议题的具体内容参见中国社会科学院世界经济与政治研究所国际贸易研究室《〈跨太平洋伙伴关系协定〉文本解读》，中国社会科学出版社 2016 年版。

标规则的难度也很小。第二类是接受难度中等，中国离这类规则的差距不小，但是中国在相关领域的改革或改进阻力较小，对标规则的难度不太大。第三类是接受难度较大，中国离这类规则的差距较大，而且中国为对标规则需要做出的改革或改进阻力较大，甚至有非常大的阻力，但这些规则仍可以谈判。第四类是不可能接受的规则或者需要经历非常长的时期才可能接受，主要是电子商务中的数据跨境自由流动和劳工中的允许自由结社和集体谈判等条款，这两个条款对中国的制度和社会稳定带来的风险较难评估。因此，我们认为，在可预期的未来，中国不可能接受这两类条款。综合白洁和苏庆义、佩里和普卢默、肖特等的研究，我们将 CPTPP 规则的分类情况列于表 3-3-3 中。①

表 3-3-3　　　　　　CPTPP 规则的接受难度分类

接受难易程度	条款（以下是 CPTPP 的具体章节名称）
没有接受难度	原产地规则、纺织服装、海关管理和贸易便利化、贸易救济、合作与能力建设、发展、管理和机制条款、争端解决机制、其他
接受难度中等	卫生与植物卫生措施、技术性贸易壁垒、跨境服务贸易、金融服务、商务人员临时入境、电信服务、政府采购、竞争政策、监管的一致性、环境、中小企业、透明度与反腐败
接受难度较大	货物的国民待遇与市场准入、投资、国有企业和指定垄断、知识产权

---

① 白洁、苏庆义：《CPTPP 的规则、影响及中国对策：基于和 TPP 对比的分析》，《国际经济评论》2019 年第 1 期，第 58—76 页；Peter A. Petri and Michael G. Plummer, "China Should Join the New Trans-Pacific Partnership", Peterson Institute for International Economics Policy Brief 19-1, January 2019, https://piie.com/system/files/documents/pb19-1.pdf; Jeffrey J. Schott and Zhiyao (Lucy) Lu, "China's Potential for CPTPP Membership: Opportunities and Challenges", The 8th CF40-PIIE Economists Symposium Conference Papers, May 11, 2019。

续表

接受难易程度	条款（以下是 CPTPP 的具体章节名称）
不能接受	电子商务（数据的跨境自由流动条款）、劳工（允许自由结社和集体谈判等条款）

注：（1）CPTPP 文本一共 31 章，除去导言，一共 30 章，为了分析的简便，本章将初始条款、例外和一般条款、最终条款、竞争力和商务便利化等四章合并为"其他"章节，因此表 3-1-7 合计有 27 个分项。

（2）TPP 每一章包括许多条款，其中有些条款，中国可能没有接受难度，但有些条款可能接受起来难度较大。表 3-1-7 的划分依据是，根据某一章中国接受难度最大的条款来划分。比如，中国对于某一章绝大部分条款没有接受难度，但存在接受难度较大的一条，则将该章归类为接受难度较大的一章。

资料来源：课题组整理。

从表 3-3-3 可以看出，CPTPP 有一部分规则没有接受难度。大部分规则属于接受难度中等，即尽管中国目前离这些规则有一定差距，但是要么属于中国自身改革开放的方向，要么对标这些规则的难度不太大，要么这些规则本身属于较为"中性"的规则，不会对中国造成负面影响，中国经过一段时期的改进完全可以接受这些规则。有一部分规则的接受难度较大，包括货物的国民待遇与市场准入、投资、国有企业和指定垄断、知识产权等。不能接受的条款主要蕴含在电子商务和劳工这两个章节中。后续我们还会专门分析这些规则。整体而言，中国接受 CPTPP 规则确实有不少困难，但也不应高估其难度。

（二）CPTPP 已经开始生效，其成员已开始考虑该协定的成员扩容问题

在 CPTPP 已经生效后，为扩大 CPTPP 的影响力、提高其为成员带来的经济收益，其必然会考虑增加成员的问题。2019 年 1 月 19 日，在东京召开的 CPTPP 首次部长级会议就 CPTPP 的成员扩容事宜进行

了探讨。那么，对于 CPTPP 成员国而言，是否会欢迎中国的加入呢？从目前公开的资料来看，至少没有 CPTPP 成员国表示过反对中国加入。从各方面了解的信息，包括笔者与 CPTPP 成员国官员和学者的直接交流来看，大部分 CPTPP 成员国对中国加入 CPTPP 持欢迎态度。模拟结果显示（表 3-3-1 以及彼得森国际经济研究所的模拟），与中国不加入相比，中国加入 CPTPP 后现有 11 个成员国的社会福利、GDP、制造业就业、进出口等的获益程度都会大幅增加。因此，从经济利益的角度来看，CPTPP 成员国没有理由反对中国加入。当然，从非经济因素来看，可能会有成员对中国加入持摇摆不定的态度，这些成员需要中国通过努力去争取。

（三）与 TPP 时期相比，中国加入 CPTPP 面临的美国因素的困难降低

如果特朗普政府接受奥巴马政府留下的"遗产"，美国没有退出 TPP，并推进其生效，那么如果中国做出加入 TPP 的决定，TPP 是否接纳中国，主要由美国来决定。鉴于美国主导 TPP 的战略意图，其同意中国加入、至少短期内同意的可能性非常低。即便美国同意，由于美国强大的谈判能力，中国加入的谈判过程也会非常曲折。也就是说，在 TPP 时期，即便中国提出申请加入 TPP，美国因素也是中国面临的巨大困难。在 CPTPP 时期，由于美国不是 CPTPP 成员国，至少从程序上来说，中国加入不需要征得美国的同意。即便美国想发挥影响力，也只能在外围通过影响其盟友是否同意中国加入来发挥作用，这与美国作为成员国直接影响中国的加入有本质区别。况且，特朗普政府目前在经贸领域的战略和政策重点是在双边谈判中以实力为基础迫使对方做出让步，其重点不在区域层面的谈判。反观 CPTPP 成员国，目前的 CPTPP 11 国不会像美国那样有明确的反对理由。如果 CPTPP 同意中国加入，谈判难度与中国加入 TPP 相比，也会大大降低。

(四) 中美双边谈判中,中国已经同意美国提出的许多诉求,这些诉求和 CPTPP 规则有不少重合之处,中国已经在中美经贸磋商中积累了谈判高标准国际经贸规则的经验

中美经贸摩擦的起因是美国基于其国内法对中国发起"301 调查",调查报告的全称是《基于 1974 年贸易法 301 条款对中国关于技术转移、知识产权和创新的相关法律、政策和实践的调查结果》,主要包括四个领域:技术转让、许可限制、对外投资、网络安全。中美双方为化解经贸摩擦,截至 2019 年 5 月,已举行 11 轮高级别经贸磋商。根据公开报道,中美谈判涉及的领域超过了《301 调查报告》的范围,实际上已包括美国对中国的所有关切,包括技术转让、知识产权保护、非关税壁垒、服务业、农业、贸易平衡(关税壁垒)、汇率,还涉及国有企业、补贴等。除汇率外,其他谈判内容均包括在 CPTPP 中。在合并无关紧要的章节后,CPTPP 包括 27 章内容,有一半章节的内容中美双边谈判都涉及(表 3-3-4)。尽管特朗普政府退出了 TPP,但其谈判成功的 USMCA 和 TPP 规则实际上一致性很高,高标准程度类似,特朗普政府对经贸规则的要求实际上接近 TPP。这意味着,中国经过和美国的双边谈判,已经积累了谈判大部分 CPTPP 高标

表 3-3-4　中美双边经贸磋商与 CPTPP 规则的重合之处

中美双边谈判涉及的 CPTPP 规则	中美双边谈判未涉及的 CPTPP 规则
关税壁垒(货物的国民待遇与市场准入)、非关税壁垒(海关管理和贸易便利化、卫生与植物卫生措施、技术性贸易壁垒)、投资、服务业(跨境服务贸易、金融服务、商务人员临时入境、电信服务)、电子商务、竞争政策、国有企业和指定垄断、知识产权	原产地规则、纺织服装、贸易救济、政府采购、劳工、环境、合作与能力建设、发展、中小企业、监管的一致性、透明度与反腐败、管理和机制条款、争端解决机制、其他

准经贸规则的经验，而且对于接受这些规则已经有相应的研究和判断，如果中美双边谈判完成（实际上已经完成绝大部分内容），中国加入 CPTPP 的谈判难度会大大降低。

四 中国加入 CPTPP 面临的困难及应对方法

虽然中国面临的背景变化倾向于支持中国加入 CPTPP，中国加入 CPTPP 也具有必要性和可行性，但如果中国做出加入 CPTPP 的决定，确实会面临不少困难，并不会很轻松就能加入。中国不仅需要识别这些困难，更重要的是找到化解这些困难的方法。

（一）中国面临让所有 CPTPP 成员国同意其加入的困难

CPTPP 有自己的加入程序，类似于加入世贸组织的程序。[①] 有意向加入的经济体先非正式地同 CPTPP 成员国沟通，然后正式向 CPTPP 提出加入申请。如果 CPTPP 委员会同意，则成立加入工作组。在加入工作组第一次会议上，欲加入 CPTPP 的经济体应该阐述自己为达到 CPTPP 规则标准已经做出的努力或即将付诸实施的行动。之后，欲加入 CPTPP 的经济体应提交市场准入报价，包括自己希望赦免开放的领域。只有当 CPTPP 成员国都同意该报价，才能正式启动谈判程序。谈判会在欲加入 CPTPP 的经济体和工作组之间进行，也会根据需要在欲加入 CPTPP 的经济体和 CPTPP 成员国之间进行双边谈判。谈判完成获得工作组认可，工作组向 CPTPP 委员会提交书面报告。CPTPP 委员会批准后，则进入欲加入 CPTPP 的经济体和 CPTPP 成员国的国内批准程序。当各国都通过之后，欲加入 CPTPP 的经济体将成为正式的

[①] Jeffrey J. Schott and Zhiyao (Lucy) Lu, "China's Potential for CPTPP Membership: Opportunities and Challenges", The 8th CF40–PIIE Economists Symposium Conference Papers, May 11, 2019.

CPTPP 成员。

虽然 CPTPP 成员国已经开始讨论扩容问题，但是真正启动扩容程序，也需要一定的时间。目前对于 CPTPP 成员国而言，一方面是推进其余 4 个成员国完成国内批准程序，另一方面是在 CPTPP 生效后，各成员国需要改革或改进国内制度和政策，以便尽快满足 CPTPP 中的承诺和规则。因此，在实际扩容之前，CPTPP 11 国会把精力放在 CPTPP 本身的运行上，只有当 CPTPP 真正能够良序运行之后，CPTPP 才会启动扩容程序。

如果中国做出加入 CPTPP 的决定，CPTPP 也决定扩容，中国面临的首要不确定性或困难就是征得所有 CPTPP 11 个成员国的同意。在 CPTPP 成员国都同意后，才能进入谈判程序。尽管没有 CPTPP 成员国明确表示反对中国加入，但是具体操作起来，对于那些尚不支持中国加入的成员，中国和支持中国加入 CPTPP 的成员是否能够说服其支持中国加入呢？因为对于 CPPTP 成员国而言，扩容首先考虑的对象可能是小国而非谈判难度大的大国，而且他们担心中国的加入会影响日后美国的重返。中国也需要让他们确信中国能够深入推进改革以便满足 CPTPP 规则的要求。另外，一些 CPTPP 成员国可能也有自己特殊的考虑因素，比如，日本出于对自身在亚太经济一体化中扮演角色，以及处理和中国关系的考虑，是否会同意中国加入呢？又比如，由于"孟晚舟事件"影响了中加关系，加拿大是否会同意中国加入呢？再比如，由于越南的外交战略是希望在美国和中国之间取得平衡，越南是否会同意中国加入，从而破坏其平衡战略呢？

为克服上述困难，中国一方面需要在对标 CPTPP 规则方面表现出切实的行动力，另一方面需要付出外交努力去争取 CPTPP 成员国的支持，增信释疑，让它们相信中国的执行力。中国对于贸易协定的执行力本来不是问题，但由于美国单方面的指责造成其他国家的误解，导致有些国家误认为中国对于承诺的执行力不强。比如美国对中国没有履行"入世"承诺的指责，美国在"301调查"中对中国在知识产权、技术转让等方面的指责等。对于中国而言，只能通过持续深入的改革来让CPTPP成员国确信中国对标CPTPP规则的努力，比如在自贸试验区更大范围地试行相关规则，并尽快推广到全国，抓紧落实没有完成的党的十八届三中全会改革任务。对于某些目前还不支持中国加入CPTPP的成员国，中国需要通过不同方式在不同场合与其保持接触和沟通，争取到这些国家的支持。

对于CPTPP成员国担心中国加入会影响美国重返的问题，根据我们和CPTPP成员国的学者官员交流时了解到的信息，他们认为如果中国和美国达成双边贸易协定，将有利于他们接受中国加入，因为这不仅意味着中美之间（经贸）关系缓和，美国认可了中国的努力也会监督中国的执行，而且还意味着中国在大部分TPP规则上都愿意做出改进，让CPTPP成员国相信中国深化改革和扩大开放的决心。从这一点来看，中美之间达成双边协定也有利于中国加入CPTPP。由此，中国加入CPTPP和中美之间的双边协定是正反馈机制，一方面中国达成双边协定有利于中国加入CPTPP，另一方面，中国加入CPTPP也有利于让美国相信中国的执行力，从而更愿意和中国达成双边协定。

（二）中国加入CPTPP还面临美国方面带来的不确定性

尽管美国不是CPTPP成员国，但是鉴于中国加入CPTPP带来的巨大的经济和战略影响，美国是否会阻挠呢？尽管美国不是成员国，但是美国依然可以通过影响CPTPP的主导成员日本以及其他盟友来影响CPTPP成员国的决定。只有在美国不反对中国加入的情形下，中国加入CPTPP才更具可行性。另外，由于USMCA中的"毒丸条款"，加拿大和墨西哥通过CPTPP和中国签署协定，是否会激活"毒丸条款",即需要先征得美国同意,加拿大和墨西哥才能同意中国加入,也是需要考虑的问题。

为应对美国的影响,中国需要在做出加入 CPTPP 的决定后,同美国保持沟通。中国可以在沟通时讲明中国加入 CPTPP 会给美国带来好处。第一,中国加入 CPTPP 有利于中国遵守高标准国际经贸规则,从而减少美国对中国不遵守规则的抱怨。如果中国愿意主动做出改变,将国内规则对标国际高标准规则,这会给美国带来好处,美国理应欢迎。第二,中国加入 CPTPP 有利于中国执行中美双边贸易协定(如果达成的话)。对于中美双边贸易协定,美国最关心的还是中国执行协定的效果。除在中美双边协定中建立执行机制外,中国加入 CPTPP 后将接受 CPTPP 所有成员国的监督,而且 CPTPP 本身有争端解决和监督机制,这相当于大大强化了对中国的监督,从而有利于中国执行中美双边协定,这符合美国自身的利益。至于 USMCA "毒丸条款"的影响,还无法具体评估。虽然该条款针对中国,并限制了 USMCA 成员与中国谈判自贸协定的行为,但由于该条款尚未被激活,对中国与加拿大和墨西哥谈判自贸协定的影响还有待观察。①

(三)中国需要和 CPTPP 成员国共同考虑如何协调对中国来说接受难度较大或不能接受的规则

如上所述,对于中国而言,接受难度大或不能接受的规则其实就是货物的国民待遇与市场准入、投资、国有企业和指定垄断、知识产

---

① 有些观点认为,这一条款可能仅仅意味着当加拿大和墨西哥与中国签署自贸协定时,在签署之前应该把谈判完成的文本交给美国审查,而非否定了加拿大和墨西哥与中国签署自贸协定的权利。参见 Peter A. Petri and Michael G. Plummer, "China Should Join the New Trans-Pacific Partnership", Peterson Institute for International Economics Policy Brief 19 - 1, January 2019, https://piie.com/system/files/documents/pb19 - 1. pdf.

权、电子商务、劳工这六个方面。这六个方面实际上又可以分为两类，一是电子商务、劳工这两个与中国的法律法规或经济体制有较大冲突的规则；二是国民待遇与市场准入、投资、国有企业和指定垄断、知识产权等四个方面，虽然接受难度很大，但是符合中国未来的改革方向，也是未来会逐步扩散到区域和多边的规则。

电子商务的冲突在于，CPTPP的规则会促进数据的跨境流动，禁止数据本地化要求和对软件源代码的披露，但是中国的《网络安全法》对于关键信息提出了本地化要求，《网络安全法》第37条规定："关键信息基础设施的运营者在中华人民共和国境内运营中收集和产生的个人信息和重要数据应当在境内存储。"不过，《网络安全法》依然对此留有了余地，允许适当的非本地化要求："因业务需要，确需向境外提供的，应当按照国家网信部门会同国务院有关部门制定的办法进行安全评估；法律、行政法规另有规定的，依照其规定。"而且，目前在世贸组织的框架内，包括中国在内的许多成员正在谈判这一内容。允许数据跨境流动是否会成为规则趋势仍然需要观察，主要看以美国为代表的发达国家的博弈能力[①]。但中国应未雨绸缪，应该在自贸试验区开展一定的先行先试。CPTPP的劳工规则允许自由结社和集体谈判，但是中国目前的工会受中华全国总工会的领导。我们认为，中国很难接受这一条，劳工这一内容可能是所有规则中中国最难接受的。解决电子商务和劳工冲突的方法只能是对

---

① 2017年12月，在阿根廷召开的世贸组织部长级会议发布《电子商务联合声明》。该声明由71个世贸组织成员（包括欧盟及其28个成员国）签署，签署方在声明中承诺"共同开展探索性工作，为今后世贸组织关于电子商务的谈判做准备"。2019年1月25日，在瑞士达沃斯举行的电子商务非正式部长级会议上，中国和澳大利亚、日本、新加坡、美国、欧盟、俄罗斯、巴西、尼日利亚、缅甸等共76个世贸组织成员签署《关于电子商务的联合声明》，确认有意在世贸组织现有协定和框架基础上，启动与贸易有关的电子商务议题谈判。在G20大阪峰会期间举行的领导人数字经济特别会议上，数据自由流动成为各方关注的焦点。在关于数据的流动性方面，目前各方仍存在分歧，美国是数据自由流动的支持者。

中国设置例外条款①。

　　国民待遇与市场准入主要是货物零关税的规则，CPTPP 和其他高标准经贸规则一样，有零关税的理念，即绝大多数商品在协定生效后降到零关税，一小部分设置不同时间的过渡期，另一小部分允许保留关税。在 CPTPP 生效后的第一年，大多数产品都降为零关税。澳大利亚、新西兰、文莱、加拿大、智利、美国六国的零关税比重都将达到 90% 以上，日本、马来西亚、秘鲁三国的零关税比重也将达到 80% 以上。墨西哥和越南零关税的比重相对较少，但也分别要达到 76.99% 和 64.22%。②而中国参与的目前减让力度最高的中韩自贸协定，协定实施一年后中国零关税比重仅为 57.02%。尽管中国目前的平均关税已下降到 7.5%，并会继续下降，但是零关税对中国仍是一个较大的挑战。为解决这一挑战，中国应尽快将自贸试验区扩展到自由贸易港，大幅增加零关税商品的比重。并且建立相应的贸易调整援助机制，对于受到进口商品冲击的本国产业予以援助。另外，在谈判时，中国尽量争取到较低的立即实施的零关税比重，而增加有过渡期的产品比重，并设置较长的过渡期。

　　投资、国有企业和指定垄断、知识产权这三个规则实际上已经是中美双边经贸磋商的重要内容。其中，中国已经承诺愿意践行竞争中性原则，未来会加大国企改革力度，而且国企是许多国家都关心的议题，也是未来世贸组织改革的重要内容。中国只能顺应趋势，让国企行为符合国际规则。知识产权方面，中国会因为和美国的双边经贸磋

---

① 越南等 CPTPP 成员在美国未退出 TPP 时，在 TPP 谈判过程中和美国签署了附属于协定正文的双边协定，承诺修改法律法规以便满足劳工标准。但是美国退出 TPP 之后，这些双边协定自然不存在。如何监督越南对劳工条款的执行力，对 CPTPP 成员是一个挑战。这也说明，在美国退出之后，CPTPP 的执行情况是一个有待观察的问题。在美国不重返的情况下，中国如果加入 CPTPP，实际上有利于自身，因为缺少了强有力的监督者。

② 东艳、苏庆义：《揭开 TPP 的面纱：基于文本的分析》，《国际经济评论》2016 年第 1 期，第 37—57 页。

商而让自己提升接受CPTPP的能力。投资方面则因为中国已经和美国有过谈判双边投资协定（BIT）的经验，也正在和欧盟谈判中欧BIT，相信经过努力可以接受相应的规则。

五 是否加入CPTPP？中国应做出决定并做好准备

本章的分析表明，随着中国自身和外部环境的变化，中国应倾向于做出加入CPTPP的决定。而且，中国加入CPTPP不仅具有必要性，也具有可行性。当然，中国加入CPTPP确实面临一些困难，为化解这些困难，中国一方面自身应切实通过深化改革对接规则，另一方面，也应该和CPTPP成员国以及美国保持沟通，通过沟通争取到这些国家的支持。总体而言，中国应做出加入CPTPP的决定。

为使得现有CPTPP 11国同意中国加入，并进入谈判程序，中国应制定加入时间表，并统筹官产学各界行动。中国应尽快对加入可行性进行详细论证，并一对一地向CPTPP成员国表达加入意向，然后在CPTPP启动扩容程序后，根据CPTPP程序非正式地向成员国提交相关材料，在此基础上，正式向CPTPP提出申请。官方和政府层面，一是商务部应尽快委托智库完成加入CPTPP的可行性研究报告；二是利用中日政治关系重回正常轨道的契机，优先争取到日本这一CPTPP主导成员国对中国加入CPTPP的支持；三是同CPTPP 11国保持接触，争取这些国家的支持。除日本外，起关键作用的成员包括澳大利亚、新加坡、越南、加拿大等国家。由于中国与加拿大的外交政治关系因为华为"孟晚舟事件"受到严重影响，中国可考虑延后和加拿大的接触，等待合适的机会再与加拿大沟通。政府部门应征集产业界对中国加入CPTPP的意见，以便评估利弊。政府部门还应高度重视发挥智库的作用，可委托智库举办关于CPTPP的研讨会，邀请CPTPP 11个成员国以及表达加入意向的国家的高水平智库学者、驻华大使讨论CPTPP未来前景，以此表明中国对于加入 CPTPP 的态度。总之，中国应尽快行动起来。

当然，中国也应做好被 CPTPP 拒之门外的准备。加入 CPTPP 的前提是认同并愿意遵守 CPTPP 规则，中国应基于各项规则标准的高低和自身改革开放时间表统筹推进改革。中国也应做好被 CPTPP 拒之门外的准备，即在中国提出申请加入 CPTPP 意向后，无法顺利获得所有 11 个成员国的同意，或者由于美国阻挠，暂时无法加入。在此情景下，对中国最好的选择依然是对标 CPTPP 规则进行改革开放。原因在于，美国重返之后，中国只能通过谈判其他高标准自贸协定来缓解 CPTPP 的压力，如果从现在开始就向高标准规则看齐，未来中国谈判其他高标准自贸协定的难度将大大降低。此外，CPTPP 许多规则会体现在世贸组织改革之中，从而演变为多边规则，中国按照加入 CPTPP 的要求深化改革开放也有利于参与世贸组织改革，并做好接受未来多边规则的准备。

最后，需要指出的是，我们支持中国申请加入 CPTPP，但在当前的国际国内形势下，也有学者不支持中国加入 CPTPP，中国的政府部门也没有做出决定。本章的目的一方面是论证中国应该加入 CPTPP，但更重要的是希望能够起到抛砖引玉的作用，引起国内政府部门和学者对该问题的重视。应该看清楚美国退出 TPP 给中国加入 CPTPP 带来的机遇期，不错失这一难得的机会。即便中国决定不加入，也应该坚持对标高标准国际经贸规则，并准备好应对美国重返 CPTPP 的对策。从 TPP 谈判、完成谈判，到美国退出 TPP，再到 CPTPP 签署和生效，中国是否应该加入 TPP 或者 CPTPP 都是一个非常引人关注的话题。如果说之前中国还没有做好准备或时机尚未成熟，那么，当前时机已经成熟，中国应做出决定，并做好准备。

第四章 中欧合作的共识、障碍和推进步骤

中美贸易冲突背景下，中欧的合作既存在共同利益基础，也面临着不小的障碍。但总体上，中美贸易冲突增强了欧方与中国进行合作的动力，中欧有望实现更为全面、深入的合作。中欧可以分步骤推进合作，最终在中长期实现中欧自贸区的目标。本章给出了推动中欧合作的具体建议和路线图。

2019年，中欧双边投资协定（BIT）有望取得决定性进展，并在2020年达成高水平协定[①]。同时，中欧可以在WTO改革问题上寻求共识，协力拯救WTO的生命力。在此基础上，中国应积极推动国内改革，争取在市场经济地位问题上获得欧盟认可，并最终启动和推进中欧FTA谈判，使得中欧之间的开放程度超越欧盟—越南版的自贸区协定。

一 中美贸易冲突背景下，中欧合作基础有望得到强化

（一）中美贸易冲突，欧洲经济受伤

中美关税战本身及其不确定性，这两大冲击将导致欧洲经济下

---

① 该文写作于2019年8月5日。在出版期间的2020年12月30日，《中欧全面投资协定》（CAI）谈判已经完成。但本文的分析仍然有其借鉴意义。

滑。除个别产品外，中美贸易战带来的贸易转移，难使欧洲经济受益。近期OECD的一份研究报告显示：如果同时考虑这两大冲击，则欧元区GDP将在2021年前下滑0.4%。考虑到2018年欧元区的经济增速水平仅为1.9%，0.4个百分点的下滑已经相当严峻。而且OECD研究团队还担忧，实际负面影响可能远大于0.4%，其累积效应甚至难以估量。

第三个冲击来自贸易冲突对全球价值链的破坏。以汽车及其零部件制造业为例，这是欧洲机构最为担忧的行业。因为该行业深度融入全球价值链，在欧盟对外贸易中占有较高比重，任何相关贸易限制措施，都可能给欧洲经济带来不良后果。中国欧盟商会在上半年的调查也表明，拥有国际供应链的欧洲企业，1/3以上表示自己同时受到了来自中方和美方的负面冲击，这与此前认为欧洲企业可以置身事外、甚至从中获利的预期完全相反。

疲弱的欧洲经济难以承受较大的负面冲击。欧元区制造业连续6个月以上处于萎缩状态，工业产出不断下滑，第二季度增长乏力已成定局。在多年的量宽操作后，货币政策空间已经十分逼仄，同时欧洲国家的财政状况不但分化严重，而且各自为战，欧洲难以通过政策调控改善经济状况。因此，中美贸易冲突的持续、升级，将大幅增加欧洲陷入衰退的风险，这不符合欧洲的经济利益。

（二）欧美对中国有相同的指责，但是对于解决方式有根本分歧

对于中国"非市场导向的政策和做法"，欧美的质疑具有高度共识。但是在解决方式上，欧洲与美国有根本性分歧。欧洲希望通过规则的改变、调整，来限制、规范中国的政策行为，而对于美国挑起贸易战、欲将中国赶出多边贸易体系的做法，欧洲机构表示完全反对。访谈中的所有机构均表示，拥抱开放、讲求规则、在多边机制下解决

经贸摩擦，这始终是欧盟的首选。

欧洲机构甚至担忧，即使中美达成协议，也会给其他国家带来负面冲击，因此更倾向于基于多边体系进行磋商。不过欧洲机构也普遍意识到，目前唯一具有执行机制的全球体系WTO已经越来越难以发挥作用，因此，欧洲正在积极推动WTO改革，推动形成新的规则，以适应世界经济的新形势。

（三）对于美欧贸易冲突，欧洲自身也在寻求多边解决方案

欧洲目前以三招应对美欧贸易冲突，即：合理反制美国、多边体系下保持与美国对话、与其他国家的双边贸易谈判。（1）合理反制方面，面对美国列出的拟加征关税清单，欧盟委员会也准备了一份加征关税清单作为回应。（2）同时在多边框架下，欧盟也在积极寻求与美国保持对话。（3）欧盟将其他双边贸易谈判作为托底，缓冲美欧贸易冲突的影响。目前涉及到欧盟的已签订和在谈协定超过100个，国别范围跨度很大。但无论如何，多边解决机构仍是欧盟的首选。

二 欧洲对中国的抱怨和担忧，可能成为影响中欧合作的障碍

（一）政策抱怨：对于中国"非市场导向的政策和做法"，欧洲多有抱怨，甚至与美国有较强共识

在补贴、市场准入、强制技术转让、国有企业等问题上，欧洲多有抱怨和担忧，这些也正是美欧日贸易部长六轮联合声明所关注的议题。根据中国欧盟商会2019年的调查，在华营商的欧洲企业认为"不平等待遇"是营商环境友好度下降的首要原因，其次是模糊不清的监管体系以及间接壁垒，如认证、政策问题以及牌照申请困难等。

近几年，中国海外投资规模大幅增加，在海外市场获得巨大商

机,与此同时,欧洲对于双边贸易和投资关系中缺乏对等开放的不满情绪有所上升。"中国制造2025"也被欧洲企业认为是牺牲外资企业利益、扶植本土企业的做法。根据中国欧盟商会的调查,40%的欧洲企业认为由此受到了更多的不公平待遇。

(二)竞争力的焦虑:在高技术领域,欧洲担忧中国的竞争压力

高科技领域是欧洲竞争优势所在,对此欧洲的保护意识很强。和美国一样,欧洲国家认为中国竞争力大幅上升,已经不是发展中国家。欧盟甚至已经将中国定位为"合作者、竞争者、制度性对手"。欧洲国家担心中国的战略将导致高科技行业产能过剩,削弱其优势地位。对于中国可能产生的竞争压力,欧洲整体十分焦虑。

尖端行业企业担忧强制技术转让。根据中国欧盟商会的调查,20%受访欧洲企业表示曾被迫转让技术以维持市场准入,该比例较2017年的10%有所提升,高技术行业的比例更高,石化、医疗器械、制药行业的这一比例都在30%左右。这使得欧洲企业非常不安。

这种焦虑的一个结果,就是欧洲对高科技领域的并购审查日趋严格。中国企业到欧洲进行并购的频率和规模都在快速增长。对于中资企业在高科技领域的并购,欧洲社会的敏感、怀疑情绪日益上升,审查日趋严格。2019年年初,欧盟正式通过外资审查框架法案,意味着中国赴欧技术领域投资或将面临重点审查。

(三)意识形态和所有制问题的担忧

极右翼势力在欧洲崛起,使得意识形态隐忧上升。2019年6月结束的欧洲议会选举中,传统党团实力减弱,极右翼政党席位增加并一跃成为第二大党。极右翼势力崛起,表明欧洲的民族国家意识正在明显加强,欧洲对全球化的立场和态度,也可能随之发生调整,意识形

态恐惧导致中欧合作面临困难的可能性在上升。

国企的优势地位也令欧洲企业不满。根据中国欧盟商会的调查，70%的在华欧洲企业表示，其所在行业的国企拥有额外优势，如政府采购、参与政策制定、市场准入和获取融资等。1/3的中国欧盟商会会员企业，对中国竞争中性政策的实施前景表示悲观，认为该项政策不可能落实。这种所有制担忧，也反映到了2019年3月获批的《欧盟外资审查框架》当中。该法案强调，对所有制优势、对非市场方式获得融资优势，都要加以限制，这两者均明显指向中国国有企业。

三 分四步强化中欧经贸合作、最终实现中欧自贸区协定

中美贸易冲突将是一个长期问题，并且正在其他领域扩展。在此过程中，中国应克服前述障碍，与欧洲加强经贸合作，而欧洲也有这方面的强烈需求。具体而言，除了推动中欧在"一带一路"倡议方面的合作之外，中欧经贸合作可以分四步走。

第一步，中欧完成双边投资协定（BIT）谈判。

从中近期来看，中欧双边投资协定（BIT）有望取得决定性进展，并有望达成高水平协定。这将有助于加强中欧经济联系，共同抵御特朗普冲击下的关税不确定性、全球价值链断裂的负面冲击。

第二步，中欧推动形成共识、合力推进WTO改革，拯救WTO机制的生命力。

WTO是国际经贸领域最重要的多边规则体系，但目前其生存与发展面临严峻挑战。对于维护WTO多边机制、推动WTO改革，中国和欧盟具有很强的共同利益。中国与欧盟之间已经建立了工作小组，加强交流，但这还远远不够。在未来，中欧应发挥各自优势，协调发展中国家和发达国家两个群体的立场，甚至可以考虑相互做出一定妥

协（例如中国方面的发展中国家地位和特殊差别条款），以推动达成共识。

第三步，中国通过自身改革、与欧洲协商，推动欧盟承认中国的市场经济地位。

在补贴、市场准入、国有企业、强制技术转让等领域，美日欧对中国的抱怨具有较强的共识，但在解决方式上有根本性分歧。虽然美日欧的共识不足以直接改变WTO的规则体系，但是若三方各自采取针对中国的措施，中国也将面临很大国际压力。中国应利用三者在解决方案上的分歧，来对三者进行分化。分化措施有二：一方面是中欧应合力推进WTO多边机制改革。另一方面，在明确和坚持自身利益的前提下，中国应积极推动自身改革，努力实现市场经济地位获得国际认可，尤其是欧盟的承认。

第四步，中欧签署双边自贸协定。

中欧双边投资谈判协定、中欧共同推进WTO改革，将增强中欧在经济领域的互信与合作紧密程度。而中国市场经济地位获得承认，则是启动中欧FTA谈判的前提条件。在此基础上，中国可扩大谈判范围、推动中欧FTA的实现，并使中欧之间的相互开放程度超越欧盟—越南版的自贸区协定。

第五章　如何推动国有企业的竞争中性改革？

本章梳理了与国有企业竞争中性问题相关的国际经贸规则动向，并分别从政策视角和企业视角，分析了中国经济对于"竞争中性"的接受程度和当前差距，据此提出中国如何推动国有企业竞争中性改革的建议。本章的结论包括：（1）政策方面，党的十八届三中全会以来，中国虽然加快了国有企业公平竞争立法，但在监管中性、债务中性和政府财政补贴方面，仍然与国际经贸规则存在较大差距。（2）企业方面，随着国有企业，尤其是中央国有企业全要素生产率的不断提升，国有企业接受竞争中性的实力不断提升，但仍然迫切需要进一步推动国有企业改革。（3）国有企业的超额竞争优势主要来自行政垄断和融资，在税收方面存在超额劣势。（4）进行竞争中性改革，有利于提高民企的投资积极性、增加外企的获得感，提升整体资源配置效率，促进中国经济迈向高质量发展。

从中美经贸谈判透露的信息来看，国有企业的竞争中性问题无疑是双方争论的焦点之一。2018年12月，美国贸易代表莱特希泽替代财政部长姆努钦，成为中美经贸谈判的美方主导人。与注重实际利益的特朗普不同，莱特希泽出身法律专业，他的终极目标，是使用国际经贸规则对中国的"非市场导向"政策形成合围，并进一步孤立中国。基于竞争中性的国有企业和产业补贴问题，已经通过区域和多边规则渠道，对中国形成了一定压力。

一 与竞争中性相关的国际经贸规则动向

国有企业的竞争中性原则,最早由澳大利亚在20世纪90年代初期提出,旨在促进国有企业和私营企业之间的公平竞争。奥巴马政府以来,美国积极推行国有企业竞争中性原则,并希望将其运用于国际经贸规则中,以应对来自新兴经济体国有企业的冲击。

当前,美国对于国际经贸规则体系重构的想法有二:一是通过新型双边和区域经贸协定,架空世界贸易组织(WTO),围堵中国;二是在多边机制WTO框架下推进有利于自身的改革,攫取实惠。无论是哪条途径,"竞争中性"都已经成为新型国际经贸规则的重要内容和趋势之一。中国诚应未雨绸缪,尽早落实并推进国内市场化改革,而不是在现实国际压力不可回转之时,再疲于应付。

(一) OECD关于竞争中性的指导性规则

在美国的推动下,经济合作与发展组织(OECD)开展了大量关于竞争中性的研究,积极将其由封闭经济推广至开放经济中。其中,于2012年发布的竞争中性报告获得了广泛引用,在相关经贸规则的制定中起到了基础性作用。该报告列举了八个最重要的方面,以保证国有企业和私有企业的公平竞争,具体如下。

(1) 恰当的国有企业治理模式。推行公司制,规范经营模式,与政府的关系越疏远,越有利于保持竞争中性。

(2) 识别直接成本和补贴。为了确保国有企业的公共服务不会成为对其商业活动进行交叉补贴的渠道,有必要提高国有企业的透明度和会计要求。

(3) 获得商业回报率。否则,国有企业可以借由政府支持,通过压低资产回报率的方式压低价格,在市场上获得竞争优势。

（4）合理补偿公共服务。国有企业提供的公共服务，理应获得透明的财政补偿，但如果补偿超过其所提供的公共服务价值，就会扭曲市场竞争。

（5）税收中性。国有企业和私营竞争者的税收负担应该大致相当。

（6）监管中性。保证国有企业和私营企业享有同样的法律规则和政策环境。

（7）债务中性。国有企业和私营竞争者的债务融资成本应该大致相当。

（8）政府采购中性。首先，政府采购应该是竞争性和非歧视性的；其次，参与投标的国有企业应满足上述竞争中性标准。

（二）CPTPP和USMCA中的国有企业条款

新型区域经贸协定增加国有企业条款，竞争中性原则落地国际经贸规则。在2018年年末生效的《全面与进步跨太平洋伙伴关系协定》（CPTPP）中，以及特朗普政府于2018年11月签订的《美墨加协定》（USMCA）中，都加入了基于竞争中性原则制定的国有企业条款。该条款是竞争中性原则落地国际经贸规则最为直接和全面的反映。

国有企业条款的以下四个特点值得引起注意：（1）适用范围广：国有企业条款属于横向议题，全面适用于协定下的货物贸易、服务贸易和直接投资，暂时不适用于政府采购。（2）可操作性强：条款明确了国有企业跨境竞争行为的管辖权，规定各成员方可以国内法管辖外国国有企业在本土的行为；条款服从国家与国家争端解决机制，在判定是否违规时，明确了"国有企业得到的非商业援助不得损害他国利益"这一判定准则。（3）拓展了传统经贸规则中的补贴概念：使用"非商业援助"的概念替代"补贴"，大大拓展了传统意义上的财政补贴,其范围覆盖到了政府控制的金融机构所提供的信贷和股权投资。(4)增加事前成本:针对国有企业的透明度要求,会增加国有企业在国际市场上贸易与投资的事前成本。

中国虽然尚未参与含有国有企业条款的贸易投资协定,但对于加入 CPTPP 始终持开放态度,对于高标准的国有企业条款应该提前评估、有备无患。

(三)产业补贴规则新动向与国有企业

产业补贴规则新动向,针对国有企业的意图非常明显。由于国有企业条款的高标准,很难与中国达成有约束力的贸易投资协定。2018年以来,美国转换发力点,开始在 WTO 多边补贴规则下积极推进改革,纳入国有企业问题。可以预见,若要推动 WTO 改革,补贴规则和国有企业两大问题,正是美欧日和中印之间争议的焦点。2018年以来,美欧日已经发布了 6 份联合声明,其中最主要的诉求,就是在现行 WTO 多边补贴规则中,纳入国有企业问题。在美国于 2019 年 1 月向 WTO 提出的针对中国补贴的 70 项质疑中,约 1/3 与国有企业相关。在美欧日 2019 年 5 月最新的联合声明中,三方表态将尽快完成产业补贴新规则的制定工作,并吸纳其他 WTO 主要成员国加入,以发起新一轮产业补贴和国有企业规则的谈判。

修订公共机构认定标准,补贴行为将不可避免地卷入国有企业。一直以来,WTO 规则并不歧视国有企业,可以说是所有制中立的。而美欧日推动补贴规则改革的重要目标,就是重新商定 WTO 规则下的公共机构认定标准。如果将国有企业、国有商业银行认定为公共机构,则其向下游企业提供货物或服务、向其他企业提供贷款或参股的行为,都将构成补贴。在此基础上,受到补贴的企业(通常是国有企业)将受到制裁。从以往案例来看,在 WTO 争端解决实践中,基本确立了对于中国较为有利的认定标准。但是,在目前美日欧的联合推动下，这种局面可能会受到冲击。

补贴范围界定：从财政行为扩大至金融领域。以往WTO规则认定的补贴，主要是财政补贴，例如财政贴息、税收补贴、进出口补贴等。美欧日联合声明中，则将补贴范围扩大到了金融领域：（1）国有银行提供的借贷与公司资信不符，以及可能存在的政府隐性担保问题；（2）政府主导的基金进行非商业考虑的股权投资；（3）非商业考虑的债转股。上述三种情况的资金来源涉及到了国有银行、产业基金。这一趋势与《美墨加协定》中的国有企业条款是一致的。

二 中国政策的对接与缺口

（一）政策对接：国有企业公平竞争改革

中国关于促进国有企业和其他所有制企业之间公平竞争的立法和政策起步较晚，但近年来完善步伐不断加快。党的十八届三中全会以来，相关的政策立法大致可以分为指导性政策和具体政策。

1. 指导性政策

分类推进国有企业改革。党的十八届三中全会提出"准确界定不同国有企业功能"，之后中央于2015年印发了《关于深化国有企业改革的指导意见》。基于此，可将国有企业分为公益类和商业类。其中前者获得适度补贴具有其合理性，而后者则可遵循竞争中性原则，实行商业化运作。

按照竞争中性原则，对各类所有制企业平等对待。2019年的《政府工作报告》中，明确提出，"按照竞争中性原则，在要素获取、准入许可、经营运行、政府采购和招投标等方面，对各类所有制企业平等对待。"后续落实政策相继出台可期。

2. 具体政策

公平竞争审查制度，旨在破除行政垄断。2016年6月《国务院关于在市场体系建设中建立公平竞争审查制度的意见》出台。2017年10月，国家发展和改革委员会、财政部、商务部、国家工商行政管理总局、国务院法制办会同有关部门研究制定了《公平竞争审查制度实施细则（暂行）》，经国务院同意印发，让公平竞争审查进入实质执行阶段，以确保今后政府出台的各种产业、投资政策，都要以不破坏统一市场和公平竞争为前提，也包括国有企业和私有企业之间的公平竞争。

国有资本授权经营体制改革，廓清政府与国有企业关系。2019年4月，国务院印发《改革国有资本授权经营体制方案》，计划在未来3年内，对国有企业长期以来被市场诟病的政企不分、政资不分问题，进行改革。国有资本出资人代表机构，如国资委、财政部，将实行清单管理，清单以外事项由企业依法自主决策，清单以内事项要大幅减少审批或事前备案。该项改革，将减少政府对国有企业的干预，使得中国的国有资产监管模式更多地向着管资本的方向发展，促进国有企业规范运营、公平竞争。

（二）政策缺口

1. 监管非中性

（1）立法层面：现行反垄断法对于国有企业的规制语焉不详。

就保证企业公平竞争这一目的来说，反垄断法（有些国家称为竞争法）是国际上更为悠久且通行的法律规则，国有企业的竞争中性问题为什么要单独提出，而不是纳入反垄断法的框架下解决呢？一方面，当然是行政体制上的固有缺陷，并非立法可以解决；另一方面，反垄断法本身也存在监管非中性问题。从国际经验来看，部分国家在反垄断法中保留了对某些特殊行业国有企业的豁免条款。

《中华人民共和国反垄断法》虽然没有明确的国有企业豁免条款，但其第7条提及，"国有经济占控制地位的关系国民经济命脉和国家安全的行业以及依法实行专营专卖的行业，国家对其经营者的合法经营活动予以保护，并对经营者的经营行为及其商品和服务的价格依法实施监管和调控，维护消费者利益，促进技术进步。"该条款赋予了某些特殊行业，政府调控高于反垄断法的权力。但是对于这些行业中的国有企业，是否也一并被免除了反垄断法中的其他义务，则语焉不详。该条款如果能够更加明确地指出，对于这些行业中的国有企业，垄断是可接受的，但是滥用市场支配地位则不行，那么就和其他所有制企业没有差别了。该条款的语焉不详，事实上造成了在执法过程中，对于国有企业的差别待遇。

（2）行政垄断造成的监管非中性。

对于中国来说，相比立法层面，行政垄断是造成监管非中性更为广泛和重要的原因。行政垄断，造成了中国在两个层面上的竞争不充分：一种是垂直型的行业垄断，比如大型中央国有企业占控制地位的战略行业；一种是水平型的地方市场分割，与地方政府对本地经济的保护密切相关。条目繁多的行政垄断往往会扭曲资源配置，使其有利于国有企业，例如歧视性产业政策，市场准入障碍等。

事实上，《中华人民共和国反垄断法》包含了对于行政垄断的规制内容（总则第8条以及第五章），虽然现行规制范围较为有限，但这在世界范围内的竞争法实践中都是不常见的。而前文提及的公平竞争审查制度，是对《反垄断法》行政垄断规制内容的有力延伸和补充。但是，这些法律法规并没有在执行层面得到落实。中国的反垄断执法经验严重不足，执法机构长期分散，包括商务部、国家发展改革委、国家工商总局三家，在2018年4月才整合为国家市场监督管理总局。而于2017年才颁布细则的公平竞争审查制度，也尚未充分发挥其作用。

综上，要达到对于国有企业和其他所有制企业的监管中性，中国在相关立法、行政法规的制定以及执法方面，都还有很长的路要走，与国际经验规则存在较大差距。

2. 债务非中性

无论是 CPTPP 和 USMCA 中的国有企业条款，还是产业补贴规则新动向，将补贴范围由传统的财政行为扩展至金融领域，都是最显著的特征之一。中国现行金融体系在竞争中性方面的短板非常明显，远远达不到债务中性。国有银行、国有企业和地方政府之间存在裙带关系，借贷过程中存在政府隐性担保，产业基金的"明股实债"模式，都是中国亟待解决的结构性问题。据测算，国有企业平均融资规模从 2015 年的 7.15 亿元上升到 2017 年的 22.54 亿元，同期民营企业从 5.99 亿元下降到 4.6 亿元；2017 年共有 1289 只债券发行成功，发行规模为 1.26 万亿元，其中民营企业的发行规模仅为 1573.5 亿元。

借贷过程中的政府隐性担保，会使得效率较低的国有企业持续获得资金注入，这也是导致产能过剩的一个主要原因。以可再生能源产业为例，中国可再生能源设备制造商可通过正式、非正式渠道获得大型国有银行的贷款，而其外资同行却无法做到这一点。便捷的融资渠道导致行业严重产能过剩，2013 年，中国全境风力涡轮发电机发电量为 35 吉瓦，但市场需求量仅为 17 吉瓦，整体风电利用率仅为 50% 左右。

关于产业基金，在美国向 WTO 提出针对中国补贴的 70 项质疑中，多次提出了与政府引导基金相关的问题，比如中国为何不汇报关于国家集成电路产业投资基金的信息？中国还有哪些政府引导基金？中国如何决定哪些产业、哪些企业可以获得政府引导基金的支持？在政府引导基金中，私人投资者与政府类投资者的行动是否完全一致？由上述质疑可以看出，美国的关切主要还是对于中国非市场化金融体系的担忧。要达到债务中性，更有效率地利用金融资本，需要整个金融体系的竞争中性改革。

3. 政府财政补贴

财政补贴通常与产业政策密不可分，总被视为非市场导向的政策手段，可能会导致腐败滋生、资源错配、市场竞争扭曲等一系列糟糕后果。这确实是硬币的一面，硬币的另一面通常被规则推行者略过不谈，却不应该被忽视，那就是产业补贴一直以来并且仍然在经济发展和国际竞争中扮演着重要角色。为了在国际市场上追求寡头竞争产业所带来的超额垄断利润，发达国家从未放弃对具有战略意义产业的补贴。旷日持久的空客与波音在WTO互诉补贴大战就是典型案例。

产业补贴，是发展中国家和转型经济体促进产业和贸易转型升级的重要政策手段。对于发展中国家而言，问题不是要不要产业政策，而是在什么样的情况下应该由市场无形的手进行激励、调节和资源配置；在什么样的情况下，使用什么样的产业政策克服市场失灵，补充现有制度或能力的缺陷，以最有效地促进结构调整、产业提升和经济发展。

当前，中国的财政补贴存在诸多偏向国有企业、使用效率较低的问题。比如信息安全领域，工信部2011年发布了《信息安全产业"十二五"发展规划》，其中提出旨在推动本土信息安全产业发展的产业政策，包括针对本土企业提供国家级补助和地方财政补助，政府采购本土产品，以及制定本土国家标准。地方政府在落实产业政策过程中，通常只扶持地方龙头国企，以及当地支柱产业的主要用人单位。地方政府在许多领域（往往是中国政府鼓励对其进行大规模投资的领域）为当地企业提供直接和间接补贴以及优惠政策。这是导致市场效率低下和许多领域产能过剩的主要因素之一。

此外，中国现行补贴政策文件中往往缺乏补贴授予标准，补贴政策的透明度较低，制定补贴政策的政府部门繁多，中央和地方政府信息交流不畅，补贴政策缺乏退出机制，也都是阻碍财政补贴政策符合竞争中性原则的原因。

三　中国企业的对接与缺口

（一）企业对接：国有企业生产率提升迅速，具备接受竞争中性的实力

对于发展中国家和转型经济体，国有企业的建立与存在有其特殊意义。在发展中国家的发展初期，难以通过市场集聚资金、人才，国有企业可以借助国家力量部分解决这些难题，否则本国企业在外国大公司的压制下难以成长。在发展中国家的市场化转型期，国有企业虽然低效，不以追求利润最大化为单一任务，但是涵养就业、维持社会稳定，[①] 并为私有企业的发展提供了诸多有利条件，比如输送高技能和高效率的劳动者。始终维持相当比例国有企业的双轨制改革被证明是一种有效的帕累托改进式经济改革。[②]

而竞争中性原则，旨在通过促进国有企业和私有企业之间的公平竞争，以提升整体经济资源配置效率。这是在市场经济发展较为成熟之后，应该着力考虑的问题。是否实行竞争中性原则，应该结合各个国家的发展阶段和现实情况进行分析。中国当前是否到了应该着重考虑经济运行效率的阶段？中国的国有企业是否具备了接受竞争中性的实力？

在经济学框架下，全要素生产率（Total Factor Productivity，TFP）

[①] Bai C. E., Li D. D., Tao Z., et al., "A Multitask Theory of State Enterprise Reform", *Journal of Comparative Economics*, Vol. 28, No. 4, 2000, pp. 716–738.

[②] Bai C. E., Lu J., Tao Z., "The Multitask Theory of State Enterprise Reform: Empirical Evidence from China", *American Economic Review*, Vol. 96, No. 2, 2006, pp. 353–357; Lau L. J., Qian Y., Roland G., "Reform without Losers: An Interpretation of China's Dual-Track Approach to Transition", *Journal of Political Economy*, Vol. 108, No. 1, 2000, pp. 120–143.

是综合衡量一个企业经营效率的指标。笔者认为，转型经济体的国有企业可以接受竞争中性的前提，是其全要素生产率水平与其他所有制企业已经不相上下，否则依据竞争中性消除所有超额竞争优势的结果，就是使得该国的国有企业消亡。

图3-5-1显示了1998—2013年，中国不同所有制企业的TFP均值。可以看到，1998—2003年，国有企业的TFP均值显著低于其他所有制企业，但在2003年之后增长迅速，与其他所有制企业的差距明显缩小，尤其是中央国有企业，在2012年之后，其TFP均值已经与外商投资企业、中国港澳台投资企业和私营企业不相上下。

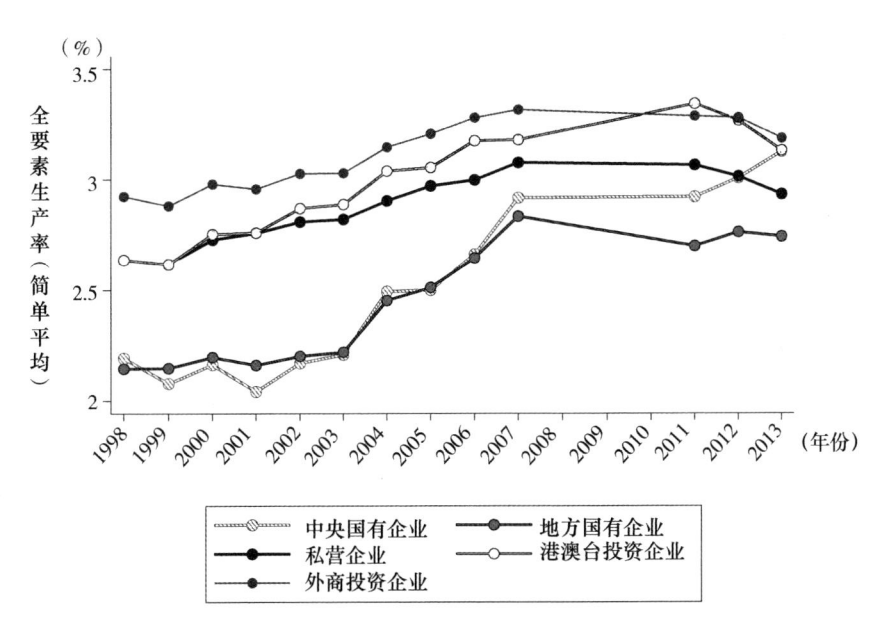

图3-5-1 不同所有制企业全要素生产率均值时序图（1998—2013年）

（二）企业缺口：国有企业与"超额竞争优势"

从"竞争性"规则的相关文献及已有区域贸易协定中的国有企业条款中看，国际上所关心的国有企业可能会获得的"超额竞争优势"主要包括：补贴、税收优惠、放松管制、融资便利、政府采购倾斜等。① 从对于中国国有企业研究的文献来看，被强调最多的"超额竞争优势"来源包括行政垄断和融资。本着重要性和可行性两个原则，本章最终选取了行业性行政垄断、融资、补贴、税收四个方面。下面对这四种潜在的"超额竞争优势"进行具体说明。

1. 行业性行政垄断

长期以来，国有企业被诟病的一项特权就是行政垄断。② 行政垄断不能完全等同于经济垄断，它是经济转轨过程中的一种制度现象，是指政府机构运用公共权力，通过限制进入、强制交易等手段，对市场竞争的限制和排斥。行政垄断可以在行业层面和地区层面进行度量。③ 对于国有企业来说，更为突出的问题是行业层面的行政垄断，即由于政府对于一些垄断性行业的进入限制，国有企业大多分布于上游垄断行业，而私营企业主要分布于下游竞争行业。④ 由行政垄断带来的进入限制，使得在位企业不需要提高 TFP 水平，就可以保持国内市场份额优势，乃至出口市场份额优势。

基于此，本章使用不同所有制企业的行业分布结构来代理行政垄断优势，计算了企业 i 在 t 年所处 3 位码行业的赫芬达尔指数。赫芬达尔指数是衡量行业集中度的指标，假设一个行业有 n 个企业，则赫芬达尔指数位于 1/n 至 1 之间，赫芬达尔指数越大，表明行业集中度越高，当整个行业只有一家企业时，即完全垄断情形下，赫芬达尔指

---

① OECD, "Competitive Neutrality: Maintaining a level playing field between public and private business", OECD Publishing, 2012.

② 杨继生、阳建辉：《行政垄断，政治庇佑与国有企业的超额成本》，《经济研究》2015 年第 4 期，第 50—61 页；靳来群、林金忠、丁诗诗：《行政垄断对所有制差异所致资源错配的影响》，《中国工业经济》2015 年第 4 期，第 31—43 页。

③ 于良春、张伟：《中国行业性行政垄断的强度与效率损失研究》，《经济研究》2010 年第 3 期，第 16—27 页；于良春、余东华：《中国地区性行政垄断程度的测度研究》，《经济研究》2009 年第 2 期，第 119—131 页。

④ Wang Y., Liu X., Li X., "A Model of China's State Capitalism", 2013 Meeting Papers, Society for Economic Dynamics, Vol. 853, 2013.

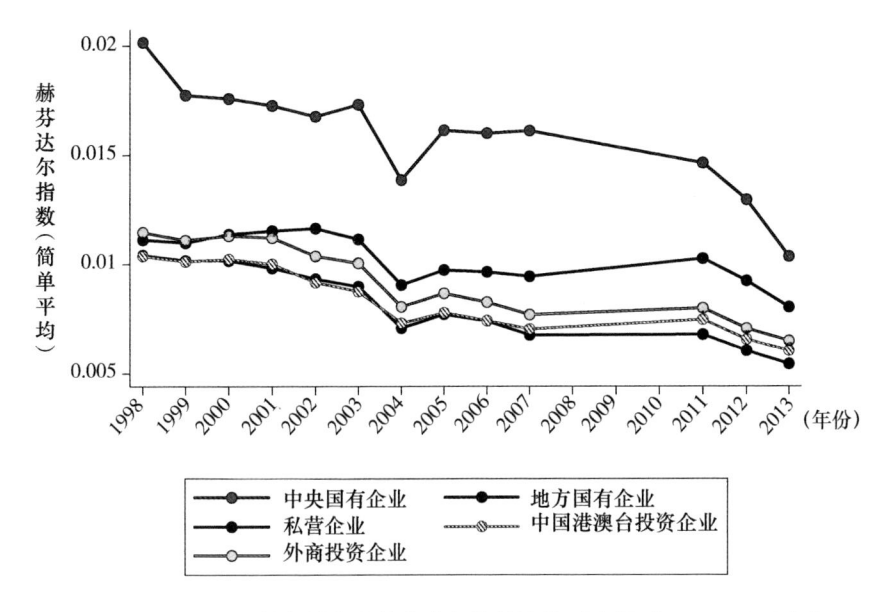

图 3-5-2　不同所有制企业赫芬达尔指数均值时序图（1998—2013 年）

注：直观来看，中央国有企业的行业分布最具行政垄断性，其次是地方国有企业。

数就为 1。如果全部国有企业的平均赫芬达尔指数越高，就表明国有企业的行业分布更具行政垄断性。

2. 融资

融资是国有企业"超额竞争优势"的主要来源之一。宋（Song）等在分析中国经济增长模式时指出，低生产效率的国有企业得以存活的主要原因就是融资优势。[1] 具有融资优势也将使得企业更容易出口，以及出口更多。[2]

---

[1] Hsieh C. T., Song Z. M., "Grasp the Large, Let Go of the Small: the Transformation of the State Sector in China", National Bureau of Economic Research, 2015.

[2] 于洪霞、龚六堂、陈玉宇：《出口固定成本融资约束与企业出口行为》，《经济研究》2011 年第 4 期；孙灵燕、李荣林：《融资约束限制中国企业出口参与吗?》，《经济学（季刊）》2011 年第 11 期；Feenstra, R. C., Li, Z. and Yu, M., "Exports and Credit Constraints under Incomplete Informantion: Theory and Evidence from China", Review of Economics and Statistics, 2013。

本章参照芬斯特拉（Feenstra）等①和孙灵燕、李荣林②的做法，使用利息支付的对数作为企业融资便利的代理变量。企业的利息支付越大，表明其获得贷款的能力越强，信贷约束越低，具有融资优势。使用利息支付来代理企业融资便利的合理性可以从两方面理解：第一，企业融资约束可以分为内源性融资约束（如企业现金流不足）和外源性融资约束（如企业难以获得贷款、发行股票债券等），竞争中立规则所关注的主要是企业的外源性融资优势。第二，中国企业的外源性融资仍主要以信贷市场为主，在全部融资中占比达到75%—95%，使用利息支付来代理企业融资便利具有合理性。图3-5-3显示了不同所有制企业利息支付均值的时序图，直观来看，中央和地方国有企业的利息支付均值高于其他所有制企业，具有一定融资优势。

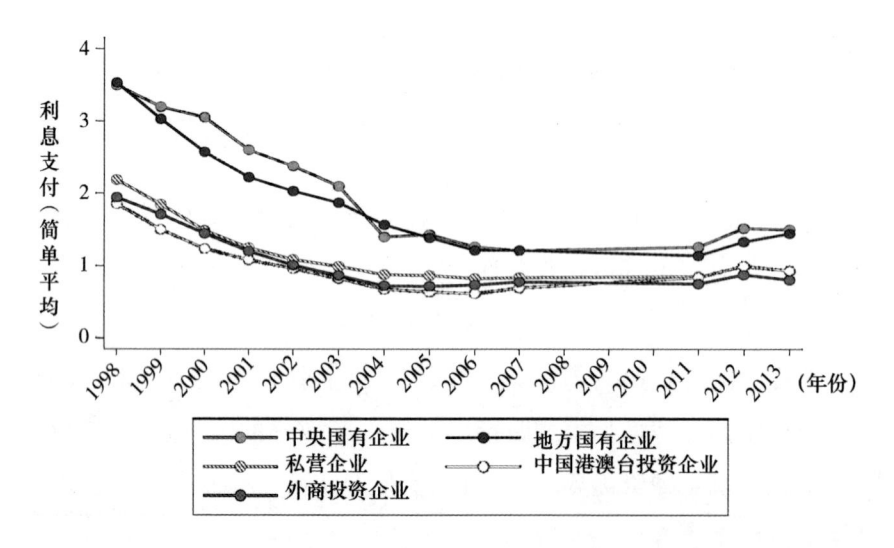

图3-5-3　不同所有制企业利息支付均值时序图（1998—2013年）

---

① Feenstra, R. C., Li, Z., and Yu, M., "Exports and Credit Constraints under Incomplete Information: Theory and Evidence from China", *Reveiw of Economics and Statistics*, Vol. 96, No. 4, 2013, pp. 729-744.

② 孙灵燕、李荣林：《融资约束限制中国企业出口参与吗？》，《经济学（季刊）》2011年第11期。

3. 补贴

过度补贴也是国有企业可能获取"超额竞争优势"的重要来源。在 OECD 的竞争中立框架中，一方面，肯定了合理补贴国有企业公共服务义务的合理性；另一方面，又要求国有企业不能从补贴中获得资金成本优势，即不能过度补贴。也就是说，单从国有企业平均较高的补贴率来看，并不能判断国有企业偏离竞争中立，因为相比于其他所有制类型的企业，国有企业更可能承担公共服务义务，所以较高的补贴水平可能仅仅是补偿了国有企业的公共服务义务。在现实中，"合理补贴"缺乏实际操作的可能性，中国国有企业所获得的高额补贴非常容易遭到诟病，引发贸易摩擦。在 TPP 国有企业条款中，对于补贴的定义更为宽泛，诸如国有工业企业从国有银行所获得的低息贷款等，也被视为补贴。本章的补贴仅指生产性补贴。

与已有文献类似，本章使用补贴收入的对数作为企业所获补贴的代理变量。吉尔马（Girma）等指出，补贴收入在会计核算中主要包括增值税返还、政府财政补贴款等，大部分可以被归为生产性补贴。① 已有针对补贴与中国企业出口的研究大多使用了生产性补贴，苏振东等发现，生产性补贴会提高企业的出口概率和出口密集度，② 施炳展等指出，生产性补贴对于出口总额的促进作用主要是通过扩大出口数量进行的，但是会降低出口价格。③ 图 3-5-4 显示了不同所有制企业补贴收入均值的时序图，直观来看，中央和地方国有企业的补贴收入均值高于其他所有制企业，但是否是其"超额竞争优势"的来源，还需进一步检验。

---

① Girma, S., Gong, Y., Görg, H. and Yu, Z., "Can Production Subsidies Explain China's Export Performance? Evidence from Firm-level Data", *The Scandinavian Journal of Economics*, Vol. 211, No. 4, 2009, pp. 863–891.

② 苏振东、洪玉娟、刘璐瑶：《政府生产性补贴是否促进了中国企业出口？——基于制造业企业面板数据的微观计量分析》，《管理世界》2012 年第 5 期。

③ 施炳展、逯建、王有鑫：《补贴对中国企业出口模式的影响：数量还是价格?》，《经济学》2013 年第 4 期。

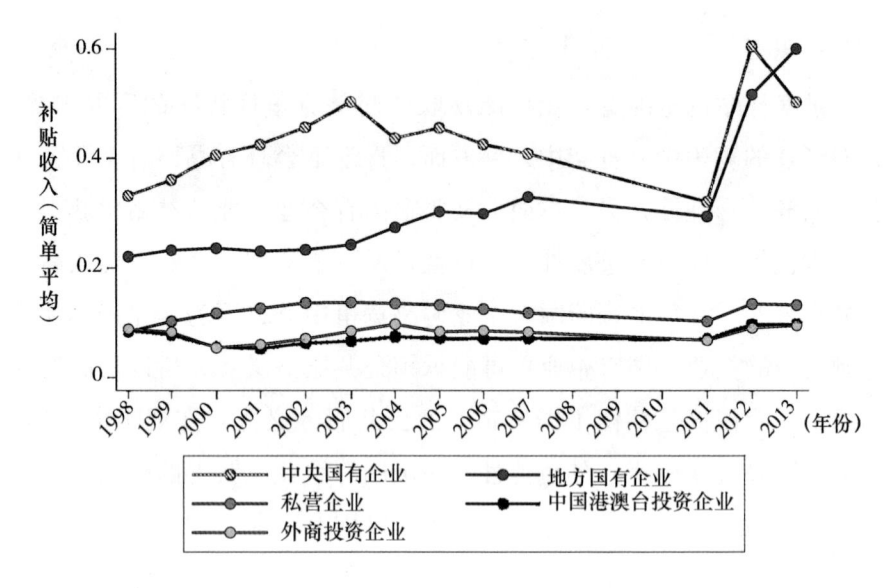

图 3-5-4　不同所有制企业补贴收入均值时序图（1998—2013 年）

4. 税收

税收是国际上所关心的国有企业可能会获得的"不公平竞争优势"的重要来源之一。OECD 的竞争中立框架要求国有企业达到"税收中立"，即国有企业和私营企业的税收负担应该大致相当。税负优势可以视作补贴的另外一种形式，较低的税负会使得企业获得更大的利润空间，从而更容易克服出口固定成本进入国际市场，并扩大出口市场份额。就中国不同所有制企业税负情况来看，国有企业并未享有显著的税收优势。

从政策层面上看。中国工业企业最主要的税负为增值税和所得税，下面就这两种税负进行一个简要梳理。增值税方面，现行的《中华人民共和国增值税暂行条例》于 1993 年 12 月 13 日公布，并在 2008 年 11 月、2016 年 2 月、2017 年 11 月经历了三次修订。在最新的修订版中，一般纳税人的税率为 17%，小规模纳税人的税率为 3%（不得抵扣进项税额），优惠税率大致包含 11%、6%、0 三档，仅针对特殊行业和特殊销售行为，在历次修订版本中都没有针对不同所有制企业的税率差异。在增值税优惠政策方面，高培勇、毛捷的研究显示，中国境内企业目前享受的间接税优惠政策合计约180项，主要包括免税、优惠税率、先征后返和即征即退等优惠形式。增值税优惠政策主要用于支持"三农"以及促进环境保护和节能减排，受益纳税人主要集中于批发业和化学原料及化学制品制造业等行业，[①] 并不存在明显的企业所有制类型倾向性，参见图3-5-5。

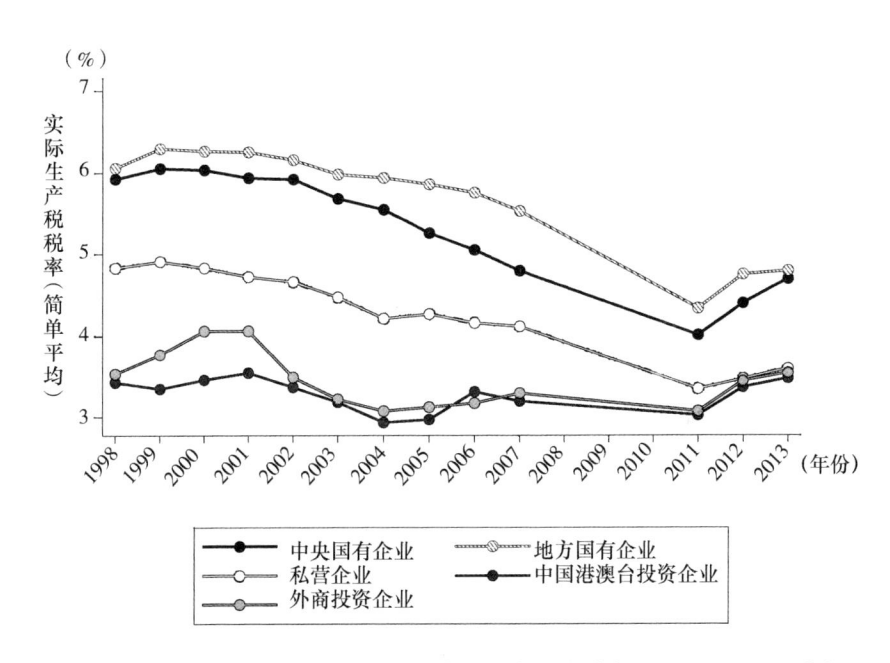

图3-5-5 不同所有制企业实际生产税税率均值时序图（1998—2013年）

企业所得税方面，2008年以前，内资企业和外资企业分别适用1993年12月发布的《中华人民共和国企业所得税暂行条例》和1991年4月通过的《中华人民共和国外商投资企业和外国企业所

[①] 高培勇、毛捷：《间接税收优惠的规模、结构和效益：来自全国税收调查的经验证据》，《中国工业经济》2013年第12期。

得税法》，税法层面的差异，使得外资企业大多享受了颇为优惠的所得税政策。直到2008年1月1日，新的《中华人民共和国企业所得税法》开始实施，上述两部法律/条例同时废止，才统一了内外资企业所得税征收标准。所以在相当长的时间里，中国的外资企业实际上在所得税方面享受了超国民待遇，参见图3-5-6。

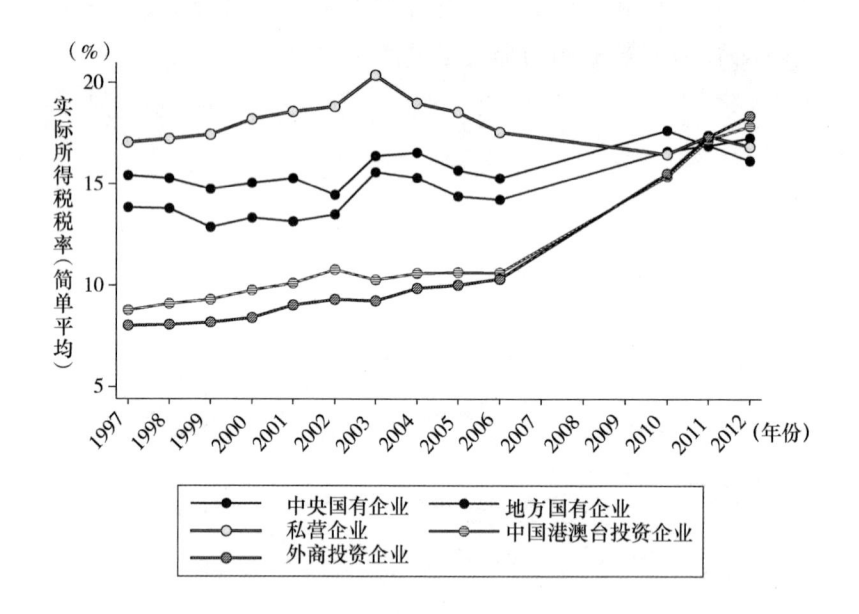

图3-5-6　不同所有制企业实际所得税税率均值时序图（1997—2012年）

综上，国有企业仍然享有较高的行政性垄断、信贷优势以及补贴水平，但在税收方面并未享有优惠，其实际生产税税率反而较高。国有企业的TFP在2003年之后增长迅速，与其他所有制企业的差距不断缩小，在2011年之后，中央国有企业的TFP已经与其他所有制企业不相上下。国有企业在生产率大幅提高的情况下，仍然在行政垄断、信贷及补贴方面享有竞争优势，这可能就是中国国有企业在国际市场上引起恐慌的原因之一。

四 推动改革的政策建议

在参与国际经贸规则改革的过程中，中国应牢牢坚守底线，"该改的、能改的我们坚决改，不该改的、不能改的坚决不改。"与此同时，中国也需明确认识到自己的核心利益，"要坚决破除一切妨碍发展的体制机制障碍和利益固化藩篱，加快形成系统完备、科学规范、运行有效的制度体系，推动中国特色社会主义制度更加成熟、更加定型。"由此出发点看，我们也要对国际经贸规则的变化进行客观、理性分析，放手推动符合中国利益的改革。从积极应对国际经贸规则新动向看，中国应推动以下方面的改革。

（一）分类推进国有企业改革，破除行政垄断藩篱

近期国际补贴规则的新动向，虽然名义上仍然针对补贴规则，但根本上是针对非市场导向政策和国有企业。因此仅改革补贴政策，无法根本解决问题。中国应尽快在国有企业分类改革的基础上，启动"竞争中性"改革。

中国所处的经济发展阶段，已经可以接受"竞争中性"改革，并且会从中获益。近年来国有企业生产经营效率大幅提升，有能力参与市场公平竞争。落实好中国新近出台的公平竞争审查制度，引入国有企业"竞争中性"规则，有利于缓解国企在国际竞争中面临的压力。同时，这也有利于提高民企的投资积极性、增加外企的获得感。在政策实施方面，可以由易到难，先行在税收中立、约束补贴和政府采购方面有所突破，再逐步实现融资中立、监管中立等。

（二）加快经济干预方式从产业政策向竞争政策转型

中国应加快经济干预方式的转型。国际上竞争政策由来已久，最

早的竞争法可追溯到1890年美国的《谢尔曼法》(Sherman Act)。经过100多年的发展，竞争政策已经成为各个发达国家市场经济的重要组成部分，20世纪80年代后期以来，发展中国家的竞争政策立法也大大加快。目前，竞争政策已经成为国际上干预市场竞争的通行方式。在竞争政策领域，中国尚处起步阶段，竞争立法起步较晚，法律框架在近20多年才逐步完善。中国企业的相关法律意识淡薄，这使得中国企业在强调竞争规则的国际市场中处境不利。

中国应借鉴国际经验。日本和韩国也曾使用产业政策，有效推动了产业升级和经济增长。但东南亚金融危机后，日韩认识到，随着市场发育的逐渐完善，政府职能应当从经济活动的干预者转变为竞争秩序的维护者。此后，日韩着力进行改革，正在实现从产业政策向竞争政策转型。

（三）金融系统贯彻"竞争中性"原则，消除融资隐性壁垒

美日欧在金融补贴领域的部分改革诉求，符合中国自身改革取向，可以考虑接受。例如，借贷过程中存在政府隐性担保，产业基金的"明股实债"模式，都是中国亟待解决的结构性问题。即使内外诉求一致，中国要实现这一目标，也需要一个过渡时期。同时，对于"非商业"考虑的股权投资、"非商业"考虑的债转股，需要对"非商业"的标准给予澄清，并力争提出对中国有利的界定。"非商业"标准的界定，很可能也将围绕中国产业政策的合理性展开激烈争论。

（四）规范产业补贴政策，明确授予标准，提高透明度

在针对中国补贴的70项质疑中，美国有大量质疑认为中国现行补贴政策文件中缺乏补贴授予标准，补贴政策的透明度较低。中国可以梳理现行补贴政策，提高政策透明度，具体可采取以下措施：明确各类所有制企业在获得补贴方面有同等待遇；在政策文件中明确各项

补贴的授予标准,即何种产业、何种企业和机构可以享受该项补贴;明确补贴程序,特定产业、企业和机构可以享受多长时间的补贴,这种补贴是否有退出机制等;信息公开,可以建立全国补贴政策公告网站,贯通各政府部门、各层级政府,方便企业了解现行补贴政策,也方便政府内部的信息沟通。

参考文献

中文文献

白洁、苏庆义：《CPTPP 的规则、影响及中国对策：基于和 TPP 对比的分析》，《国际经济评论》2019 年第 1 期。

崔凡：《对强制技术转让应有明确界定》，《国际商报》2017 年 8 月 29 日 A3 版。

崔立如：《管理战略竞争：中美新关系格局的挑战》，《美国研究》2016 年第 2 期。

达巍：《构建中美新型大国关系的路径选择》，《世界经济与政治》2013 年第 7 期。

丁一凡：《中美战略经济对话的回顾与展望》，《国际经济评论》2007 年第 6 期。

东艳：《制度摩擦、协调与制度型开放》，《华南师范大学学报（社会科学版）》2019 年第 5 期。

东艳、苏庆义：《揭开 TPP 的面纱：基于文本的分析》，《国际经济评论》2016 年第 1 期。

董维佳、姚曦、徐奇渊：《国际科技创新合作对全要素生产率提升作用研究》，科技部战略研究专项内部报告，2019 年 10 月。

樊纲、关志雄、姚枝仲：《国际贸易结构分析：贸易品的技术分布》，

《经济研究》2006 年第 8 期。

格雷厄姆·艾利森，《注定一战》，陈定定、傅强译，上海人民出版社 2018 年版。

郭美新，陆琳，盛柳刚和余淼杰：《反制中美贸易摩擦和扩大开放》，《学术月刊》2018 年第 50（06）期。

黄凤志、刘瑞：《应对中美关系南海困局的思考》，《东北亚论坛》2017 年第 2 期。

贾庆国：《全面认识战后国际秩序》，《外交评论》2015 年第 6 期。

杰克·斯奈德：《帝国的迷思：国内政治与对外扩张》，于铁军等译，北京大学出版社 2007 年版。

靳来群、林金忠、丁诗诗：《行政垄断对所有制差异所致资源错配的影响》，《中国工业经济》2015 年第 4 期。

鞠建东、余心玎、卢冰、侯江槐：《中美经贸实力对比及关联分析：量化视角下的综合考量》，《国际经济评论》2019 年第 6 期。

李春顶、何传添、林创伟：《中美贸易摩擦应对政策的效果评估》，《中国工业经济》2018 年第 10 期。

李丹，董琴：《日美贸易摩擦下日本产业升级的实现及启示》，《现代日本经济》2019 年第 2 期。

刘东民、史晨：《美国实施金融制裁的趋势、特征及其依赖的技术平台》、《银行家》2018 年第 8 期。

刘江永：《钓鱼岛争议与中日关系面临的挑战》，《日本学刊》2012 年第 6 期。

刘元春、于泽：《全球变局下的中国经济政策》，《中国金融》2019 年第 13 期。

柳华文：《联合国与人权的国际保护》，《世界经济与政治》2015 年第 4 期。

卢锋、李双双：《美国对华经贸政策转变与两国贸易战风险上升》，

《国际经济评论》2018年第3期。

罗伯特·罗斯：《中国崛起、地区权力转移与东亚安全：从1949年到21世纪》，《世界经济与政治》2009年第11期。

马文秀，《日美贸易摩擦与日本产业结构调整》，人民出版社2010年版。

倪峰：《观察中美关系发展的三个维度》，《世界经济与政治》2006年第8期。

潘圆圆、唐健：《美国外国投资委员会国家安全审查的特点与最新趋势》，《国际经济评论》2013年第5期。

潘圆圆、张明：《中国对美投资快速增长背景下的美国外国投资委员会改革》，《国际经济评论》2018年第5期。

潘忠岐：《结构性战略互动与冷战后中美安全关系》，《国际政治研究》2007年第1期。

宋国友：《利益变化、角色转换和关系均衡：特朗普时期中美关系发展趋势》，《现代国际关系》2017年第8期。

宋泓：《中国加入TPP：需要多长时间？》，《国际经济评论》2016年第2期。

苏庆义：《中国是否应该加入CPTPP？》，《国际经济评论》2019年第4期。

田正：《日美贸易摩擦经验与教训再审视》，《日本研究》2018年第4期。

王浩：《利益、认知、互动：中美关系演进的动因探析》，《世界经济与政治》2014年第10期。

王辉耀：《主动加入CPTPP，以"加群"来为中美贸易争端"减震"》，FT中文网，2019年1月8日。

王伟光：《结构性因素与中美关系的变迁》，《美国研究》2013年第4期。

王玮:《权力变迁、责任协调与中美关系的未来》,《世界经济与政治》2015年第5期。

温铁军、高俊、张俊娜:《中国对美"双重输出"格局及其新变化》,《经济理论与经济管理》2015年第7期。

吴心伯:《冷战后中美互动模式的演变》,《美国研究》2015年第6期。

肖河:《国际秩序衰落:概念与度量》,《国际关系研究》2017年第4期。

肖河、徐奇渊:《国际秩序互动视角下的中美关系》,《美国研究》2019年第2期。

谢伏瞻:《论新工业革命加速拓展与全球治理变革方向》,《经济研究》2019年第7期。

信强:《"三重博弈":中美关系视角下的"一带一路"战略》,《美国研究》2016年第5期。

徐辉、于瀛:《中美军事关系:利益、挑战及应对》,载王栋等编《战略领域的中美关系》,社会科学文献出版社2016年版。

徐进,《中美战略竞争与未来国际秩序的转换》,《世界经济与政治》2019年第6期。

徐梅:《日美贸易摩擦再探讨》,中国税务出版社2016年版。

徐奇渊:《中美贸易冲突:中国经济的核心利益是什么》,《中国改革》2018年第6期。

徐奇渊、周学智:《如何规避美国的金融制裁?》,《财经》2019年第19期。

阎学通:《对中美关系不稳定性的分析》,《世界经济与政治》2010年第12期。

杨继生、阳建辉:《行政垄断,政治庇佑与国有企业的超额成本》,《经济研究》2015年第4期。

杨奎松：《中美和解过程中的中方变奏："三个世界"理论提出背景探析》，《冷战国际史研究》2007 年第 10 期。

杨子荣：《美国指控汇率操纵的历史、启示与应对》，《中国外汇》2019 年第 9 期。

姚曦：《贸易摩擦的福利冲击——基于量化贸易模型的测算》，中国社会科学院世界经济与政治研究所，《全球发展展望系列》工作论文，2020001，2020 年。

尹继武：《"单边默契"与中美战略合作的演进》，《美国研究》2017 年第 2 期。

于良春，张伟：《中国行业性行政垄断的强度与效率损失研究》，《经济研究》2010 年第 3 期。

于良春、余东华：《中国地区性行政垄断程度的测度研究》，《经济研究》2009 年第 2 期。

余淼杰、张睿：《以我为主，为我所用：中国应积极主动寻求加入 TPP》，《国际经济评论》2016 年第 2 期。

余永定：《全球国际收支不平衡与中国的对策》，《国际金融研究》2007 年第 1 期。

余永定：《中美贸易战的深层根源及未来走向》，《财经问题研究》2019 年第 8 期。

袁鹏：《关于构建中美新型大国关系的战略思考》，《现代国际关系》2012 年第 5 期。

袁正清、李志永、主父笑飞：《中国与国际人权规范重塑》，《中国社会科学》2016 年第 7 期。

张建平：《中国与 TPP 的距离有多远?》，《国际经济评论》2016 年第 2 期。

张向晨、徐清军、王金永：《WTO 改革应关注发展中成员的能力缺失问题》，《国际经济评论》2019 年第 1 期。

张宇燕:《理解百年未有之大变局》,《国际经济评论》2019 年第 5 期。

赵海:《中美经贸冲突中的国防技术与供应链安全因素》,中国社会科学院世界经济与政治研究所工作论文,2020 年 1 月。

赵海、姚曦、徐奇渊:《从美国对华加征关税商品排除机制看中美贸易摩擦》,《银行家》2020 年第 1 期。

赵建文:《〈公民权利和政治权利国际公约〉的保留和解释性声明》,《法学研究》2004 年第 5 期。

中国社会科学院世界经济与政治研究所国际贸易研究室:《〈跨太平洋伙伴关系协定〉文本解读》,中国社会科学出版社 2016 年版。

英文文献

Arkolakis C., Costinot A., Rodríguez-Clare A., "New Trade Models, Same Old Gains?", *American Economic Review*, Vol. 102, No. 1, 2012.

Bai C. E., Li D. D., Tao Z., et al., "A Multitask Theory of State Enterprise Reform", *Journal of Comparative Economics*, Vol. 28, No. 4, 2000.

Bai C. E., Lu J., Tao Z., "The Multitask Theory of State Enterprise Reform: Empirical Evidence from China", *American Economic Review*, Vol. 96, No. 2, 2006.

Bergsten C. F., "A Partnership of Equals, How Washington Should Respond to China's Economic Challenge", *Foreign Affairs*, July/August 2008.

Caliendo L., Parro F., "Estimates of the Trade and Welfare Effects of NAFTA", *The Review of Economic Studies*, Vol. 82, No. 1, 2015.

Chen Jian, "China and the Cold War after Mao", in Melvyn P. Leffler and Odd Arne Westad, eds., *The Cambridge History of the Cold War*, Volume III.

Chen Sichong, Li Wenxue and Wang Qi, "Are Chinese Acquirers Discriminated against in Cross-Border Mergers and Acquisitions? An Analysis Based on Covered Transactions Filed with CFIUS", *China & World Economy*, Vol. 28, No. 2, 2020.

Costinot A., Rodríguez-Clare A., "Trade Theory with Numbers: Quantifying the Consequences of Globalization", *Handbook of international economics*, Elsevier, 2014.

David M. Lampton, "A Tipping Point in U. S. -China Relations is Upon Us", US-China Perception Monitor, May 6, 2015, https://www.uscnpm.org/blog/2015/05/11/a-tipping-point-in-u-s-china-relations-is-upon-us-part-i/.

Dinc, I. and I. Erel, "Economic Nationalism in Mergers and Acquisitions", *The Journal of Finance*, Vol. 68, No. 6, 2013.

Eaton J., Kortum S., "Technology, Geography, and Trade", *Econometrica*, Vol. 70, No. 5, 2002.

Elbridge Colby, "Don't Sweat Air Sea Battle", *The National Interest*, July 31, 2013.

G. John Ikenberry, *Liberal Leviathan: The Origins, Crisis, and Transformation of the American World Order*, Princeton and Oxford: Princeton University Press, 2011.

G. John Ikenberry, "Liberal Internationalism 3.0: America and the Dilemmas of Liberal World Order", *Perspectives on Politics*, Vol. 7, No. 1, 2009.

Hayek, F. A., *Monetary Nationalism and International Stability*, London: Longmans, Greenband Company, 1937.

Hedley Bull, "Society and Anarchy in International Relations, in Herbert Butterfield and Martin Wight", eds., *Diplomatic Investigations*, London:

Allen & Unwin, 1966.

Helleiner, E. and A. Pickel, *Economic Nationalism in a Globalizing World*, Ithaca, NY: Cornell University Press, 2005.

Henry A. Kissinger, "The Chance for a New World Order", International Herald Tribune, January 12, 2009.

Hsieh C. T., Song Z. M., "Grasp the Large, Let Go of the Small: the Transformation of the State Sector in China", National Bureau of Economic Research, 2015.

Ito. Hiro, "U. S. Current Account Debate with Japan then, with China Now", *Journal of Asian Economics*, Vol. 3, 2009.

James K. Jackson, "The Committee on Foreign Investment in the United States (CFIUS)", Congressional Research Service Report, 2018.

Jeffrey J. Schott and Zhiyao (Lucy) Lu, "China's Potential for CPTPP Membership: Opportunities and Challenges", The 8th CF40-PIIE Economists Symposium Conference Papers, May 11, 2019.

Karolyi, G. A. and A. G. Taboada, "Regulatory Arbitrage and Cross-Border Bank Acquisitions", *The Journal of Finance*, Vol. 70, No. 6, 2015.

Lau L. J., Qian Y., Roland G., "Reform without Losers: An Interpretation of China's Dual-Track Approach to Transition", *Journal of Political Economy*, Vol. 108, No. 1, 2000.

Mark Leonard, Jean Pisani-Ferry, Elina Ribakova, Jeremy Shapiro and Guntram Wolff, "Redefining Europe's Economic Sovereignty", *Policy Contribution*, No. 9, June 2019.

Meyer, K. E., Y. Ding, J. Li and H. Zhang, "Overcoming Distrust: How State-owned Enterprises Adapt Their Foreign Entries to Institutional Pressures Abroad", *Journal of International Business Studies*, Vol. 45, No. 8, 2014.

Mure Dickie and Kathrin Hille, "Japan Risks China's Wrath over Senkaku", *The Financial Times*, September 10, 2012.

Niall Ferguson, "Team 'Chimerica'", The Washington Post, No. 17, 2008.

OECD, "Competitive Neutrality: Maintaining a Level Playing Field Between Public and, Private Business", OECD Publishing, 2012.

Peter A. Petri and Michael G. Plummer, "China Should Join the New Trans-PacificPartnership", Peterson Institute for International Economics Policy Brief 19 - 1, January 2019, https: //piie. com/system/files/documents/pb19 - 1. pdf.

Rodrik, D., "What do Trade Agreements Really do?", *Journal of Economic Perspectives*, Vol. 32, No. 2, 2018.

Rosemary Foot, "The Cold War and Human Rights", in Melvyn P. Leffler and Odd Arne Westad, eds. , *The Cambridge History of the Cold War*, Volume III, New York: Cambridge University Press, 2010.

Roy D. Kamphausen and Jessica Drun, "Sino-U. S. Military-to-Military Relations", in U. S. -China Relations in Strategic Domains, NBR Special Report No. 57, April 2016, http: //www. nbr. org/publications/special-report/pdf/sr57_ us-china_ april2016. pdf.

Steve E. Lobell, "Threat Assessment, the State, and Foreign Policy", in Steven E. Lobell, and Norrin M. Ripsman and Jeffrey W. Taliaferro eds. , Neoclassical Realism, the State and Foreign Policy.

Suzuki, K. , *How Structural Heterogeneities Turned into Political Issues: Lessons from the US-Japan Structural Talks*, Springer, Emerging Risks in a World of Heterogeneity, 2018.

T. X. Hammes, "Sorry, Air Sea Battle Is No Strategy", *The National Interest*, August 7, 2013.

Wang Y., Liu X., Li X., "A Model of China's State Capitalism", 2013 Meeting Papers, *Society for Economic Dynamics*, Vol. 853, 2013.

Yu Yongding, "A Trade War That is Unwarranted", *China & World Economy*, Vol. 26, No. 5, 2018.

后　　记

　　2018年8月，上海浦山新金融发展基金会第一届理事会上，黄益平教授提出相关研究设想，课题开始酝酿。2018年9月，上海浦山新金融发展基金会课题"推动建立长期稳定的中美双边经贸关系"正式启动。2018年11月末，课题组完成了第一份内部报告，题为《G20峰会前瞻：中美贸易谈判不能毕其功于一役》，并提出中美经贸谈判可以分阶段推进。2019年5月11日，课题研究成果初见雏形，并在第八届 CF40 - PIIE 中美经济学家学术交流会上做了第一次发布。2019年8月9日，课题组第二阶段成果，再次于黑龙江伊春进行了中期成果内部评审。2019年10月29日，课题成果基本成形，在首届外滩金融峰会正式进行了发布。2020年2月，课题组的研究成果《直面中美贸易冲突》最终定稿，2月20日顺利通过答辩并被中国金融40人论坛评选为2019年度优秀课题。

　　在此过程中，课题组成员结合各自研究领域，多次分赴美国、法国、德国、比利时、瑞士、日本等多国进行调研，包括接待来访和国内调研，我们与各国政府机构、市场机构、国际组织、智库等进行了坦诚和务实的交流。我们甚至在遥远的中部非洲国家，也感受到了中美贸易冲突的硝烟弥漫到了世界的各个角落。

　　中美经贸摩擦过程中的磋商和交锋，自始至终都不仅仅是一个贸易问题，甚至也不仅仅局限于投资、技术、金融等具体维度。在研究深化的过程中，我们认识到：必须要将世界经济与国际政治两个专业紧密结合，才能使得研究直指痛处。而我们所在的中国社会科学院世界经济与政治研究所，则恰恰覆盖了这项课题研究所需要的几乎所有学科领域。这也成就了我们研究的最大特点，即跨学科的深度融合。我们大部分课题组成员也都来自这个研究所，我们对研究所给予的各方面有力支持表示感谢。

读者们将会看到，本书内容涉及国际贸易、国际金融、国际投资、国际技术合作、国有企业改革、竞争中性问题、国际政治、中美关系等内容。而且各个专业领域的内容互相有机渗透，有不少的研究内容都交织了跨学科的视角。可以说，这项研究是对跨学科深度合作的一次有益尝试，并且获得了积极的成效。

在为期一年半的研究过程中，随着中美经贸摩擦形势的跌宕起伏，我们的研究内容也不断完善、充实。课题组顾问黄益平教授对项目选题起到了一锤定音的作用，为后续的研究指明了方向。课题组顾问余永定研究员，在研究过程中不断拷问和挑战着我们的研究框架、研究方法，这也是我们几易其稿的最直接动力。同时，在多次发布会的交流过程中，许多专家学者们的建议也对我们的研究深有启迪。其间，中外诸多经济学者和官员们对课题成果的完善提出了建议，在此一并致谢。不过若有文责，由课题组自负。

本书具体分工情况如下：总报告由徐奇渊、东艳执笔完成。第一篇的第一章由肖河、徐奇渊合作完成，第三章的作者是赵海。第二篇的第一章由姚曦完成，第二章作者是赵海、姚曦、徐奇渊，第三章的作者是陈思翀、李文学、汪琪、圣美，第四章的作者是潘圆圆、张明，第五章的作者是崔凡，第六章由徐奇渊、周学智完成，第七章作者是徐奇渊。第三篇的第一章、第二章作者均为东艳，第三章作者是苏庆义，第四章由徐奇渊、陆婷完成，第五章作者是姚曦、唐宜红、徐奇渊。此外，东艳、徐奇渊作为课题的联合主持人，还承担了课题立项申请、框架设计、研讨活动的组织、成果发布、结题答辩、最终成果的统稿和修订等工作。

  这本书的付梓，意味着我们过去的研究暂告一个段落。个中的辛苦和汗水、顿悟时的酣畅，以及交流时的愉快，都凝结成一个个字符，留下来立此存照。我们期待这个研究成果能够经受得住历史的残酷检验。最后，作为一个中青年学者组成的研究团队，能够有机会以自己的研究工作来见证历史，我们感到非常幸运。我们再次诚挚感谢每一位支持和关注这项研究的各界同仁。

浦山基金会中美贸易课题组
2020 年 4 月 16 日

致　　谢

本书是上海浦山新金融发展基金会课题组的研究成果，课题名称为"推动建立长期稳定的中美双边经贸关系"，课题联合主持人为东艳、徐奇渊。主要课题组成员还有：苏庆义、姚曦、赵海、崔凡、陈思翀、潘圆圆、肖河。此外，余永定研究员、黄益平教授担任课题组顾问。本项研究成果于2019年5月11日，在第八届CF40-PIIE中美经济学家学术交流会上做了初次发布。2019年8月9日，再次于伊春进行了中期成果内部评审。2019年10月29日，首届外滩金融峰会再次发布了课题成果。基于多次发布会上的交流，课题组吸收了专家学者们的诸多建议，形成了课题研究成果终稿，并获2020"浦山政策研究奖"。其间，中外诸多经济学家、官员对该课题成果的完善提出了建议，在此一并致谢，文责由课题组成员自负。